早期中国共同体

社会学视角的地缘血缘研究

卢尧选 著

中国大百科全书出版社

图书在版编目（CIP）数据

早期中国共同体：社会学视角的地缘血缘研究 / 卢
尧选著 . -- 北京：中国大百科全书出版社，2025.
ISBN 978-7-5202-1591-6

Ⅰ . K207

中国国家版本馆 CIP 数据核字第 2024XY9377 号

出 版 人　刘祚臣
策 划 人　曾　辉
出版统筹　程　园
责任编辑　易晓燕
责任校对　齐　芳
责任印制　李宝丰
封面设计　末末美书
出版发行　中国大百科全书出版社
地　　址　北京市西城区阜成门北大街 17 号
邮政编码　100037
电　　话　010-88390635
网　　址　www.ecph.com.cn
印　　刷　北京市十月印刷有限公司
开　　本　710 毫米 × 1000 毫米　1/16
印　　张　18.25
字　　数　202 千字
版　　次　2025 年 1 月第 1 版
印　　次　2025 年 1 月第 1 次印刷
书　　号　ISBN 978-7-5202-1591-6
定　　价　88.00 元

从社会学学科角度看，卢尧选博士所撰写的《早期中国共同体：社会学视角的地缘血缘研究》一书，填补了我国社会学界关于古代中国社会"共同体"、早期中国社区生活研究的空白。该研究也体现了社会学与考古学两大学科的结合。

该著作采用了社会学的案例调查方法，选取了陕西省宝鸡市扶风县周原遗址群及周边的区域作为研究和调查的地点。周原聚落群密集分布在30平方千米的区域内，距今已有4000多年的历史。考古学界对此有很多研究，但是，我国社会学界以往大体上还没有涉足。

周原遗址的历史跨度大约有2000年的时间，这期间有深厚的文明和文化沉积。作者以周原考古材料为基础并结合史料，发现在它的第一个1000年（先周时期，也即灭商之前的周），周人从部落发展成部落联盟，逐步聚集并形成推翻殷商王朝的实力。在这一时期，周人联合土著和异族以聚族而居和聚族而葬的方式安排生活，在严格的血缘共同体的基础上与异族异姓组建了婚姻和军事的联盟，在周原这个大的范围内创造了一个松散的地缘性社会。

作者进而研究了第二个 1000 年的周原。西周早期至中期，周人灭商建立周朝，周人以族为单位把大批殷商匠人和贵族迁居周原，赋予其社会身份并共同居住、共同生产。尚武的周人与精通技艺的殷遗民把周原共同建设成为分工明确的"都市国家"。这种社会结构非常类似于社会学所研究的城市"社区"。如同工业化和城镇化背景下扎根城市的家庭，周原的殷遗民和周人分别放弃了聚族而居和聚族而葬的方式，转而以家庭为单位混居混葬，所以周原得以因工艺划分出多个地缘性社区。社会学的芝加哥学派及后续几十年的研究都在回应"流入"城市社区的"个体"如何聚合成"共同体"。芝加哥学派的创始人帕克（Robert Ezra Park）教授曾经到燕京大学讲学，启迪引导了吴文藻、费孝通先生的社区研究。可能也是一种巧合，在一百年后，作者将大量时间投入田野调查，寻获共同体何以可能的历史经验和文化脉络。我们确实看到，该著作受到了社区研究的影响，帕克把社区设想为三种主要的决定性影响因素的合成运动：第一是生态学力量；第二是文化力量；第三是政治力量[①]。周原聚落和社区的布局受到公共水渠、道路和流水线等生态型因素的影响。周族放弃"兆域"族葬的习惯与殷遗民同葬，并在北部为殷贵族开辟高规格墓葬群，将商王纳入祭祀范围。周人以上的文化和政治行为都强化了共同体的关系属性，是早期共同体生成的重要尝试。西周晚期，西周走向灭亡，周人和殷遗民迁离周原，大量青铜器被草草窖藏。但这块土地很快有了新的居住者。作者通过分析周原及

---

① 罗伯特·E. 帕克：《城市：有关城市环境中人类行为研究的建议》，杭苏红译，商务印书馆，2016，第 16 页。

以南村落的考古及社会史史料发现，现代村落叠压了历朝历代的文化地层，村落地点的种群是中断的，但居住史几乎是不间断的。这意味着朝代更替与人口迁移是频繁的，但村落居住者中延续的传说创造了村落共同体的历史属性。

作为一部社会学的研究著作，作者尝试借用科尔曼（James S. Coleman）的船型模型建立共同体变迁的宏观和微观理论框架。基于大量文献的分析，作者认为，协作动机和协作边界是学术界判断共同体成立的潜在共识，作者也基于此构建其理论框架。

在宏观层面，作者探讨了协作动机的一些结构性因素，包括前置条件、协作的触发因素和调适协作强度的因素。作者还研究了宏观结构影响微观行动的过程，共同体所缺失而又必须投入社会再生产的资源种类决定了人们需求结构的方向，需求结构决定了生成协作动机的社会关系形式与结构，这是连通宏观和微观的重要机制。

在微观层面，作者认为，协作动机的分析体现为交换成本的分析，作者发现了从动机到行为结果的影响因素，即决定协作行为差异的社会组织化程度和权力。共同体的社会组织化程度在微观层面调节行为结果，技术水平通过成本机制来决定组织化程度和形式。作者认为，在特定社会组织化程度的前提下，例如在一种稳定的共同体结构中，权力关系尤其所有权是调节行为的重要因素。

总之，本书是社会学与考古学两大学科的结合。作者通过考古材料尝试建立共同体变迁的模型，尝试从宏观和微观两个维度论述共同体变迁的基本框架，为早期共同体变迁机制提供了极其精彩的解释。

2017—2019 年，卢尧选博士曾经在清华大学社会学博士后流动站学习和工作，作为他的博士后导师，我目睹了卢博士在学术研究上精益求精、勤奋刻苦的态度，也非常赞许他严以律己、宽以待人的品格。此次卢博士的新书问世，真是可喜可贺的事情。衷心祝愿他在学术研究上不断取得新的成就。

李强

于清华大学熊之行楼

2023 年 4 月 1 日

目录

第一篇

早期中国地缘血缘共同体
研究的理论与方法

第一章

从社会学角度研究早期中国共同体的意义

一、社区与共同体

2007 年，党的十七大报告始将城市社区和农村社区融合为城乡社区一个概念，并把实现生活共同体视为城乡社区的建设目标。2017 年中共中央办公厅和国务院办公厅出台的《中共中央、国务院关于加强和完善城乡社区治理的意见》又将城乡社区作为社会治理的基本单元。党的十九届四中全会新提出了社会治理共同体的概念。可以看出，一方面，建设共同体是社会治理和城乡社区的重要价值导向，另一方面，城乡差异则表征了社区的内在特征。从理论源头上来看，前者的价值目标与社会学的社区认知不谋而合，因为在社会学看来，社区就是共同体。费孝通先生在《论人类学与文化自觉》

中回忆，"社区"是"共同体（Community）"的译文。[1] "农村社区"可以对应先赋性因素决定的历史性团体和组织——"社区"，"城市社区"对应以契约或可选择性因素建立的现代性社团和组织——"社会（Society）"。[2] 在此学术脉络下，实践中的城市社区并不是完全意义上的社区，以城乡差异表征社区内在特征是一种理论常识。为什么会出现理论与实践的认知差异呢？笔者认为可以从理论的社会背景及历史根源中寻找端倪。从理论的社会背景来看，社区最初是一个西方的学术概念，并且蕴含了西方的历史维度。社区和社会分别代表了西方前后两个时代的历史性裂变，在后一个时代，资本主义工商业、市民社会和城市急速发展。但以城乡差异角度来认知社区的特性，在我国有着更深的历史基础。如果回溯到礼制成熟的早期中国，便可以从规模巨大的西周周原遗址发现社会与社区的重组和融合等多种形态。所以，是否可以猜想，从我国深层次的文化认知而言，社区与社会在长时段演化的过程中并没有与历史真正断裂，而断裂形成的方向是横向的，即城与乡之间。面对超大型城市的社区超大型发展趋势，以及共同体终结的隐疾，本书认为应该回到"社区"与"社会"概念所指的原始物质标本——聚落中，分析早期中国的地缘和血缘社区融合的机制与功能，加深认识我国城乡社区的性质、特征及未来走向。

---

[1] 费孝通：《论人类学与文化自觉》，华夏出版社，2004，第3页。
[2] 滕尼斯：《共同体和社会》，林荣远译，商务印书馆，1999，第43页。

二、社会学共同体研究的理论传统

社会学产生于 19 世纪的欧洲，资本主义推动传统社会向现代社会过渡，这催生了这门研究社会问题的学科。社会学奠基人通过各类"失范"现象的实证研究创立了科学研究社会的学科范式。作为舶来品，社会学想要研究我们国家传统现代转型中的各类问题、现象，就需要实现学科的本土化创新，把社会学理论与方法的创新融入中华文明的脉络之中。① 社会学的三位奠基人——马克思（Karl Marx）、涂尔干（Émile Durkheim）和韦伯（Max Weber）都曾经探讨和分析过中国文明。他们特别关注古代文明缔造的传统社会，想要更好地认识中西方当时的社会特征及社会转型问题。我国社会学者在考察传统社会的历史中也创建了很多理论和方法，比如费孝通先生借助历代文献资料提出了我国皇权不下县的自治格局，与之对应的是家庭伦理本位的基层社会运行机制，这是不同于西方宗教社会和个体化社会的结构。从历史中发掘本土资源，探索农村社会结构的原初形态，一直是社会学本土化尝试创建独特对象、理论、命题、思维模式和研究方法的主阵地。进一步讲，这实际上是社会学如何对待中国历史及学科历史的问题。这两个问题交织在一起形成了一个议题，它始终是社会学本土化的一项认识任务。总而言之，随着对中国社会认识的深化，社会学就会不断丰富和调整自己的理论和方法。本书正是沿着这样的一种学科本土化的思路展开的，希

---

① 李强：《中国社会学学科建设的回顾与反思》，《广州大学学报（社会科学版）》2019 年第 5 期。

望借助新材料和新资料（考古的和社会史的）尝试推进认识的发展。

那么，我们该如何认识传统社会呢？在社会学研究领域中，传统社会的居住单元——村落或基层共同体，一直是研究的核心。对于第一代社会学研究学者来说，乡村问题是中国社会问题的核心，他们将西方的理论命题应用于中国的实际，如晏阳初的乡村改造运动、李景汉的定县社会调查运动。在这一阶段之后，学者们开始从中国历史等本土资源出发，对西方的命题和概念进行一定程度的修正，比如"差序格局"等概念。最近的学术界又有了新变化，不仅在研究对象、理论和命题方面进行了彻底的本土化，而且从本体的历史（所有历史都是当代史，研究社会结构的历史关联性）出发，发掘独特的思维模式和研究方法论，用儒学的核心来替代西方社会科学的思维模式。总而言之，社会学对传统社会的研究共识是：农耕文明可以说是中国的历史基调，学者探索中国的社会性质就需要认清它的渊源，因此需要寻找中国村落和基层共同体内部社会结合形态的原型。

那么，我们怎样从历史中选取具有代表性的村落和基层共同体呢？如果说，我们是家庭伦理本位的社会，那么血缘关系及之上的宗法制度就是支配行为的社会规则。这一套规则都起源于西周。周公制礼作乐，而孔子则夜夜梦周公。周公是孔子心目中的圣人，所以孔子究其一生恢复西周的典章制度。那么，我们就应该考察清楚周文化从形成到成熟的这一过程。周人的先祖们善于农作，能征却不显兵。为避戎狄之侵扰，周人先祖古公亶父举族由西北迁移至宝鸡的周原一带（岐下），经过几代人的耕耘，建立了较大的部落联盟。西周文献《诗经》记录了这一史实，《诗·大雅·绵》："古公亶父，来朝走马，率西水浒，至于岐下。周原膴膴，堇荼如饴。"①在联盟发展到鼎盛时期时，周人灭亡了殷商王朝，建立了政权，《诗·鲁颂·閟宫》："后稷之孙，实维太王。居岐之阳，实始翦商。"②

那么，是不是只要研究了传世文献就能搞清楚基层共同体的渊源呢？其实并不然。因为传世文献实在太少，记载西周的文字总数还远远不如出土材料丰富，周原出土的青铜器铭文就超越了《国语·周语》的记载量。另外，传世文献大多记载国家、帝王、贵族的重大事件，关乎基层共同体及人民生活的内容则少之又少。所以，我们必须借助其他材料，尤其是能直接反映日常生活的考古材料。上文提及的周原（岐下）正是周人社会制度发展成熟之地，周人在这里由部落联盟发展成了国家，也正因此，周原遗址具有重要的历史意义。西汉武帝太初元年（前104年），取"扶持京师，以行风化"之意，始设右扶风，至今已有2000多年的历史。周原的考古发掘有80多年的历史，积累了能够反映族群和社会结构的考古资料。"夏商周断代工程"也对先周文化的探索给予了很高的关注。1999年之后，北京大学考古文博学院、中国社科院考古研究所和陕西省考古研究所联合组成周原考古队，进行长期的挖掘和研究，进一步发掘了一部分聚落、手工业居址和墓葬。尤其是北京大学雷兴山教授将王家嘴、贺家和礼村的居址材料与器物分期结合起来，建立了先周文化较为系统客观的分期断代标准，为研究武王灭商前的周人社会提供了扎实的基础。与此同时，周原遗址的现代村落往往叠压着

---

① 《诗经·雅颂》下，刘毓庆、李蹊译注，中华书局，2011，第656页。
② 同上，第871页。

周、秦、汉、唐等多个时期的聚居遗址，这有助于我们从长时段的视角认识基层共同体的样貌。笔者于2015—2016年对周原及周边区域进行了将近一年的田野调查，获取了较为丰富的研究资料，并决定将其作为主要的案例。

经过多年的调查、钻探和发掘，文献中周原的位置和范围最终得以确定，它位于陕西省宝鸡市扶风和岐山两县交界之处，分属岐山县的京当乡和扶风县的黄堆乡、法门乡。其东西长约6千米，南北长约5千米，总面积约30平方千米。其大体北起岐山，南止法门乡的康家村、庄李村，东起黄堆的樊村，西抵岐山县的祝家庄岐阳堡。周原的多处遗址埋藏于现代的20多个村落地下，所以遗址的名字也多以现代村落命名。周原范围内，龙山时代（距今4000多年的人类古文化）的聚落遗存丰富，二里冈文化商早期（二里冈上层京当型商文化）遗址的数量增多。这种情况一直持续到商晚期。西周时期遗址群的数量、规模和等级都远超前代并达到顶峰。西周末期受到犬戎的入侵，平王东迁，周原不再是当时的政治中心。但周原仍然是目前所发现的西周遗存中遗存最丰富、等级最高的遗存地。遗址不仅有大型宫殿祭祀遗址与大型手工业生产遗址，还有大量的居址、墓葬和青铜器窖藏。周原出土的大量青铜器所铭之文为研究者提供了大量线索。

时至今日，周原的农村不仅受到市场主导的城镇化的牵引，也受到以"大遗址"为导向的城镇化的影响。国家文物局将周原列为大遗址保护区，将那些位于遗址保护区内的产业及其建筑搬离，将原有的土地加以改造以利于地下遗址的保护。所以，不同于市场资源配置下的典型城镇化，遗址区内的土地既不能给地方政府带来土地财政预期的效果，也不能给地方企业、老百姓带来额外的收入。拆迁补偿无法依靠传统的利益诱导及工业化模式。在这个关键时期，笔者希望从长时段的演变着手，发现维系村落形态、生活的基本特质，如果能在大遗址建设过程中满足这些需求，就可以在降低行政风险的同时保证民生。

三、共同体的物质呈现——聚落形态

自龙山始直到明清，周原出土了多朝代的遗迹。就考古材料的丰富程度和发掘研究深度而言，该地区先周时期和西周时期的遗址最具代表性，其出土的青铜器铭文也记录了一些日常生活的细节，有助于认识当时人们生活的全貌。这一段时间也被认为是早期中国。周原以北是岐山，聚落较为稀疏，周原以南 10 千米的村落大多起源于汉代之后，所以我们主要选取周原及周边 5 千米范围内的遗址作为考察对象。社会人类学的研究传统，常常以现代的村落生活作为参照来解释古代的一些现象，也就是熟知的"所有历史都是当代史"的观点。周原内古代遗址上的现代村落大都是单姓村，同时保留了一些与周礼相似的生活习俗，存在的多种当地传说甚至宣称自己是周人的后裔。所以笔者做的第一件事情就是结合考古和社会史的材料来验证或推翻这种说法。这种情况如果是真实的，那么对认识古代历史相当有益。

面对这一现象，我们提出两个问题：第一，聚落空间位置的稳定能否意味着族群的延续？除了要研究考古地层，还要借助地契、文书、碑刻和方志等材料。第二，针对聚落的社会组织形态，根据考古材料，地缘性聚落和血缘性聚落同样重要，那么两种共同体的生成条件分别是什么？为了回答这些问题，按照逻辑过程，本文将按照以下步骤进行：

1. 根据所能收集的材料，辨明考古材料中可能反映共同体的标识物，例如器物等级和器物组合、遗址内遗迹的功能组合、遗迹和遗物的空间和位置等。与此同时，推断共同体变与不变的两种属性。

2. 通过前者的特征研究判断共同体的特征与演变规律，也即通过现象的变迁来推断社会组织的变化。举例而言，考古遗迹的稳定性意味着往往具有较长的历史跨度，当我们发现器物类型出现变化的时候，可能已经过去几十年甚至是几百年的时间，所以考古遗迹的变化首先反映了人群的某些变化。聚落形态从小变大可能意味着原有人口的增殖，也可能意味着外来人口迁入，也可能与中央集权的功能布置有关。

3. 对社会组织和共同体形态进行解释，借助已有的社会学、人类学和民族学的理论建立解释的框架。例如聚落空间位置的稳定性，可能与居住地点的可居住性，包括风水、自然资源、生产资料等方面有关，这背后可能是迁移成本（能携带说明成本低，不能携带说明成本高）、聚集效应和分散效应等相关因素。

紧接上文，本文主要的研究对象是共同体的物质呈现——那些能反映血缘地缘共同体特征的聚落。聚落的居住主体是家庭。聚落包含了满足所有家庭安全需求、经济（生活）需求和政治需求的设施及场地。考古发现的聚落形态就是指人们一切行为及需求的物质呈现，按照村庄内各设施（住宅、农田、牲畜棚圈、祠堂、庙宇、道路、河流、池塘、晒场等）的分布状态，可以大致划分出聚集和分散两种形式。前者住宅相对集中并与农田保持一定距离，聚居村落将耕作的农田、牧场和林地留在四周的区域，并尽量避免将居所置于其中，除去那些临时性的照看农田的茅舍。这样的定居点一般包括以下几个特点：（1）聚落的核心是家庭、谷仓和其他农业建筑；（2）距村落最近的是小的花园（菜地）；（3）更远一点儿的地方是耕作的农田。这种聚落形态的出现一般受到内力或外力的驱使。外力比如中央政权的力量出于便于管理的目的而推动，抑或是四面八方的侵略而不得不聚在一起居住；内力则意味着群体间密切协作和互动的功能需求，抑或是强共同体的物质呈现，己身一般不想与亲属居住过远。总而言之，我们希望通过考古材料中的聚落形态来透视社会组织形态，进而推断共同体组合形式变化和延续的机制。

　　既然知道了需要认识什么的问题，就要解决怎么认识的问题，也就是方法论的问题。如何借聚落这一物的形态来研究人和社会组织是本研究的难点，它可以被分成理论和实践两个维度。在已有的学科性物质文化研究理论中，物质维度常被视为一种社会生活的背景而作为外生变量，并不具有主体性价值。就人类学而言，物质文化研究会挑战人类学以话语分析为主的范式。这种词与物的对立可能根源于西方哲学及基督教知识背景下主客体的二分思想。但实际上，物质文化不仅是行为的后果，有时也作为一种制度条件，对人们的互动产生影响。因此，特定物质文化与行为组合具有一定的稳定性，物质文化的变化往往预示了社会层面更大的变化，在此种前提下，物质文化具有了主体性的价值意义。从更加抽象的层面来看，借客体来度量和解释主体的行为及意义，在某种程度上被抽象进物与社会的认识论的领域，唯物论、精神现象学、文化理论都有论述。本文的理论回顾暂且不深入讨论认识论的问题，而从社会人类学等诸多学科寻找方法及理论的对话。

我们以先周时期的一个村落遗址为例，来说明以上的研究思路。根据雷兴山的"两期六段"说[1]并结合聚落群的陶器器类的分布及演变，笔者总结出两个先周村落的发展变迁规律。从总体上来看，在先周的几百年间，聚落的位置没有发生大的变化，基本上在 1 平方千米的范围内来回变化。聚落的形态经历了分化—融合—稳定（扩大）—分化—消失的变化过程。先周一期的两个聚落经历了短暂的稳定后忽然出现少量外来器物，这暗示着其与外来人群的互动。紧接着，聚落内部发生了变迁，异质性极大的器物共出于同一地点，体现出选择性承前启后的特点，可以用"分化"来概括这一段的形态特征。此后，在很长的一段时间内，聚落在原地点不停地被重复修建，但内部渐渐同质化，这说明生活在一起的多个血缘群体慢慢相互统合，可以用"融合"来概括这一阶段的聚落形态。伴随这一过程，在原聚落的基础上，聚落规模向外扩大，以建立新的聚落点为形式，在不远处分化出三个新的聚落。它们共同经历了缓慢的变迁过程，虽然聚落之间存在几百米的距离，但是都共享相同的物质文化，可能由同一个血缘群体分化而出，这一阶段为稳定（扩大）阶段。临近西周的一段时间，几个聚落的异质性几乎发展到极端的程度，这一阶段表现出分化的特征，可能与外来人群的迁入有关，王家嘴的村落被废弃，直到西周中期之后才有人类活动的痕迹。

---

[1]　雷兴山：《先周文化探索》，科学出版社，2010。

　　从以上的分析可以发现，就空间位置而言，时代间的变化并不明显；就聚落形态而言，时期之间也没有明显的变化，基本遵循聚居的规律；就物质文化而言，尤其是器物的种类和形式一直经历着变迁；就社会组织而言，在不同时代间，不同的物质文化所对应的血缘组织可能出现了变化。

第二章
———
聚落及共同体已有研究分析

一、聚落形态与人类行为的学科探索

　　本书旨在通过分析聚落的物质呈现来研究早期中国的地缘和血缘共同体，所以我们应该关注那些聚落与社会关系的研究，而这是一个多学科研究的领域，包括人文地理学、历史地理学、考古学、社会学和人类学等学科。各学科都具有哪些特点，它们的哪些研究成果值得借鉴呢？从研究主题来看，人文地理学特别关注聚落的起源问题，尤其是聚居和散居这两种人类聚落形态的成因分析。历史地理学在历史中加入空间和地理维度，研究人类行为的变化。社会学更关注聚落内部的各种社会组织与外部环境的关系。

（一）人文地理学

欧洲经历了从游牧和散居，再到定居和聚居的发展过程。总的来说，游牧和定居农业是推进聚落形态转变的一个主要因素。很早期的研究，如塔西佗（Tacitus）写于 1 世纪的《阿古利可拉传 日耳曼尼亚志》中，[①] 日耳曼人还采取着散居的生活方式。这种散居形式与罗马的鳞次栉比的聚居村落形成鲜明对比，前者背后是游牧的生产方式。盎格鲁‒撒克逊时代中期（650—850）或略早，他们才从游动转为定居。这种散居的形式以沟渠或篱笆圈围，形成明显的地界。直到盎格鲁‒撒克逊时代晚期（9—10 世纪），欧洲才在农业人口密集的地区实行敞田制度，原来分散的居民点向核心村庄集中。

　　人文地理学历史悠久，是研究非城市区的人文组织活动与地理环境的关系的学科，[②]"地理环境这个词组比自然环境的含义更广；它不仅包括可以表现出来的自然的影响，还包括一个有助于形成地理环境，即整个环境的人类自身的影响"，[③] 所以所谓的地理环境还包括"从整个以往时期内人类劳动成果的本身构成的这个环境"。人类从最简单到最复杂的定居形式是主要的研究对象。人文地理学的研究方法与社会学不同，视土地作为整个社会的基础，也就是更强调土地相关的利用制度对人类的影响（在其看来有时是决定性的），而不是人类组织结构（血缘或亲属关系等）本身对人类的影响，例如因防卫、

---

① 塔西佗：《阿古利可拉传 日耳曼尼亚志》，马塘、傅正元译，商务印书馆，1985。

② 金其铭：《农村聚落地理》，科学出版社，1988。

③ 阿·德芒戎：《人文地理学问题》，葛以德译，商务印书馆，1999，第 7 页。

共同劳动、轮茬而形成的聚居等。[①] 德芒戎（Albert Demangeon）将影响人类居住形式的因素分为三类：自然条件的影响、社会条件的影响和农业经济的影响。[②] 其中哪一种因素才是决定性的呢？

按照这种思路，德芒戎着眼于解释整个欧洲农村地区的聚居和散居现象。他分析了水源、防卫、土地开发限制和种族传统等带来的影响，但似乎每一种选择都不必然造成聚居。比如，他发现，在面临战争威胁的情况下，散居农舍也会建筑自己的防御工事而不是选择住在一起。种族传统也类似，殖民者凯尔特人和日耳曼人既有散居的形式（在佛兰德平原、弗里泽平原和东苏格兰平原，即使是农耕区也都有分散的农舍），也有聚居的形式。[③] 那么，在他看来，决定因素是什么呢？他说："如果我们求助于农业制度和农村经济的发展，就能解释村庄型和孤立农舍型各自的分布原因。聚居形式是一种很古老的现象，它是由有集体倾向的集约农业强制形成的（例如三年轮作制）。孤立独居的形式，有时是尚未采取这种农业方式的地区所特有的一种古老现象，有时可能起源于有个人主义倾向的殖民活动，或有系统的合并运动。"[④] 所以聚居的形成根本上受到经济的需求及农业生产上的差异的制约，[⑤] 集体倾向的"三年轮作制强迫人们必须聚居在一起。它是管理使用肥沃土地的办法。在土地不肥沃的荆棘地和林区，这个办法就不是必要的。在这类地方，牲畜的

---

① 阿·德芒戎：《人文地理学问题》，葛以德译，商务印书馆，1999，第9—11页。

② 同上，第151页。

③ 同上，第158页。

④ 同上，第137页。

⑤ 同上，第159页。

饲养比谷物的栽培更重要。与较不密集的资源相对应的是较稀疏的居住形式"。① 例如游耕农业生产阶段，农业生产不稳定，居所和田地都会随简易的住所而移动，这种原始的经济往往和散居和孤立的居住形式相联系，这其中就包括塔西佗时代的日耳曼人。② 一些受日耳曼影响，保留独立性的沿海地区都有这种以牧场为向心力的"疏开式房屋"，由于饲养牲畜的空间和卫生需求，谷仓、农民住房、马房、牛棚之间保持一点点的距离，我们可以看成是一个小院，牲畜直接放养在小院内的牧场。尤其是那些气候不是太冷的地区，牲畜可以长期留在户外。③ 这种散居的建筑很多都建有围篱，由树或土制作，这可能是为了围住自己的牲畜。孤立居住的方式还与殖民和农民自己的垦荒有关。集体倾向的农业制度一旦被破坏，就有可能产生散居的形式，例如英国圈地运动后，农业经济向独立经营发展，小块土地被合并成个体耕作，进而形成孤立在田地中央的农庄，村庄被毁成平地，他认为这是一种明显的进步。④ 当然，也有一些聚居聚落，比如塞尔维亚西部的家族社会，为了适应农业生产的进步让农民尽量住在农田附近，产生了小村的散居方式。⑤ 总而言之，农业经济本身的条件可以使农民时而聚合，时而分散。他将农业形式影响居住结构的阶段分为四种：流动耕作阶段，定期重新分配阶段，农业集体内部固定占有阶段，专门化农业阶段。上文已述，游耕无

---

① 阿·德芒戎:《人文地理学问题》，葛以德译，商务印书馆，1999，第 138—139 页。

② 同上，第 163—164 页。

③ 同上，第 269—271 页。

④ 同上，第 139—140 页。

⑤ 同上，第 157 页。

疑是和散居密切关联的。当人多地少且需要通过重新分配以减少土地价值之间的不均等，并为年轻一代新来者提供土地时，就产生了第二个阶段：分配的只是优质土地，那些荒地和林地则不用分配，留作公用。

综上，在分析了西欧、中欧、南欧、东欧、俄罗斯、东方的聚居和散居聚落后，我们得出：越是能印证有集体倾向的农业制度越会造成聚居，土地的私有及畜牧业可能会形成散居格局。集体倾向的农业制度背后往往有一个统一的社会组织，能够起到安排制度的作用，甚或是中央集权。但"单从农业观点来看，位于田地中央的孤立居住的形式，是一种很优越的居住方法，它给农民以自由，它使他靠近田地，它使他免除集体的拘束"。① 换言之，"集村村落本身表现出聚集化倾向，而村落与田地、山林之间则相距较远。散居村落各农户之间相距较远，而每个农户都尽可能靠近其耕种的土地、赖以为生的山林湖泽"。②

（二）历史地理学

历史地理学的案例为研究中国各区域古代聚落提供了各种模型和参照。在华北地区，有很多学者认为，京郊和河北的大村由散村或居民点增殖而成。③ 黄忠怀也认为华北平原的明清村落实际上都经

---

① 阿·德芒戎：《人文地理学问题》，葛以德译，商务印书馆，1999，第169页。
② 鲁西奇：《中国历史的空间结构》，广西师范大学出版社，2014，第19页。
③ 尹钧科：《北京郊区村落发展史》，北京大学出版社，2001。

历了从零星小聚落到独立成村，[①] 再发展成熟最终达到饱和的过程。多姓村中几个比例大的姓也是人口自然增殖的结果。当然也包含移民及村际间人口流动的影响。人口的自然增殖无疑是村落发展壮大的最主要原因。晚清华北村落形态也与安全因素有关，很多村落因防御而建庄门，有井、庙、街巷和房屋。[②] 在长城防御性聚落中，五户一排的例子比比皆是，这是编户方式的直接体现。[③] 这种防御性也体现在范围更大的聚落布局中，屯堡和以防御为主的军堡形成了中心辐射式的网状结构。

在长江下游平原地区，水源也对古聚落的选址有着重要的影响，[④] 河流改道促使了元明清绍兴地区聚落位置的变迁。[⑤] 在浙闽丘陵地区，血缘性村落占据了历史的主流。单一宗族的村落最初多由一家一户发展而来，在华南等地也极其普遍。林耀华所研究的福州附近义序宗族都从一个祖宗传衍下来。[⑥] 以血缘为联结纽带，形成的是"关系共同体"。[⑦] 对于南方的单姓村，集村形态的维持是出于安全、贸易等因素的考量，商业流通等因素是结合成市镇的重要原

---

① 人口规模扩大到饱和性村落后独立成村，标志是建立土地庙，并从管理上脱离大村。村落规模和庙宇系统是独立成村（地缘分化）和村落内部社区分化的两个重要条件，并分四期：前村落期、村落形成期、村落成熟期、村落饱和期。黄忠怀：《人口的增殖流动与明清华北平原的村落发展》，《中国历史地理论丛》2005 年第 2 期。

② 王庆成：《晚清华北村落》，《近代史研究》2002 年第 3 期。

③ 张楠：《作为社会结构表征的中国传统聚落形态研究》，博士学位论文，天津大学建筑学院，2010。

④ 史念海：《石器时代人们的居地及其聚落分布》，《人文杂志》1959 年第 3 期。

⑤ 孙冬虎：《明清以来文安洼的水灾与聚落发展》，《中国历史地理论丛》1996 年第 3 期。

⑥ 林耀华：《义序的宗族研究》，生活·读书·新知三联书店，2000。

⑦ 傅俊：《南宋的村落世界》，博士学位论文，浙江大学人文学院，2009。

因。[①] 在长江中游的丘陵和平原地区，由于江汉平原特殊的资源状态，自汉代至民国，形成了以散居形式为主、聚居形式为辅的乡村聚落形态。[②] 集村周围的散村又是由其分立出来的，所以和集村相比存在时间较短。[③]

（三）聚落考古学

宾福德（Lewis R. Binford）认为，在考古学中，有两种支配考古发掘和资料分析的文化假设，一类是"规范性文化"假设，另一类是"系统性文化"假设。"规范性文化"假设认为，人类的行为是建立在文化提供的规范行为之上的，考古学家的任务就是从文化产品分享的观念中抽取标准观念。[④] 每一次的考古发掘就是那个时期标准观念的样本，能够体现规范的样式。[⑤] "系统性文化"假设主张，文化是由不同部分组成的系统，会因微小因素的影响而发生变化，考古遗存就反映了这种差异。两个学派对遗迹差异性认知和解释有所不同：规范性假设的学者认为，这样一个遗址可以作为典型

---

① 常建华：《日本八十年以来的明清地域社会研究述评》，《中国社会经济史研究》1998
　　年第 2 期。

② 鲁西奇：《中国历史的空间结构》，广西师范大学出版社，2014，第 20—21 页。

③ 鲁西奇：《散村与集村：传统中国的乡村聚落形态及其演变》，《华中师范大学学报
　　（人文社会科学版）》2013 年第 4 期。

④ Lewis R. Binford, "Archaeological Systematics and the Study of Culture Process,"
　　American Antiquity 31, no.2(Oct. 1965):201-210.

⑤ Stuart Struever, "Comments on Archaeological Data Requirements and Research Strategy,"
　　American Antiquity 36, no.1(1971):9-19.

遗址用于其他的遗址，强调文化和社会之间的同质性。系统学派认为，同时期遗址之间的差异反映了社会结构的不同，物质文化遗存和总体文化是一种系统的关联，将物质的结构和文化系统的行为要素连接起来是主要目标。物质遗存的结构在那些功能性的分类中体现出来，如人工器物、体现空间关系的物质碎片。社会、经济、政治和宗教性的行为都存在空间维度，所以人工器物和遗存都由这些相关的行为所创造。规范性假设认为，为了得到整体的认识，需要完善地区性的类型，常常需要抽样的方法来研究总体。[1] 这两种假设所导向的不同有点像定量和定性研究的差异。其实，这两个方面并不矛盾，先根据几个遗址建立分期标准，一旦确立分期标准之后，再按照系统论的假设，可以着眼于更大的同质性现象，研究同时期聚落的差异性和多样性。总而言之，遗迹反映行为，这是考古学聚落研究的基本假设。考古学聚落认为，器物和遗迹的分布规律反映行为规律，更类似于系统论范式。具体而言，在判断族属（比如牧师、男人、女人狩猎者、社群）的基础上通过推断遗迹功能性的意义（比如宗教功能、社会功能和经济功能，通常借助民族志的材料）来实现对行为的解读。[2] 聚落研究是考古学研究的中后期阶段，因为族属和遗迹功能的推断需要投入大量精力，尤其需要器物的类型学分析及断代研究，以对比文献和民族志资料来确定族属。可以说基于前者的族属研究是考古学的难点和重点，由于考古资料的限制，

---

[1]　Stuart Struever, "Comments on Archaeological Data Requirements and Research Strategy," *American Antiquity* 36, no.1(1971):9-19.

[2]　William A. Longacre, "Archaeology as Anthropology Revisited," *Journal of Archaeological Method & Theory* 17, no.2(2010):81-100.

很多认识还停留在器物类型学分析阶段，还没有透物见人。

考古学聚落模式的研究起源于威利（Gorden R. Willey）1953 年韦鲁河谷的研究。威利认为，"聚落模式"是对考古学文化进行功能性解释的起点，因为聚落模式能够反映自然的、技术的、社会制度的和文化的要求。以此为起点，"考古学出现了两种研究，一种描述聚落模式，并探讨其和文化之间的关系，另一种开始利用这种聚落模式来重建古代文化的社会和宗教制度"，[①]这一类研究类似象征人类学，认为房子的物质结构不仅反映了环境的适应，同时反映了人们头脑中的气候观念和对本地原材料的一种理解，[②]例如高棉和西伯利亚的聚落布局反映了人们的宇宙观念。[③]聚落模式概念最大的意义在于，将其视为制度和文化的结果。但特里格（Bruce Trigger）认为，实际的考古学研究仅仅将聚落模式视为技术和环境的产物，可以称之为生态决定论。这一类聚落模式的研究分为三个层面，首先为单个房子的结构研究，其次是社区整体布局的影响因素研究，最后研究整个地区社区的密度和分布。[④]在第一个方面，房屋主要反映为自然环境的适应，并体现特定的使用意图。游居聚落因建筑材料可及性的不同而产生差异，比如贝都因人和蒙古人所居住的地区无法就

---

① Bruce G. Trigger, 1968. "The Determinants of Settlement Patterns," in *Settlement Archaeology*. Kwang-chih Chang (Palo Alto: National Press Book, 1968), p.53.

② James M. Fitch and Daniel P. Branch, "Primitive Architecture and Climate," *Scientific American* 203, no.6(1960):134-144.

③ Michael D. Coe, "Social Typology and the Tropical Forest Civilizations," *Comparative Studies in Society & History* 4, no,1(1961):65-85.

④ Bruce G. Trigger, 1968. "The Determinants of Settlement Patterns," in *Settlement Archaeology*. Kwang-chih Chang (palo Alto: National Press Book, 1968), p.53.

地取材，所以只能将房屋（蒙古包）携带，而那些物产丰富的地区则不用携带房屋。其次，反映特定的使用意图，例如专门给客人准备的房屋。[①] 特里格认为，这些使用意图就是建筑功能。[②] 第二个方面探讨聚落选址的原因。在自然环境和生计技术的双重限制下，当一个地点不能满足人口所需的食物要求时就会产生迁移动力，可能导致不定居的形态。第三方面，这种食物压力也可能影响到居址稳定性和规模大小等问题。在传统社会，食物是主要的影响因素，但是现代社会则可能更多受到市场、教育和交通等多种因素的影响。当然，不能仅仅关注自然及技术因素，社会组织的不同往往带来大相径庭的结果。张光直研究了这种不定居聚落的形态和家庭亲属组织结构之间的关系，[③] 发现西伯利亚人和因纽特人面临相似自然环境却产生了不同的聚落形态，前者严格按照世系来布置居住区和大房子，但是因纽特人却没有如此严格的纵向世系群体，因此冬季的聚落形态相较于前者显得杂乱无章。[④] 在其他案例中，宗教和种族的区分也会反映在聚落形态上。

[①] Arie Nicolas Jan den Hollander, "The Great Hungarian Plain: a European Frontier Area II," *Comparative Studies in Society & History* 3, no.1(1960):155-169.

[②] Bruce G. Trigger, 1968. "The Determinants of Settlement Patterns," in *Settlement Archaeology.* Kwang-chih Chang (Palo Alto: National Press Book, 1968), p.53.

[③] Kwang-Chih Chang, "A Typology of Settlement and Community Patterns in Some Circumpolar Societies." *Arctic Anthropology* 1, no.1(1962):28-41.

[④] 同上。

二、共同体的研究方法 [①]

为了区分社会与共同体（community），"社区"名词被用来指代共同体。[②] 村落社区和城市社区的理论源头，很大程度上来源于滕尼斯（Ferdinand Tönnies）从社会关系结合性质出发对共同体和社会的二元划分，村落社区因具有共同体的性质而常被视为共同体的符号。为了更加深刻和全面地认识共同体的性质和特征，我们认为有必要回到共同体的原始标本——村落中，通过对经典研究的梳理，提炼共同体的性质和特征，通过对村落共同体研究的总结和对比，认识共同体的性质和特征。

（一）共同体的性质和特征

共同体作为一种性质，其有何特征呢？滕尼斯认为："一切结合建立在本质意志之上，就此而言，它们是共同体。如果是理性化了的，也就是说，是由选择意志确立的，就此而言，它们是社会。"[③]那么，该如何理解本质意志呢？举例而言"地缘共同体可以被理解为动物的生活的相互关系"，[④]所以那种自然形成而具有先赋特征的意志都可以理解为本质意志，"因此可以观察到这些原始的方式的各种很

---

① 本节基于，卢尧选：《村落共同体研究的理论传统与特征》，《学海》2019 年第 5 期，修改而成。

② 费孝通：《论人类学与文化自觉》，华夏出版社，2004，第 3 页。

③ 滕尼斯：《共同体和社会》，林荣远译，商务印书馆，1999，第 43 页。

④ 同上，第 65 页。

容易理解的名称并存：1. 亲属；2. 邻里；3. 友谊"。① 此外，他还列举了家庭共同体、婚姻共同体、精神共同体、信仰共同体、语言共同体、仪式共同体等。② 与共同体相反，社会表现为大城市、大都会和国际城市，社会建立的核心规则是自然法所规定的契约，③ 社会关系是原子式个人之间以契约形式缔结出来的人造物，因而是机械的和非自然的。④ 从社会背景上来看，关于共同体与社会的探讨与资本主义工商业、市民社会和城市的急速发展有关，以上种种社会变迁促使人们思考社会纽带以何种规范形态结合自由个体，以及是如何出现在个体的生活、思想和情感中的，⑤ 因此，我们认为共同体区别于社会最明显的特征体现为：在群体边界范围内的互动行为进而产生社会结合。在衡量共同体时，我们更关注行动而不是特定结构（例如血缘结构）的原因在于，在变迁背景下，结构更可能是行动的结果，因此，并不是只有血缘群体才能产生结合，"地缘群体也能因互动而成共同体"。⑥ 我们把互动行为概括为协作行为有三个原因：第一，协作行为能体现互动行为的公共性和集体性，村落熟人社会当中的日常性生产行为或婚丧嫁娶行为都带有协作的性质，例如农忙时针对农具和劳动力的生产性协作行为，形成和维护村规民约所

---

① 滕尼斯：《共同体和社会》，林荣远译，商务印书馆，1999，第 66 页。

② 同上，第 52—66 页。

③ 李猛：《"社会"的构成：自然法与现代社会理论的基础》，《中国社会科学》2012 年第 10 期。

④ 李荣山：《共同体的命运——从赫尔德到当代的变局》，《社会学研究》2015 年第 1 期。

⑤ 李猛：《"社会"的构成：自然法与现代社会理论的基础》，《中国社会科学》2012 年第 10 期。

⑥ 滕尼斯：《共同体和社会》，林荣远译，商务印书馆，1999，第 65 页。

进行的结社性协作行为，地缘共同体为求自保所进行的生存性协作行为，祭祀前针对准备工作所进行的传统性协作行为，房支之间为延续宗族所进行的协作，等等。第二，协作行为的分析可以过渡到动机分析，操作性比较强，例如按照传统的理解，共同体协作行为的动机体现为非理性特征，便区分了公司、军队等"社会"式的协作结果。第三，协作作为主体之间的互动，包含协作半径这一内涵，例如小范围内部相对固定的社会关系能形成小群体，因此我们细分出"协作边界"这一维度。综上，我们提炼出区分共同体与社会的两个维度：协作动机和协作边界。

（二）村落共同体研究的三个传统

笔者梳理了村落共同体的研究，总结出三个基于学科的研究传统，虽然内部存在较大的争议，但如果以上文提炼的分析维度来审视内部的争议，便可以发现传统内部的判断标准是一致的。传统之间的前提和判断标准则是不同的。

1. 日本法学界的"戒能－平野论战"

日本法学界利用20世纪40年代初期的"中国农村惯行调查"进行了大量研究，围绕华北杂姓地缘性村落的社会结合动机，掀起了"戒能－平野论战"。以戒能、福武直为代表的一派认为社会结合的性质不是由共同认可的规范所致，而是基于理性打算，据此认为华北的杂姓村落并不是共享价值观和信念的共同体。村落是建立在较低需求层面的生活的共同体，集体性低，集体行动能力差。另一派以平野义太郎为代表，认为协作行为本身具有内向型合作性质，因此结合动机受到共有社会规范制约，因而是发自内心的，支配村落共同体的是共同认可的价值和精神。除了以上针对村落共同体核心特征的争论，两派还在公共行动、公共组织的产权和村落政治等方面存在差异，我们简略概括为表 2-1。

表2-1　日本学者对村落的不同认识

类别	承认共同体性质	否认共同体性质
社会结合性质	情感和宗教纽带	理性算计
协作行为	道德主导	经济理性
公共行动	以村庙为中心	个体之间
公共组织的产权	所有人	土地所有者
村落政治	协商	松散或强制的

通过上文的分析，我们可以发现，日本学者用社会结合的性质作为判断共同体性质的核心特征，社会结合实际上是协作行为的一种社会性表现。我们将结社等一系列公共行动都概括为协作行为，所以说如果村落中的协作动机出于相互支持的情感纽带，则村落具有共同体性质。如果村落中的协作动机出于理性动机，则村落不具有共同体性质。[1]协作行为由其对象的不同又产生内向型合作和外向型合作两种不同的形式，由此便自然引申到"边界"的概念上，当协作行为体现内向型合作性质时，村落边界自然是封闭或半封闭的。

---

[1]　李国庆：《关于中国村落共同体的论战——以"戒能-平野论战"为核心》，《社会学研究》2005 年第 6 期。

当体现为外向型合作性质时，村落边界是开放的。因此"协作边界"概念可以直接将协作行动和作为后果的边界结构关联起来。协作边界是日本学者强调的一个方面，其所研究的村落开放性并不强，协作行为基本都发生在村落边界内，资源也在这个范围内流通。所以协作行为的动机和边界，实际上是影响社会结合性质及村落边界的核心。

日本学者对共同体的认知基本上延续了滕尼斯和韦伯的传统，强调具有自然意志性质的道德性、信任性和情感性的社会关系对共同体的重要作用，而不是带有好处性的社会互动关系。因此，小农行为的道义和互助性质被不断强调，那些理性结社的乡村自然不具有共同体的性质。但是平野义太郎始终坚持共同体的判断，原因来自两方面：一方面，他受到"亚细亚停滞论"的影响，希望把东方专制主义归结为共同体依然存在的结果。[1] 此类目标与日本的亚洲意识、大东亚主义息息相关，[2] 也与其寻找亚洲社会固有历史经验从自身社会结构探讨现代化有关，[3] 终极目标就是脱亚入欧，实现"现代化"；另一方面，用日本前现代的村落结构与中国类比的倾向，认为基于家庭的"自然村精神"是村落统一性及永续的根据。[4]

---

[1]　祁建民：《战前日本的中国观与"共同体"理论》，《抗日战争研究》2014 年第 3 期。

[2]　杜博思：《思想之帝国：满洲民俗学与亚洲社会科学的长期变迁》，《民俗研究》2011 年第 2 期。

[3]　佐佐木卫：《亚洲社会变动理论的可能性——重读费孝通著述》，聂莉莉编译，《云南民族学院学报（哲学社会科学版）》2000 年第 3 期。

[4]　福田亚细男：《村落领域论》，周星译，《民间文化论坛》2005 年第 1 期。

2. 经济学的研究

经济学的村落研究出现了分化，以农民政治经济学和具有社会学背景的道义经济学作为争鸣的两方，为共同体性质的研究提供了全新的视角，即在小农行为理性性质的前提下，争论理性行为动机是否具有道德性本源。最初的探讨由政治经济学开始，恰亚诺夫（Alexander V. Chaynov）、舒尔茨（Theodore W. Schultz）和波普金（Samuel L. Popkin）等人奠定了农民行为理性性质的研究传统，用理性逻辑来解释小农经济的稳定性，认为农业生产要素配比自发的均衡趋向是支配农业生产结构的机制。但政治经济学的研究并没有关注生产以外的制度性因素，波普金甚至将互助性协作行为做了纯粹理性的分析，认为农村理性行动可以结成具有公司性质的利益共同体，协作动机也因此是理性的，是一种目的合理性的行动。这给斯科特（James Scott）为首的道义经济学留下了探讨空间。他在承认社会关系理性性质的前提下，强调理性行为的道德文化性起源，因此将生产性的理性行为与道义动机相区分，构成了所谓的价值合理性行动。结社动机因此体现出非理性特征，被视为共同体的表征。因此，作为制度文化因素的集体道义与理性行为的结合，能够为农民产出更多的福利。下面对以上流派的演进过程进行仔细的分析。

政治经济学一派的代表性学者恰亚诺夫认为，劳动量和劳动时间之间此消彼长的均衡导致了以满足生计为主的小农生产体系。[①]他发现，在农业生产过程中，劳动力效率一提高，劳动时间就会缩短，这种现象隐约呈现出一个标准，即被称为恰亚诺夫定律。小规模的

---

① 恰亚诺夫：《农民经济组织》，萧正洪译，中央编译出版社，1996。

劳动力、简单的生产技术在有限的生产目标的支配下，其中一个要素投入过多，其他要素就会对其形成负反馈。经济学家舒尔茨将这种传统农业的稳定性定义为一种特殊的经济均衡状态，[①]所以落后的根本原因可以归结为，给定技术条件下农业生产要素之间的低位均衡，即穷国的农业部门在使用它所拥有的生产要素时效率是比较高的。可以看出，恰亚诺夫和舒尔茨在停止扩大再生产问题上思路比较一致，都认为有限生产目标和简单技术是支配均衡的核心变量，舒尔茨对简单技术的稳定性和有限目标问题进行了解释，"增加传统生产要素的投资将是代价高昂的。他们缺乏长时间辛勤工作的精力和增加工作所能得到的边际收益递增。"[②]生产目标受到习惯性见解的制约，很难采用新生产要素，因为"知识进步的要素中所固有的新型风险和产量的不确定性。传统农业没有引入新要素，新风险和不确定性的成分就不存在。接受一种新生产要素的速度取决于适当扣除风险和不确定之后的利润"。[③]

　　波普金更进一步，在1979年《理性的农民：越南农村社会政治经济学》一书中，将行为理性推至动机理性，将农民集体行为纯粹理性化。地主父爱主义互助行为背后隐藏了内部集体费用被政府和领主分摊在土地之上的动机。双方似乎都按照特定角色来行动，农民提供忠心地主提供农民基本生存权的合法性。他把小农之间、小农和地主之间的协作行为视作为理性投资："小农会持续性地奋力保

---

① 西奥多·W.舒尔茨：《改造传统农业》，梁小民译，商务印书馆，2006。

② 同上。

③ 同上。

护和提高生存水准，借助一系列的长短期的私人和公共投资。"① 当村落内部其他多元的需求无法一一满足时，个人则依靠投资行为来满足未来的福利。人际互动都可以被视为理性的投资或交换行为。因此，小农行动的结构框架便是，被个体和集体利益之冲突所形塑和限制的交易模式，村落应该被视为一个公司而不是公社，那些与小农保持多重关系的投资人应该被视为垄断资本家而不是父系首领。随着殖民主义的扩张、市场的膨胀和中央国家的形成，资本主义的前集体村落变得开放，传统的道德经济变成政治经济。人际关系的性质从封建、扩散和多维度的关系蜕变成单一、精确和合约性的关系 。②

斯科特则秉持的是一种经济理性根植于社会制度的理念。波普金用经济理性来解释行为及动机，而斯科特则用"道义经济"的逻辑来说明协作动机的道德性本源，旨在用短缺经济催生的以稳定为核心的生存伦理替代绝对的经济理性。在面临饥荒等内外自然灾害、人为破坏时，小农家庭根本没有任何抵御能力，"在大多数前资本主义的农业社会里，对食物短缺的恐惧，产生了生存伦理"，③ 这种生存伦理在亚洲传统社会常常表现出一种极强的集体观念。这种社会平等观就全体农民的利益高于个人权利的价值达成了集体性共识。农民和地主都按照社区习惯法的"小传统"重新分配富人的财产来维

---

① Samuel L. Popkin, *The Rational Peasant: the Political Economy of Rural Society in Vietnam* (California: University of California Press, 1979).

② 同上。

③ 斯科特：《农民的道义经济学：东南亚的反叛与生存》，程立显、刘建译，译林出版社，2012。

护集体的生存。以反叛为代表的社会爆炸性行为是触犯农民社会平等观而引发的愤怒。他认为这种与亚洲传统集体主义价值不同的西方个人主义，是美国欠缺的深层文化力量。[1]受生存伦理支配的道义经济，不同于效益最大化的经济理性，保障佃户生存收益的稳定是经济行为的目的，农民可接受的剥削边界不是平均利润或被地主取走的收获量，而是道义经济的理念。[2]停止进行农业的再生产不是由于边际收益开始减少，而是因为固定的租金和税收提供了一个生活安全、舒服的环境。所以在这一派看来，协作动机是基于村落内部生存伦理的，协作边界也常常发生于村落场域内，"为销售而进行的生产只有在生存性生产安全的背景下才能发生"，[3]"市场生产仅在无法通过地方性的制度满足其文化性需求时发生，买卖粮食获得的金钱只是用于延续和维持其社会地位而不是扩大生产规模"。[4]

综上，在探讨农民行为时，政治经济学和道义经济学协作行为和协作动机两个维度发生分歧。政治经济学认为农民协作行为和协作动机皆具理性性质，构成目的合理性行动。道义经济学认为农民协作行为具有理性性质，但协作动机则受到生存伦理和集体主义价值的支配，构成价值合理性行动。无论基于个人利益还是基于"社会平等观"，村落都表现出一种阶层间的协作，协作的范围在村落内

---

① 斯科特：《农民的道义经济学：东南亚的反叛与生存》，程立显、刘建译，译林出版社，2012。

② 同上。

③ Eric R. Wolf, *Peasant Wars of the Twentieth Century* (Norman: University of Oklahoma Press, 1999).

④ Eric R. Wolf, "Types of Latin American Peasantry: A Preliminary Discussion," *American Anthropologist* 57, no.3(1955):452-471.

部展开，形成一个完整的系统。这个系统具有抵抗自然灾害和外界暴力的力量，因此也是斯科特所认为的共同体。同样，戒能—平野论战也在这两个维度发生分歧。

3. 社会人类学的村落社区研究

第三类村落研究是社会人类学的社区研究，把研究部落社会或原始社会的微观研究法移植到文明社会，视村落社区为一个整体，以此透视整体的社会。最具有代表性的学者莫过于费孝通和雷德斐尔德（Robert Redfield），"他们二人被公认为人类学史上文明社会研究的先驱与开拓者"，[①] 开辟了社区研究的广泛学术天地。与前两个传统相比，其体现出如下三个特征：第一，视村落为一个多维度的整体，把村落和农民的经济问题放在城乡关系中，分析村落与外部社会在经济、政治、文化、习俗、思想和礼俗等诸多方面的关系。第二，对处在传统与现代之交的村落感兴趣，研究了大量近现代的中国村落。虽然没有针对共同体的性质做直接的探讨，但是这类研究预设了村落的共同体性质，例如被描绘成社会、经济、文化、行政和自然边界等几个因素重合的传统社区。[②] 第三，与日本学界之争、农民的政治经济学、道义经济学形成鲜明对比的是，社会人类学研究者几乎不探讨农民行为及动机的理性性质，而预设了协作动机的道义性质，认为是一种自然的传统的状态。但在边界问题上，与前两个传统相比，

---

① 张江华：《"乡土"与超越"乡土"：费孝通与雷德斐尔德的文明社会研究》，《社会》2015 年第 4 期。

② 贺雪峰：《乡村秩序与县乡村体制——兼论农民的合作能力问题》，《江苏行政学院学报》2003 年第 4 期。

着墨其多，可以类比为站在村落中环顾村落内外的研究格局。例如在墨西哥城郊农村研究的基础上，雷德斐尔德发现居于大传统中心的城市文明对村落产生方方面面的影响。① 此后，吴文藻先生受到帕克（Robert Ezra Park）及雷德斐尔德的影响，在1935年便主张研究者拓宽对社区研究边界的认识，不仅应该关注已有社区研究传统"横向"的研究，更应该结合空间的外部关系和历史的前后相继。相关的研究比比皆是，王铭铭据此结合自己的研究，证明村落（溪村）社区并不是封闭的化石，它还持续消化着权力、宗教、政治、宗法制、文字等不止一个大传统。② 诸多研究发现协作关系并不仅发生于村落社区内部，而是在各个方面与域外文明发生持续的互动。费孝通所说的中国士绅创造的文化就是雷德斐尔德所说的大传统，③《中国士绅》一书力求从社会中间层的角色出发，探求士绅代表的中国社会结构的上下关系。④ 在这样一幅双轨政治的图景中，士绅借助皂隶而与官府协商，充当自治团体的领导人。士绅整合乡村资源发展了具有道义性质的集体田产，以此作为基础共同处理仪式等公共事务。弗里德曼（Maurice Freedman）发现，即使是宗族村落，也依然存在从事特殊经济角色的外来人，村落农作物的品种及人们的职业（分工）受到外部经济环境的普遍影响。⑤ 施坚雅（George W. Skinner）和杜赞奇

---

① 罗伯特·芮德菲尔德：《农民社会与文化：人类学对文明的一种诠释》，王莹译，中国社会科学出版社，2013。

② 王铭铭：《心与物游》，广西师范大学出版社，2006。

③ 张江华：《"乡土"与超越"乡土"：费孝通与雷德斐尔德的文明社会研究》，《社会》2015年第4期。

④ 王铭铭：《走在乡土上：历史人类学札记》，中国人民大学出版社，2003。

⑤ 弗里德曼：《中国东南的宗族组织》，刘晓春译，上海人民出版社，2000。

（Prasenjit Duara）认为村落并非与治理系统、市场体系相割裂而形成独立的生活王国，恰恰相反，它可能只是网络末端的一个节点。他们甚至认为村落边界本身具有开放性质，村落的性质持续受到外界文明的界定。[①] 费孝通也表示："1982 年以后，我的社区研究领域比 20 世纪三四十年代已经扩大。首先是从农村扩大到小城镇，提高了一个层次，把小城镇看成是城乡接合部，进行深入调查。"[②]

表1–2　三个传统在共同体特征认识上的差异

类别	协作动机	协作边界	共同体性质
戒能–平野论战	道义动机	封闭	成立
	理性动机	封闭	不成立
农民政治经济学	理性动机	不限定边界	成立
农民道义经济学	道义动机（包含理性协作行为）	半开放或不限定	成立
	理性动机（包含理性协作行为）	半开放或不限定	不成立
社会人类学	道义动机	半开放	成立
	理性动机	半开放	不成立

综上，对于共同体的认知，戒能平野学派和社会人类学认为无论是理性的协作行为抑或是理性的协作动机与共同体都是互斥的，

---

① 施坚雅：《中国农村的市场和社会结构》，史建云、徐秀丽译，中国社会科学出版社，1998 年。杜赞奇：《文化、权力与国家：1900—1942 年的华北农村》，王福明译，江苏人民出版社，1994。

② 费孝通：《农村、小城镇、区域发展——我的社区研究历程的再回顾》，《北京大学学报（哲学社会科学版）》1995 年第 2 期。

边界的存在是共同体成立的一个充分条件。而道义经济学、政治经济学则有所不同，对动机及边界都不作严格限定。所以，三个流派各有侧重点，日本学者不仅特别关注协作行为的动机，还特别关注边界问题。经济学则更加关注协作行为的性质，对边界不做过多限制。社会人类学则高度关注边界问题，强调协作行为不仅发生于社区内部，更超越了社区边界与大传统发生密切的互动。经济学却不强调边界的封闭性。我们认为，这并不仅是学科指向所造成的差异，而与更深层的历史和文化的差异有关。

（三）共同体特征的认知差异与村落传统

上文对流派背后的共同体认知进行了概括分析，各流派的侧重点非常不同。经济学的研究特别重视农民行动和动机的理性性质，而戒能平野法学派社会人类学的研究却特别重视村落的协作边界。黄宗智将日本学者和经济学研究的差异概括为西方形式主义和日本实体主义之争，[1]美国学者心目中的中国村落的形象主要受到形式主义的影响，[2]所谓的形式主义就是经济学的概念和分析方法，以根据供求关系确定价格的市场为前提。而实体主义则主张经济行为根植于社会关系，[3]也因此，斯科特在恰亚诺夫、舒尔茨、波普金的基础上区分出经济行为与行为动机两个维度，从经济行为的道义动机勾连了经济和制度的关系。学科的脉络可以解释经济学为什么重视农

---

[1]　黄宗智：《华北的小农经济与社会变迁》，中华书局，1986，第27—29页。

[2]　同上，第2页。

[3]　同上，第3页。

民行动和动机的理性性质，也可以解释从人类学微观法发展出的村落社区为什么特别重视村落的协作边界，但不能解释经济学为什么不太重视协作边界的探讨，社会人类学不太重视对农民行动和动机理性性质的分析。我们认为这与学者们预设的村落样貌有关系，而这种预设便来自中西方村落传统的差异，可以将其放到更大的历史场景中来理解。

1. 前资本主义时期西方村落

从传统时期的西方来看，其组织结构、居住形态和生产方式都不易形成较为稳定且封闭的边界。从居住形态来看，早期盎格鲁—撒克逊时代的村落属于以牧为主的散居小型聚居点，撒克逊时代中期或略早，人们才从游动转为定居。这种散居的形式以沟渠或篱笆圈围，形成明显的地界，农户之间有一定的距离限制，以牧为主的散居聚落形态自然难以形成紧密的共同体，边界的形态和意识自然难以根深蒂固。从生产方式来看，直到盎格鲁—撒克逊时代晚期，由于罗马农业文明向北发展，农业在牧区中的比重才有所增加。即使是在农业人口密集的地区，还是保留了大量的牧业，因此实行了农牧结合的敞田轮作制度，最终成为欧洲持续时间较长的主要农业制度。[①] 这种农业制度的变革主要来自族群边界的变化，日耳曼人对罗马帝国的入侵和征服不仅扩散了其原有的肉奶的饮食习惯，也让罗马的小麦文化（面包文化）普遍流行，这种肉麦结合的双重需

[①]　Della Hooke, "Pre-Conquest Woodland: Its Distribution and Usage," *Agricultural History Review* 37, no.2(1989):113-129.

求对牲畜和小麦的数量都有极高的要求。面对这种内外需求的变化，最初的解决办法是西北欧原有的内田—外田制度，内田种植谷物，外田饲养牲畜。但传统的农业制度很难形成互补效用，小麦所需要的肥料仅仅依靠廊肥、人类粪便和生活垃圾远远不够。且从地中海土地松软气候干旱地区引入的小麦，其种植需要解决西北欧滤水性差的黏土排水问题。为了应对传统生计方式克服自然环境对需求的限制，敞田制剥茧而出，可以同时解决肥料问题和可耕地面积增加的问题[①]。但欧洲的土壤不同于中国农耕地区的黄土，是一种土质湿黏的重黏土，土壤的耕作需要非常厚重的重犁来翻作。土地的特征导致生产工具由很多头牛拉动的重犁组成，一家一户难以负担维护的成本，因此必须要求大家共用生产的牛队。这种生产方式从更大范围内促进了区域内农户的协作，也迫使其开放原有的家户和村落边界。敞田制所要求的轮作区正好要求农户按照一定的规则开放出一定的留茬地放牧。敞田制为了克服死亡及继承导致的分散条田与集中放牧的矛盾，必须依靠一个第三方力量对具有公共属性的牛和放牧地的产权进行清楚的界定。[②]领主制度便可以协商土地和农具分配，从而形成了一种超越小农和村落边界的生产结构，农民经常在领主管辖范围内更换生产和居住地点。欧洲的农业和农村一直与外部发生着密切的联系，除了北方日耳曼人和罗马人导致的农业制度的变化，生活在城市中的领主、市民阶层和行会是推动农牧产品消费的主要力量，货币地租的流行完善将农牧业产品纳入市场体系。

---

① 向荣：《敞田制与英国的传统农业》，《中国社会科学》2014 年第 1 期。

② Carl J. Dahlman, *The Open Field System and Beyond: A Property Rights Analysis of Economic Institution* (Cambridge: Cambridge Press, 1980).

2. 近现代的西方村落

近现代的村落处于西方化和资本主义化的巨变当中，传统的商贸农业向资本主义的农业经济模式转变。文明的冲突，并不源于域内传统文明和域外资本主义之间的碰撞，而是一种整体性的社会革命。霍布斯鲍姆（Eric Hobsbawm）在讨论西班牙19世纪的农村革命时讲道："社会革命的出现和资本主义法律和社会关系密切相关，几乎没有必要去分析这前所未有的发生在小农身上的经济革命，社会革命自然而然就会出现。"[1]诚如雷德斐尔德自己所言，其最初探讨的是关于文明的一对理论：文明会分成两个部分，一个属于等级传统一个属于世俗的外行传统。享有世俗和神性权力的贵族出现，包括专门化的教育者和智力生活，促使部落群体向农民的转变。[2]以小农社区为代表的小传统离不开社会和国家，在与其互动后形成了完整的文化和社会性质。来自外部的教师、牧师和哲学家不断地影响着小农社会，同时，自己也在不断地被小农社会所影响。在他看来，经过这一系列的激烈互动，农村的历史便成为整个文明的一个地方表达，村落一直与外界是连通的，形成了亚文明。[3]这种描述印证了村落现代化的整个过程。因此西方农民活动的背后并不仅是道义经济学，而表现出受市场规则和利益支配的政治经济逻辑。西方经济

---

[1]　Eric J. Hobsbawm, *Primitive Rebels: Studies in Archaic Forms of Social Movement in the 19th and 20th Centuries* (Manchester: Manchester University Press, 1959).

[2]　Robert Redfield, *Peasant Society and Culture* (Chicago: University of Chicago Press, 1956), p.74; p.76.

[3]　Robert Redfield, *Peasant Society and Culture* (Chicago: University of Chicago Press, 1956), p.77.

的影响不是简单的贸易关系，而是分化成熟的资本主义市场经济规律对农村的改造。开放边界或没有边界，被预设为村落的共同特征，突出农民日常生活的经济理性。

综上，欧洲村落在饮食习惯、生产方式、聚落形态、市场环境、团结形式等多方面与中国的村落显著不同。欧洲村落持续受到外部的影响而产生了两个明显的变迁阶段。与外部的互动是推动传统生产方式变革的重要原因，例如交换经济以及战争和族群的融合。①随后西方传统村落在经历资本主义文明碰撞后逐渐融入资本主义市场体系中。中国精耕细作的稳定性极高的小农经济与之差异巨大，也缺乏资本主义市场环境。边界对于欧洲村落的变迁来说无足轻重，但是中国的村落边界对村落变迁极其重要，是透视和考量家族、权力、赋役多个因素的重要场景。正是有了村落协作的边界，我们才可以在边界框定的城乡关系中研究士绅、大小传统、基层权力网络、基层市场网络等议题，我们才可以在边界框定的场景中及与外界的关系的前提下研究农民行为，而不用事先研究农民协作行为的效率和性质问题，毋宁说协作行为的性质是被边界框定的场景所决定的。

（四）血缘共同体与地缘共同体的标准——共同体的研究方法

根据上文的分析如表 2-1 可见，农民政治除经济学外，绝大多

---

① John Moreland, "Land and Power from Roman Britain to Anglo-Saxon England," *Historical Materialism* 19, no.1(2011):175-193.

数共同体的研究都将协作的道义动机作为共同体成立的标准之一，而这也符合滕尼斯当年对共同体的定义，即社会关系结合的本质意志，但诸多研究和流派对共同体边界的开放程度众说纷纭。总的来说，东方学界大多认同封闭和半封闭的边界，西方学者则持开放态度。我们倾向于按照东方学者和社会人类学的见解来看待边界问题，认为边界是明确存在的，只不过有时封闭有时是半开放的。秦晖认为："至少在宋元以后，宗族的兴盛程度出现了与通常的逻辑推论相反的趋势：越是闭塞、不发达，自然经济的古老传统所在，宗族越不活跃，而越外向，商品关系发达的后起之区反而多宗族。"[1]进入现代，在城市化的实践层面，村落边界的开放过程，就是农民人生半径扩展的过程，也就是现代化的过程。[2]市场首先冲破村落共同体的经济和社会边界。[3]随着空间边界的模糊、扩大甚至消失，确实有着弱化共同体协作道义动机的情况，在边界弱化或消失之后，地缘性的规则和血缘性的规则间又会发生非矛盾性的拉锯战。当规则边界模糊化、规则边界消失时，血缘组织可能出现地缘化的倾向（非传统性的互动规则、利己倾向等），然而随着互动的加深以及"社区共同体"的营造，可能会出现地缘组织血缘化的倾向。

　　经济行为和市场性因素不会弱化共同体的因素，小传统的民间文化无论如何代表较大多数一般民众的文化，它不仅在传统时代扮演一种提供大传统许多基本生活素材的角色，而且在当代的社会中

---

① 秦晖：《"大共同体本位"与传统中国社会（上）》，《社会学研究》1998 年第 5 期。

② 李培林：《村落的终结：羊城村的故事》，商务印书馆，2010，第 42 页。

③ 折晓叶：《村庄的再造》，中国社会科学出版社，1997，第 287—288 页。

也逐渐被认定是影响经济发展及产业现代化的重要因素，[①]无商不活的温州模式将家庭企业和市场联系起来，促使贫困的温州农村得以致富。[②]

　　总之，血缘组织的存在并不是判断共同体得以成立的核心标准，需要通过识别协作动机和协作边界来进行判断。例如，血缘性的聚落不一定是存在协作的共同体，尤其是当存在理性化协作动机的时候。夏威夷的亲属制度虽然使家户在空间分布及土地利用上形成紧密联系，但是家户生产的封闭性和自给自足的倾向始终威胁着共同体。即使存在频繁的社交、互惠、扩大的亲属范围，亲属关系距离的首要前提也是家户生产模式，家庭是其成员获取福利保障的最基本场所，这削减了亲属关系的团结和功能。[③]

　　与之相对，也有地缘性组织共同体化的情况。例如，城中村祖墓的探索和改修成为多个宗族结合的契机，即使在政府的力量相对强大的城市当中，也存在着试图借政府的特殊地方文化政策来发展民间地缘社区与仪式组织的民间努力。草根政治及其话语是村落民间传统复兴的核心动力与内容，这种政治和话语虽同历史上的情形一样参考了官方解释，但在实质上构成了一种自主的运动。[④]通过对这种地缘性组织共同体化的趋势的分析可见，需要推动道义性协作动机的实现，进而出现边界，协作性的道义动机与以下几个因素有

---

① 李亦园：《人类的视野》，上海文艺出版社，1996。

② 费孝通：《费孝通学术精华录》，北京师范学院出版社，1988。

③ 马歇尔·萨林斯：《石器时代经济学》，张经纬、郑少雄、张帆译，生活·读书·新知三联书店，2009。

④ 王铭铭：《社区的历程》，天津人民出版社，1997。

关首先是负责地方公共事务的强烈需求，山西省阳城县的郭峪村是一个由杂姓组成的、规模较大的集村，宗族组织势力不强，村落的社会组织称作"郭峪社"，管理机构称"本班"，本班的成员称社首，首领称老社。"社首十几个人，由全体成年男性村民推举产生。清中叶前，一年选一次，以后改为三年选一次。社首要选有威望、人品正、有文化及一定经济实力的人担任"。村落附近的山场、城窑、豫楼以及庙宇都是社的公产。本村内按照张、王、陈三住宅区划分为三个坊，附属的侍郎寨和黑沙坡合为一坊，黄城村则为另一坊，共有五坊。[①]二是地方性认同。近来的中国研究领域也强调了地方性的意义，认为在中国历史上大量的社会组织、社会变迁都和地方性的种群认定（老乡关系）有密切关系，它是在流动之中的人们建立自我认定和社会联系的最重要的基础。北京的浙江村的内部劳动分工和与外部市场的互动、政府的谈判是这种"我们感"的主要来源。[②]三是姻亲结构。笔者认为，中国村落居住人群的研究不能忽视其强烈的亲属关系及其可能的共同精神连带特征，亲属关系不仅包括父系继嗣形成的亲属群体，也包括因婚姻而形成的姻亲群体，这种关系不仅是生物上亲疏远近的排序，也代表一种特定的社会结构，无论村落是否存在强烈的共同体或集体主义价值观，这种特殊的结构都必须作为重要的变量得以考量。

　　所以根据以上的分析，村落共同体可以定义为，在农家聚居的一定地域范围之内以道义动机而不是基于理性牟利动机相互协作经

①　李秋香：《中国村居》，百花文艺出版社，2002。

②　项飚：《社区何为——对北京流动人口聚居区的研究》，《社会学研究》，1998年第6期。

营共同生活，农村的各种集团在地域社会中不断得以累积，村民的社会关系也集中在这一范围之内的、开放度较小的封闭或半封闭性村落。我们完全可以不用理会是否有强烈超越个人的村落精神，也不必因为存在理性的交换而否定生活共同体的性质。这一概念既包括马克思意义上的在土地共有基础上建立起来的共同体，也包括以完全的私有化为基础的共同体，不仅包括血缘的村落共同体，也包括非血缘的村落共同体等各种类型。也许，村落的主体是单一的血缘群体，或血缘联合而成的地域性群体。村落的共同精神、道义经济聚合在一起可能正是出于协作的道义目的。

三、亚细亚所有制与早期地缘血缘共同体

上一节通过对众多理论学派的理论梳理总结出判断共同体的两个标准——协作动机和协作边界。早期共同体有何呢？对于早期共同体的研究，最知名的莫过于马克思关于亚细亚生产方式的研究。马克思曾经基于东方的古代资料探讨过东方的亚细亚的所有制形式，后来基于不同类型的土地所有制形式，又划分出亚细亚的生产方式等几个社会形态演进的生产方式。在马克思看来，亚细亚的生产方式就是早期共同体的生产生活方式，和资本主义及其他几种生产方式相比，最特殊的土地所有制形式就是土地的公社公有性质，人依附于公社，因共同体的成员身份而享有土地分配的权力。

（一）亚细亚所有制共同体的特征

在 1853 年《不列颠在印度的统治》中，马克思认为东方"不存在土地私有制"是理解东方的钥匙，[①] 而与之相适应的就是这种相对孤立又能自给自足的村社，马克思称之为村社制度，"村社是农业和制造业的家庭结合"。[②] 他认为共同体（家庭、部落、部落联合）最初并不是定居的，"不是共同占有（暂时的）和利用土地的结果，而是其前提"，[③] 共同体的代表形式就是村社，因为共同占有和利用土地才形成了共同体。

在《1857—1858 年政治经济学手稿》（后面简称《手稿》）中，我们可以提炼出亚细亚的所有制形式的一些特征：一、个体性弱，共同体强，"共同体是实体，而个人则只不过是实体的偶然因素，或者是实体的纯粹自然形成的组成部分"。[④] 二、土地财产实行公有制，"人类朴素天真地把土地当作共同体的财产，而且，是在活劳动中生产并再生产的共同体的财产"。[⑤] 三、生产自给自足，"财产大部分是在小公社范围内通过手工业和农业相结合而创造出来的，因此，这种公社完全能够自给自足，而且在自身中包含着再生产和扩大生产的一切条件"。[⑥] 四、存在中央集权，"凌驾于所有这一切小的共同体之上的总和的统一体表现为更高的所有者或唯一的所有者。公社

[①]　马克思、恩格斯：《马克思恩格斯全集》，第一卷，人民出版社，1995，第 762 页。

[②]　马克思、恩格斯：《马克思恩格斯选集》，第一卷，人民出版社，2012，第 852 页。

[③]　马克思、恩格斯：《马克思恩格斯选集》，第二卷，人民出版社，2012，第 725 页。

[④]　同上，第 728 页。

[⑤]　同上，第 726 页。

[⑥]　同上，第 727 页。

的一部分剩余劳动属于最终作为一个个人而存在的更高的共同体，而这种剩余劳动既表现在贡赋等的形式上，也表现在为了颂扬统一体——部分是为了颂扬现实的专制君主，部分为了颂扬想象的部落体即神——而共同完成的工程上"。①

　　亚细亚生产方式晚于原始社会又早于封建社会，这与早期中国的情况大致相同。1877 年发表的摩尔根的《古代社会》对马克思和恩格斯关于史前社会的认识产生重要影响，他们在此之前只认识到亚细亚公社、古代公社、日耳曼公社不是最原始的形式，可能并未注意到最原始的形式，所以马克思在《手稿》中认为亚细亚的、古代的、日耳曼的不是最原始的形式，而是或多或少改变了形式的原始形式。而《古代社会》用北美印第安人的材料说明了产生他们的父权制氏族解体的过程，因此马克思的"社会五形态论"遂把原始社会作为人类社会发展序列的第一个形态，取代了亚细亚生产方式。②

（二）早期共同体与国家

　　在 1853 年《不列颠在印度的统治》中，马克思提到了东方社会自远古以来就存在的三个国家部门，一是负责对外掠夺的战争部门，二是对内掠夺的财政部门，三是公共工程部门。他认为由于自然和社会的原因，共同体不得不受到中央集权的干涉，也成为东方专制

① 马克思、恩格斯：《马克思恩格斯选集》，第二卷，人民出版社，2012，第726—727 页。
② 赵家祥：《对质疑"五种社会形态理论"的质疑》，《北京大学学报（哲学社会科学版）》2006 年第 2 期。

制度的牢固根基。① 一方面，自然环境的干旱与农业发展需要大规模的水利灌溉；另一方面，由于孤立的村社缺乏联结，不像意大利，私人企业家会自愿结合来节约用水和共同用水，东方社会则需要更大的中央集权政府的干预，"所以亚洲的一切政府都不能不执行一种经济职能，即举办公共工程的职能"。②

在亚细亚所有制形式中，公社也"只不过表现为世袭的占有者"，然而"凌驾于所有这一切小的共同体之上的总和的统一体表现为更高的所有者或唯一的所有者"，"这种统一体是实际的所有者"。③ 这个总的统一体就是专制君主。城市的形成与中央集权国家密切相关，"在这里，与这些乡村并存，真正的城市只是在特别适宜于对外贸易的地方才形成起来，或者只是在国家首脑及其地方总督把自己的收入（剩余产品）同劳动相交换，把收入作为劳动基金来花费的地方才形成起来"。④ 他认为亚细亚的城市是王宫营垒，本质上与农村是一样的，是城市的乡村化。

在早期共同体之后的古代所有制形式中，国家依然有公有地，表现为"与私有者并列的国家的特殊经济存在"。⑤ 然而，贵族的土地兼并导致了很多罗马公民失去田产，而军队只招收公民的条件，直接导致了战斗能力涣散，因此当日耳曼人、基姆布利人和条顿人在公元前 105 年入侵时，罗马军队连连被败。代表平民利益的马略上

---

① 马克思、恩格斯：《马克思恩格斯选集》，第一卷，人民出版社，2012，第 853 页。
② 同上，第 850—851 页。
③ 马克思、恩格斯：《马克思恩格斯选集》，第二卷，人民出版社，2012，第 726 页。
④ 同上，第 728 页。
⑤ 同上，第 734 页。

任执政官之后，将征兵制度改为募兵制，公民及意大利和各行省的自由民皆可入伍，扩大了兵源。公元前 102 年，罗马军队挫败了日耳曼人。

（三）早期共同体的几种发展形势

马克思利用各地的历史资料探讨了早期共同体之后的几种所有制形式，力图从土地所有制的演变说明共同体的衰微，这包括细亚土地所有制、古代的所有制形式、日耳曼所有制。《手稿》中讲的亚细亚土地所有制指公有制并未派生出其他形式，古代所有制是公有地和私有地并重，并派生出古希腊、罗马的奴隶制生产方式。日耳曼的土地所有制指私有土地是土地所有制的基础，公有土地是私有土地的补充。共同体不是实体，并且在历史上通过征服奴隶制的西罗马帝国从中直接发展出以农奴制为基础的封建社会。[1]不过这三种所有制都离不开共同体的存在，任何所有者都必须具有共同体成员的身份。[2]古代部落存在的血缘和地缘两种共同体的形式，普遍存在于罗马和日耳曼人之中。[3]

在古代的所有制形式中，出现了土地个人所有的情况。"公社组织的基础，即在于它的成员是由劳动的土地所有者即拥有小块土

---

① 赵家祥：《对质疑"五种社会形态理论"的质疑》，《北京大学学报（哲学社会科学版）》2006 年第 2 期。

② 李根蟠：《"亚细亚生产方式"再探讨——重读＜资本主义生产以前的各种形式＞的思考，《中国社会科学》2016 年，第 9 期。

③ 马克思、恩格斯：《马克思恩格斯选集》，第二卷，人民出版社，2012，第 732—733 页。

地的农民所组成的"。① 笔者认为，他是参照了早期罗马的土地所有制形式，认为耕地同时作为村庄和城市的附属物，例如罗马城就是由一些村庄结合在一起而组成的。在古罗马，为了保护自己的土地，共同体将家庭按照军事组织的方式来安排，"住处集中于城市，是这种军事组织的基础"。② 然而，共同体并未完全衰落，此时的共同体还是具有一定约束力的。他认为，"土地私有者只有作为罗马人才是土地私有者，而作为罗马人，他就是土地私有者"。③ 所以共同体依然能够实现自给自足的属性，"个人被置于这样一种谋生的条件下，其目的不是发财致富，而是自给自足，把自己作为公社成员再生产出来"。④ 古典古代所有制的城市是以土地所有制和农业为基础的城市，它的历史也是城市的历史。⑤

在日耳曼所有制中，土地的个人所有成为主流，共同体的实体地位降低，甚至不具有实体性，因此其约束力和贡献度也相对弱。"从外表来看，公社也只有通过公社成员的每次集会才存在。因此，公社便表现为一种联合而不是联合体，表现为以土地所有者为独立主体的一种统一，而不是变现为统一体"。⑥ 以家庭而不是共同体为一个自给自足的单位。"每一单个家庭就是一个经济整体，它本身单独地构成一个独立的生产中心。"⑦

---

① 马克思、恩格斯：《马克思恩格斯选集》，第二卷，人民出版社，2012，第729页。
② 同上，第728—729页。
③ 同上，第731页。
④ 同上，第730页。
⑤ 同上，第733页。
⑥ 同上，第733—734页。
⑦ 同上，第734页。

（四）共同体的衰落和破坏

雇佣劳动导致劳动者和土地（在这里，土地可以是劳动对象、劳动的物质前提、劳动的客观条件）的分离，而这又导致自由的土地所有制和东方公社为基础的公共土地所有制解体。[①]"马克思认为，亚细亚的、古代的、日耳曼的三种原始的土地所有制形式，都不具备产生资本主义生产方式的这两个前提（劳动者和劳动的客观条件相分离，自由劳动能够和货币相交换），资本主义生产方式产生于，这三种所有制解体过程中产生的某种特定的生产方式，即封建的生产方式的解体中才能产生资本主义"。[②]它们是处于同一发展阶段的在不同地域并存的几种所有制形式，而《序言》中所讲的亚细亚的、古代的、封建的三种生产方式是处于不同发展阶段的生产方式，并不与《手稿》相对应。马克思在《手稿》中认为亚细亚所有制结构最具有稳定性且并未产生出派生形式，所以放在《序言》中生产方式演进的第一个形态，后者的"古代"是指在古代所有制解体后产生出的古希腊罗马的奴隶制生产方式，"封建"则是日耳曼人在罗马奴隶制和自身隶农制基础上，创造出来的西欧中世纪封建制度。[③]

后来，马克思在 1859 年的《〈政治经济学批判〉序言》手稿中将经济的社会形态分成几个演进的时段，"大体说来，亚细亚的、古希腊罗马的、封建的和现代资产阶级的生产方式可以被看作是经济

---

① 马克思、恩格斯：《马克思恩格斯选集》，第二卷，人民出版社，2012，第 724 页。

② 赵家祥：《对质疑"五种社会形态理论"的质疑》，《北京大学学报（哲学社会科学版）》2006 年第 2 期。

③ 同上。

和社会形态演进的几个时代"，^①亚细亚生产方式替代了亚细亚所有制作为他的表述形式。按照赵家祥的观点，两个版本的论述可以统一起来，也就是说，应该有以下几种形态：原始社会、亚细亚的、古代的（与亚细亚处于同一个发展阶段）、由古代派生出来的奴隶制的古希腊罗马的、由古希腊罗马的派生出来封建的、日耳曼的（跨度很大，从征服奴隶制直接到了封建制）。日耳曼人对西欧封建制产生有极大的影响，一方面是推翻了奴隶制，另一方面是制度的影响，例如西欧封建社会的公有地"是一种在封建制度掩护下保存的古代日耳曼制度"，^②以及军事制度中的亲兵制，以及与封建土地制度相结合产生的西欧封建等级制度。

　　总而言之，亚细亚所有制下的共同体是共同体的一种早期但又不是最原始的形态，随着土地所属关系的变化，人们的协作关系也逐渐发生变化，土地私有意味着个人及家庭可能具有了独立生产的能力，更大范围的协作可能更多是基于理性协作的，而非出于道义动机，日耳曼人协作的半径非常大，如果按照东方学者的观点，这就不能满足共同体成立的条件。所以，依照马克思的理论，如果将所有制作为一个切入点，确实是研究共同体变化的一个角度，甚至是推动其演变的一个因素。

---

① 马克思、恩格斯：《马克思恩格斯选集》，第二卷，人民出版社，2012，第 3 页。

② 马克思、恩格斯：《马克思恩格斯全集》，第二十三卷，人民出版社，1972，第 792 页。

第三章

如何通过社会的"物"的呈现来研究社会

　　我们研究的不仅是物，还有人和人之间的关系以及群体和群体之间的关系。通过这样的关系研究来揭示当时的经济基础或者社会生活状况，复原早期中国共同体的形式。也就是研究基于物的生活关系和生产关系，它是特定技术和生产条件下所形成的人和人之间的，组织和组织之间以及部落之间的关系。物的关系，人的关系，以及组织和组织之间的关系是密切统一的。如果脱离物的关系，是无法理解这一点的。那么，在已有的学科研究中，都有哪些关于物与社会的研究可以借鉴呢？

一、物与社会关系研究的理论脉络

　　如果要说这项研究的学科起源，就不得不提及 20 世纪初社会人类学的诞生。1923 年拉德克里夫·布朗（Alfred Radcliffe-Brown）的《民族学和社会学的研究方法》在社会人类学和民族学领域的研究方法奠定了基础。他认为，社会人类学应该超越时空差异而建立普遍性的自然科学，不同于传统的民族学利用传播论和进化论来解释文化的多元性，以及基于博物馆和个人收藏所进行的物质文化研究。英国的社会人类学极其厌恶这种物质文化研究的传统，将其批判为"摇椅上的人类学"。布朗认为，民族学和社会人类学存在着研究方法、目的和逻辑的诸多不同，更根本的是研究方法的不同，也就是是否采用归纳法的问题。此前的人类学研究多采用一种历史的研究方法，即用一个事件来解释文化事实的发生，虽然弗雷泽（James George Frazer）最早将该方法与归纳法区分开来，并提出社会人类学的名称，但是并没有付诸实践。他认为，归纳的方法被广泛地应用于自然科学，同时也应该应用于社会人类学，即通过对不同自然现象的研究，而概括出一类普遍事实，其中包括原因和结果的陈述。

我们认为，归纳法用于学科研究，也给社会学的产生和发展带来了巨大影响，涂尔干的《社会学年鉴》便一直坚持着，例如，归纳法不去探讨图腾制度的起源问题，而关注图腾背后的社会事项的关联及其规律。莫斯（Marcel Mauss）继承了这一思路，用因纽特人冬、夏两季不同的聚落形态来解释其宗教、政治和家庭形式，也即生活、宗教和道德随着人群密度、总量、结构和形式而变化。莫斯对因纽特人聚落形态的研究是社会学中最早把社会物质形态作为主要对象的研究。[①] 因此，当民族学建立了现象和文化的变化事实时，社会人类学则建立了在这些事实上的通则，"民族学一词的使用限于

---

① 莫斯：《社会学与人类学》，余碧平译，上海译文出版社，2013。

上面描述的历史的文化研究，而社会人类学一词则用来表示力求形成贯穿于文化现象的一般规律的研究"。[①] 在他看来，民族学日益成为构建文化史的学科部分。这种区分给社会人类学从大人类学的框架的独立做出了贡献。

从各自的理论背景上来看，那时的民族学研究以传播论为基础。传播论来自德国 19 世纪的地理学派，其创始人是拉策尔（Friedrich Ratzel）和格雷布内尔（Fritz Graebner）。该学派的学者有的自称为民族学，有的自称文化历史学和文化生态学。其主要的研究假设是传播论的，关注的现象也是文化事实在地域之间的习得和传播。传播学派和进化学派少有联系，并以德国为中心。1911 年，里弗斯（Raymond Firth）担任英国学会人类学会主席时曾提议将两种理论观点结合，主张将认清的传播模式作为进化论的基础。德国的格雷布内尔、英国的里弗斯、美国的民族学者（萨皮尔虽然将人类学和民族学的名字等同起来，但因历史的研究方法，布朗认为应该称为民族学，而不是人类学），都坚持传播论的研究思维，认为相似的文化现象一定是由一个中心传播而出的。另外一些学者进行了修正，认为同一种发明，可以创造两次，但本质上都是传播论的假设。但无论是进化论还是传播论，从方法论的层面来看，都是历史的研究方法而不是归纳的研究方法。物质文化研究虽然能够为文化传播提供最直接的证据，那些相似的器物就是证明人群流动和文化同化的最好证据，但是，因与民族学及其研究方法的亲和性而被社会人类学边缘化。

社会人类学的物质文化研究在 20 世纪 70 年代之后趋于完善，

---

① 拉德克利夫 - 布朗：《社会人类学方法》，夏建中译，华夏出版社，2002。

一些机构的存在也促进了研究，伦敦大学学院的人类学系按照美国的人类学传统教授人类学，设置社会人类学、体制人类学、语言学和涉及物质文化的考古学，创建者是人类学家福尔德（Daryll Forde），极力主张人类学进行物质文化的研究。但占主流的一系列研究基本上仍延续了涂尔干和莫斯的思路。例如集大成者阿帕杜莱（Arjun Appadurai）所编的文集从各个角度（艺术品、圣物）描述了技术性（该特征统称器物的商品属性）人工器物向非商品化转化后而具有象征意义的过程，[①]但仍以象征性来统称物与社会发生关联的机制。象征性的形成也常被归为一种由心理状态而外在客观化了的自然现象，[②]如米勒（Daniel Miller）等研究者的研究，[③]象征物自身所具有了某种灵性，[④]仪式将物得以活化而使象征性得以观察。[⑤]

笔者认为，到了 20 世纪 80 年代，物质文化研究趋于完善，因物是否去除语境而分成风格迥异的两派。一派起源于涂尔干和莫斯的物的象征性研究。物的象征性是指，作为文化和社会的符号系统，物可以是人造的，也可以是自然界的植物、动物等。物的象征意义指，它反映了社会、个人的观念和意义。总而言之，可以概括为将物视

---

① Arjun Appadurai, *The Social Life of Things* (Cambridge: Cambridge University Press, 1988).

② Pascal Boyer, *The Naturalness of Religious Ideas* (California: University of California Press, 1994).

③ 丹尼尔·米勒：《物质文化与大众消费》，费文明、朱晓宁译，江苏美术出版社，2010。

④ Wendy James, *The Listening Ebony: Moral Knowledge, Religion and Power among the Uduk of Sudan* (Oxford: Oxford University Press, 1988).

⑤ 迈克尔·罗兰：《器物之用——物质性的人类学探究》，汤芸、张力生译，《民族学刊》2015 年第 5 期。

为社会文化语境下的产物，这一派认为，如果抽离了语境，那么物就死了，那种只探讨博物馆中画作的审美标准而不关注笔者的意图和人品，是死气沉沉的研究。语境不仅来自创造者，还来自使用者，极端的例子为商品拜物教，其主体是消费者而不是商品的创造者。所以物的语境是指和一个群体某种象征意义的关联。

另一派推崇物独立于人的自主性，①这种割断语境的行为未必就能给器物带来主体性，因此也不等同于主体性。被创造出来的客体，只要本身发挥功效，并不需要探讨创造者的意图和目的，只要听故事而根本不关注它们的话外之音。典型的研究者有英格尔德（Tim Ingold）和霍奇斯（Henry Hodges），②英格尔德认为，人工器物本来就是去语境化的，而且应该重新嵌入于制造自我的物质过程之中。这一派的理论渊源，根深于进化论的思想。而本文所提的象征，指不脱离语境的样态，及物所反映的特定观念。物的主体意义逐渐被发掘，甚至与人的主体性相互依存，物作为人的辅助或部分而出现。最典型的莫过于布迪厄（Pierre Bourdieu）的《实践理论大纲》，③其中将儿童早期社会化的首要条件归功于物。但大多数研究都难以突破人与物的二分观念结构。

我们认为，在器物分析的过程中，应该将两个角度结合起来，在分析初期，首先应该了解器物的技术功能，也就是作为一种客体

---

① 迈克尔·罗兰：《历史、物质性与遗产》，汤云、张原译，北京联合出版公司，2016。

② Henry Hodges, *Artifacts: Introduction to Early Materials and Technology* (Bristol Classical Press, 1995).

③ Pierre Bourdieu, *Outline of a Theory of Practice* (Cambridge: Cambridge University Press, 1977).

的本身的功效。然后，研究器物与文化和观念的关联，解读它的象征意义。通过这两个过程，我们无形中了解了这个社会所固有的生产力水平以及价值观念。以涂尔干和莫斯为代表的"法国年鉴学派"始终主张将物与社会事项相关联，关注事物背后的社会事实，并用其他社会事实来进行解释，建立一般性的因果框架。但是，这种研究还存在一个问题，物与社会互为因果，其关联的机制却一直不清楚。我们希望探讨一种物人相连的机制。

二、"透物见人"的理论与机制研究——物与社会的关联机制

虽然社会学研究以访谈、史料和数据作为信息收集的主要对象，但我们发现，考古学关注的物质性、人类学关注的象征性以及作为信号设施的特征，在社会学的器物研究中同样很多。笔者在分析社会学、人类学与社会的研究基础上，重点关注器物与社会的关联机制。这样做的原因在于，我们知道人会赋予物以意义，但是不一定清楚这个赋予的过程，所以只有搞清楚具体的关联，才能通过器物探知其背后的社会。笔者概括出人工器物与社会相互关联的两种机制；之后，又借鉴制度学派提出了解读社会的第三种机制，将其称为制度维度；[①] 最后，本节总结分析了器物的符号性关联机制。

---

① 卢尧选：《人工器物与制度——组织社会学器物研究述评》，《社会发展研究》2017 年第 1 期。

（一）器物的技术性关联机制

此类研究重在探索器物被使用的理性目的，并通过衡量目的和手段之间的可用性和可承受性来评价人工器物的效用。那么，如何借助器物来解读社会呢？首先，器物为使用者带来的使用强制性为不同背景的群体提供了交流的基础。技术性人工器物是外在于人的一类客观器物，所以在使用过程中会对主体产生一定的强制性。强制性也可能给行动者提供其他机会，那些共同使用的器物对协调行动和创造共享的理解至关重要，为不同背景专业群体之间的交流提供基础性的作用，[①] 这也可以称为技术刚性。

那么，它和社会相关联的机制是什么呢？我们认为是一种基于需求投射的交互性行为。那些将人工器物作为引起交互性行为的需求投射地点的研究说明了这种双向关系：人们将某种需要和感觉诉诸人工器物（椅子），这个人工器物反馈于感觉（椅子能够缓解这种压力），并且引发一个交互性行为，如坐下。[②] 这一思路有助于我们理解从需求到行为发生的全过程。

在社区研究中，聚落结构可能从功能上直接表征了家族的结构性存在。以姓氏为代表的家族认同通过一定的居住形态表现出来。在民国时期的福建，政府将陈、李两村合并为一保，但陈、李二家

① Beth A. Bechky, "Workplace Artifacts as Representations of Occupational Jurisdiction," *American Journal of Sociology* 109, no.3(2003):720-752.

② Czarniawska-Joerges, Barbara and Bernward Joerges, "Travels of Ideas: Translating Organizational Change," in *Symbols and Artifacts: View from the Corporate Landscape*, ed P. Gagliardi. (New York: Aldine de Gruyter, 1992), p.350.

族基本上仍然依照过去的传统各自分立。他们各有自己的聚落、亲族、祠堂、村庙、仪式，两者几乎互不相干。在陈姓家族大本营内部，他们又分为四个陈氏聚落，分别分布在东、南、西、北四个方位，之间为道路、稻田、水塘所分割。^①在陕西，韩城市的党家村是明代形成的两姓聚族而居的大村，他们有各自的水井、广场、麦场和祠堂等公共设施。祠堂有多层建制，包括总祠堂、分祠堂和家族祠堂等层级在内。他们分别祭祀的祖先也具有重层性。分祠堂祭祀"门"的祖先，家族祠堂祭祀盖祠堂的直系亲属。外界带来的战争和匪患迫使他们在原村落东北部修建堡寨，每户宅基地三分，通过抓阄确定位置，然后各修宅院，两姓在堡寨中共同居住。^②宗族村落的布局也象征了宗族的结构，房子的布局围绕着宗祠，这象征着家户围绕在宗族核心周围。宗族分支的居留地表现为一级组团，房系的居留地则表现为二级组团。一级组团的中心是支祠，二级组团的中心则是厅堂（房系的祠堂）。

　　盖尔（Alfred Gell）对印度巴斯达一个集市的研究发现，^③按照交易物品从贵到贱，可以从中心到边缘按照同心圆的结构划分出五个圈，并且对应交易者的社会等级地位，中心主要是印度人，然后是其他少数民族及地方少数民族。这不是纯粹的经济活动，市场空间背后实际上是社会身份等级。所以，此类表征性研究的背后是社会对个人的支配假设。

---

① 王铭铭：《社区的历程》，天津人民出版社，1997。

② 周星：《乡土生活的逻辑》，北京大学出版社，2011。

③ Alfred Gell, "Vogel's Net: Traps as Artworks and Artworks as Traps," *Journal of Material Culture* 1, no.1(1996):15-38.

（二）器物的意义性关联机制

虽然技术特征可以作为人工器物的首要特征，[1] 但是，毫无疑问，在使用的过程中，成员的解读也会渗透入这一过程。所以，物质设施的能力会扩展到意义创造和维持层面，被赋予意义和价值，向符号特征转变，甚至成为群体和组织的符号象征物。总的来说，器物被生产出的意义可能会脱离其技术属性，甚至可能被束之高阁而作为行动者心照不宣的符号。例如，合约文本起初也以技术控制的形式出现，但当交易双方达成共同理解后，合约就变成有意义的姿势（表示、表达），比如最大的努力指善意性的关系，保险条款代表着不信任，保修意味着质量。[2] 很多研究开始关注人工器物作为象征性信号设施的属性，[3] 即与抽象意义相联系并作为意识承载物的符号。[4]

那么，这是否意味着意义可以彻底脱离器物属性而不着边界呢？答案是否定的。不可否认，很多器物就是作为符号和象征物而被生产出来，但是我们更加关注那些在使用过程中被慢慢赋予价值的人工器物。基于相关的研究，我们总结出几个意义获取的路径。

---

[1]　Edgar H. Schein, *Organizational Culture and Leadership* (San Francisco: Jossey-Bass, 1985).

[2]　Mark C. Suchman, "The Contract as Social Artifact," *Law & Society Review* 37, no.1 (2003): 113-115.

[3]　Mary Douglas, *In the Active Voice.* (London: Routledge and Kegan Paul, 1982), p.31.

[4]　Thomas C. Dandridge, and W. F. Joyce. "A Topic To Expand Organizational Analysis," *Academy of Management Review* 5(1980)77-82.

1. 基于器物属性的意义获取

拉法里（Anat Rafaeli）的研究发现，以色列公交集团的蓝色巴士作为一种人工器物，会因是否满足乘用需求而被乘客赋予消极、中性或积极的评价。这是一种不需要中介而直接进行的技术维度的评价，而其象征性维度的评价则必须通过关联物而产生，比如，当绿色的巴士被视为干净和自由的代表时，这种抽象的意义导致了积极的情感反馈。[1] 当然，绿色可能也让不同群体联想到其他东西。里瓦尔（Laura Rival）所编的 *The Social Life of Tree* 中，树作为植根于土地的自然器物，出现在印度、南印第安、印度尼西亚、日本等地的丧礼、婚礼等仪式中具有独特的象征性。树木燃烧的烟气能够通天连地，树木象征不同文化生命力的延续性而作为种族活力和自我再生力量的符号。[2]

象征人类学认为聚落内部差异化的布局可能反映了社会的结构，尤其是权力结构，因此，聚居的聚落会有不同的布局结构。列维·施特劳斯（Claude LeviStrauss）1976 年到 1981 年对加拿大到印度尼西亚的各岛的房屋概念进行了调查，并在 1984 年到 1987 年间以讲座的形式将这些研究成果公布。他将房屋视为一种社会结构的种类，是一种介于基础结构和复杂结构的中间结构。房屋不仅是处理内部事务的领域，同时也是处理更大范围事务的场所，比如讨

---

[1]　Anat Rafaeli, and Iris Vilnai-Yavetz, "Instrumentality, Aesthetics and Symbolism of Physical Artifacts as Triggers of Emotion," *Theoretical Issues in Ergonomics Science* 5, no.1(2004):91-112.

[2]　Laura Rival, *The Social Life of Trees: Anthropological Perspectives on Tree Symbolism*, (Oxford: Berg Publishers,1998).

论内婚制还是外婚制，财富和居住权。因此，房屋不仅是一种制度，也是一种表演和说明的活体。在他的主要研究里，房屋是一种社会结构，并被放在初级社会向复杂社会过渡的背景下。

不过，总的来说，器物被赋予的抽象意义来自器物本身的一些可见的属性，这是一种较为常见的机制，因群体角色和背景文化的不同而出现不同的路径。

2. 基于感官体验的情感体验

办公室[①]、建筑外形，城市和停车场的设计样貌[②]所唤起的情感关联，[③]会导向特定的价值和观念，进而阻碍或支持行动，并影响生产力。[④]拉法里描述了这种美学的关联机制，当器物使用者设法理解组织赋予的意图而对其形象产生评价时，这种情感往往会延伸至组织本身，给组织带来负面或正面的评价。如果产品设计者忽视消费者对产品颜色做出的反应，则会招致产品和组织的负面评价。[⑤]从人工器物的美学维度来看，其可以作为唤起行为的依据，此外，组织、环境也会借助美学维度实行对行为的强制。情感体验的生产受到所处环境的制约，那些普遍被认为美的人工器物可能因错置的环境而

---

① T. R. Davis, "The Influence of the Physical Environment in Offices," *Academy of Management Review* 9, no.2(1984).

② Alain de Botton, *The Architecture of Happiness*, (New York: Pantheno, 2006).

③ Lynn A. Isabella, "Evolving Interpretations as a Change Unfolds: How Managers Construe Key Organizational Events," *Academy of Management* Journal 33, no.1(1990)7-41.

④ Jakob Nielsen, *Usability Engineering* (San Francisco: Morgan Kaufman, 1994).

⑤ Anat Rafaeli, and Iris Vilnai-Yavetz, "Instrumentality, Aesthetics and Symbolism of Physical Artifacts as Triggers of Emotion," *Theoretical Issues in Ergonomics Science* 5, no.1(2004):91-112.

产生相反的效果，比如在丧礼中出现带有娱乐色彩的人工器物，并不会给人带来愉快的感觉，[①] 社会文化环境和应用背景的变化也会导致其美学意义的变化。[②]

3. 基于宗教及文化的意义获取

1990 年后，澳大利亚国立大学的福克斯（James J. Fox）等人[③] 对南太平洋群岛人和奥斯特罗尼西亚人的研究发现了房屋结构组织与宗教、仪式等级之间的关系。研究者认为，房屋不仅与家庭的功能性需求有关，也与各种大小的社会群体有关。因此，在此类研究中，房屋更多作为一种文化和象征意义上的概念而被使用。在某些部落中，受到宇宙观的影响，房屋的建筑结构被按照相应的位置来布局。房屋以各种方式展现出与过去的联系性，房子的一些部分也可能成为仪式地点，如柱子、横梁、壁龛、圣餐台，甚至被视为祖先的化身，毛利人甚至用房屋的各个部分来比喻祖先的身体。[④] 所以，房屋是剧场和神庙的混杂体，体现着社会生活的仪式。[⑤] 结构人类学认为，我们言语背后相同的心灵结构下所支配的空间观念决定建筑

---

① Jon Lang, "Symbolic Aesthetics in Architecture: Toward a Research Agenda," in *Environmental Aesthetics: Theory, Research and Applications*, ed. Jack Nasar (Cambridge: Cambridge University Press, 1988), pp.11-26.

② Deborah R. Siege and Maureen A. Callanan, "Artifacts as Conventional Objects," *Journal of Cognition and Development* 8, no.2(2007)183-203.

③ James J. Fox, *Inside Austronesian Houses: Perspectives on Domestic Designs for Living* (Canberra: The Australian National University Press, 2006).

④ 同上。

⑤ Roxana Waterson, *The Living House: an Anthropology of Architecture in South-East Asia* (Singapore: Thames and Hudson, 1997).

物内部及相互关系布局的核心因素。空间的研究是分类研究的一个部分，为探索不同分类现象中的共同结构而服务。所以，空间分析在结构主义人类学中并没有什么理论意义。笔者认为，用共同的心灵结构解释社会结构作用于空间的机制过于抽象，其中应该有更为细致的机制。

4. 使用者意义理解的差异影响意义的解读

20 世纪 80 年代后，布迪厄的实践理论强调了人作为主体对象征空间解释的重要性，[①]不同的人可能对相同的空间布局有不同的意义，以阿尔及利亚和柏柏尔人的研究为例，虽然男人对房屋空间位置的意义定义有支配地位，但是女人抱有相反的看法。虽然实践理论的出现能够回应之前尚未被注意和解决的理论问题，但是也有很多问题。不仅要描述出这种表征制度的空间结构，还要知道使用者的解读及对空间可能的改变。同时，这种关注互动层面的研究会越来越微观，有时难以回应聚落形态和社会之间的关系。

周原出土的墓葬四成以上都是随葬货贝，其作为一种货币普遍应用于西周时期。作为货币本身，除交换意义外，贝壳还体现出多种象征意义。有些墓主人的嘴里含有贝壳，这显然是不具有交换行为的仪式，是丧葬仪式中所谓的"琀"。另外，对墓主人来说，大量拥有货贝能够彰显自己特殊的社会地位。1979 年，齐家 34 号墓葬中出土了由大量贝壳镶嵌而成的马络头。可见，一件简单的人工器物

---

① Pierre Bourdieu, *Outline of a Theory of Practice* (Cambridge: Cambridge University Press, 1997), p.272.

可以因不同的使用者而具有不同的意义，同样的意义可能又因研究者不同的视角而出现很大的差异。关于解读方面的例子还是很多的，比如，关于出土青铜器遗迹点性质的判断，研究者从自己的角度出发给出了不同的判断。关于周原的青铜器窖藏，有人认为是青铜器窖藏，有人认为是墓葬，有人认为其性质为大型建筑落成之前或落成之时的祭祀坑。这三个现象之间具有共同点，但对于使用者的意义完全不同。

（三）制度性关联——器物代表了更大范围的行为规范

制度泛指社区、组织之外的规则、价值观等，它们是带来约束又能推动行动的一类规范。这类规范不仅影响具体的器物选择，而且会影响器物的解读。符号人工器物的选择及意义的建构往往受到在组织场域里占主导地位的规范行为的影响。为了提高知名度，英国 1992 年升级的一批职业学院会模仿早期知名大学校徽的设计。[1]医师最初穿着白大褂仅仅为了区别于那些伪造者，然而这一颜色竟演变成组织种群的标志，按摩行业也会借用白大褂以获得合法性。[2]所以，当某一人工器物变成行业标准，其性质可能就转为一种制度性的人工器物，那些借助此人工器物和符号的组织是为了实现在社

---

[1]　Yehuda Baruch, "On Logos, Business Cards: The Case of UK universities." in *Artifacts and Organizations: Beyond mere Symbols*, ed. Anat Rafaeli and Michael G. Pratt (New Jersey: Lawrence Erlbaum Associates, 2006).

[2]　Marlene Fiol and Edward Connor, "Stuff Matters: Artifacts. Social Identity and Legitimacy in U.S. Medical profession," *Artifacts and Organizations: Beyond Mere Symbols*, ed. Anat Rafaeli and Michael G. Pratt (New Jersey: Lawrence Erlbaum Associates, 2006).

会中的舒适性（即那种在环境中被视为合适的那种形式和结构），^①这类似于同行业内组织之间分享共同组织结构和技术的现象，^②其原因并不单是理性化、效率化的过程，而是因合法性而出现的制度化过程。^③所以，人工器物不仅具有技术性、象征性和美学性的分析路径，同时在更广阔的环境中与制度发生关联。我们将组织内人工器物具有的，与组织外规则、规范和观念发生直接关系（表征或者被决定）的特点称为人工器物的制度维度。^④

（四）意义性关联机制与制度性关联的差异

如果我们考虑传统社会的背景，假设所关联的意义来自部落外部，就会出现接受或排斥的可能。也就是在这一点上，意义性关联机制和制度性关联机制得以区分开来。前者的意义产生于社区内部，意义产生的自发性自主性较强。后者则具有更复杂的情况，有时甚至带有强制性。外来意义进入社区的目的无非有两个，外部势力希望借共享的意义价值获取社区内特定种类的资源，社区内部人希望借助共享的意义来获取社区外部的某些种类的资源（甚至说是一种

---

① Martha A. Glynn and Robert Abzug, "Institutionalizing Identity: Symbolic Isomorphism and Organization Names," *Academy of Management Journal* 45, no.1(2002):267-280.

② Paul DiMaggio and Walter W. Powell, "The Iron Cage Revisited: Institutional Isomorphism and Collective Rationality in Fields," *American Sociological Review* 48,(1983):146-160.

③ Martha A. Glynn and Robert Abzug, "Institutionalizing Identity: Symbolic Isomorphism and Organization Names," *Academy of Management Journal* 45, no.1(2002):267-280.

④ 卢尧选：《人工器物与制度——组织社会学器物研究述评》，《社会发展研究》2017 年第 1 期。

"偏好伪装"）。所以，制度人工器物进入组织的实质成为创造者（或引入者）使另一个人接受的结果，起码是形式上接受。无论制度背后体现的是何种维度，一旦进入组织，给组织成员的第一印象是物。

我们可以将制度人工器物放到社区或聚落内外关系的角度进行探讨。聚落外部的势力希望更多的聚落认可自己的意义或意识形态，以获得臣服带来的资源，所以常常编制一套容易接受的言说体系。例如，大家信仰共同的神和祖先，在这个高调价值观的引导下，进一步渗入其他的规范和标准。器物在价值渗透的过程中扮演了重要的角色，它们是价值渗透最明确的证据。考古工作发掘了很多这种关联物。这种规则博弈的背景能帮助我们理解关联物异质化背后的族群关系问题。

以上的论点暗示了一些可能。比如，中央王朝实力强大，正处在扩大的过程中，此时便容易出现官方建构的统一的神话、传说和道德之事，如秦的帝系五方五色说几乎将周围部落的神都统一进一个系统。假如外部价值观并没有渗透的动机，那么社区内部会选择引入这样一种意义，说明社区期望外部认可相同价值观后所能提供的资源。如果清楚了内外关系，我们就能进一步发现关联物，然后进一步判断它们所承载的意义。

（五）"符号"人工器物的关联机制

1. 关联物——关联机制的关键变量

关联物指那些脱离原物体的物或符号，因这些符号和物延伸至一个意义判断的领域，同时，这些意义也会借这一中介物将人或群体的意义投注其中，关联物一定是和特定的意义价值体系相联系的。关联物可以是一套价值规范，可以是人们的一种审美偏好，也可以是人们的一种态度。考古出土了很多这类关联物，其功效在于将指涉的意义与持有关联物的人等同起来，实现人、神和场景的活化和升华。所以，对于关联物的使用者来说，一定要选择那些通用性和认可度非常高的关联物，因为关联的意义场景本来就像是一种社会的通识认知，否则就不存在。我们所探讨的意义不是个人脑海中凭空创造的那种解读，而是已经在社会中存在并被一部分人认可的意义，是一种社会性的意义。一般存在多元化价值观的社会倾向于存在多元化的关联物，存在单一强权的社会更容易出现单一的人工器物。当我们对符号进行探讨时，它本身就是关联物，关联了社会的观念、结构等。

2. 作为关联物的类型性"符号"人工器物

涂尔干提出了一种机制来解释符号人工器物与社会的关系，即将客观物（符号人工器物）按照情感而进行分类的机制，这种分类体现了社会本身的结构。涂尔干和莫斯都将社会结构视为意义的根源，这种社会结构在原始社会可能就是他所说的集体情感或集体心灵，尤其是宗教。米勒提出一种客观化的机制。[①]美国人类学家萨林斯（Marshall Sahlins）的《文化与实践理性》也用这种社会结构所产生分类的机制来研究美国生产和消费关系，[②]对牛、猪、马、狗的

---

①　丹尼尔·米勒：《物质文化与大众消费》，费文明、朱晓宁译，江苏美术出版社，2010。

②　马歇尔·萨林斯：《文化与理性实践》，赵丙祥译，上海人民出版社，2002。

家畜分类的形成进行分析，认为分类基于人类关系的密切性而形成。因为现代欧美物质生产表面上看来是经济过程，而现实上受到西方文化对衣食住行的象征界定的很大制约，体现出其非实用的文化理念的关键作用。[①]

涂尔干总结道：分类观念并不是从规范行动者行为的角度出发，也不是为了证明他们实践的考虑出发，而本质上是社会的一种表现，因此，自然与弗雷泽的观点相反，认为人们之所以将事物进行这样的分类，是因为他们是依据氏族划分的。事物的分类是以社会组织形式为模型。因为人们分成不同的群体，因此他们在观念中也要对其他事物进行分门别类的处理，因此这两种分类模式就毫无差别地融合起来了。这种集体心灵可能来自政治从属、经济关系、家庭关联形式，这种心灵同样出现在物的关系中。"分类所划分的不可能是概念（概念的分类就是逻辑的分类），分类所依据的也不可能是纯粹知性法则。对原始人来说，一种事物并不是单纯的知识客体，而首先对应的是一种特定的情感态度。尤其是宗教情感，赋予了事物本质性的熟悉感，首先是神圣的或凡俗的，是纯洁的或不纯洁的，是朋友或敌人，是吉利的或不吉利的"。[②]

事物分类方式的差异不是理智，而是情感，情感的分类不同于逻辑的分类，它的效果飘忽不定，边界难以界定，"科学分类的历史，就是社会情感的要素逐渐削弱，并且一步步地让位于个体反思的历史"。[③]涂尔干将此论调称为社会中心论。因此，最初的逻辑分类是

---

①　王铭铭：《象征与社会》，天津人民出版社，1997。

②　涂尔干、莫斯：《原始分类》，汲喆译，上海人民出版社，2000。

③　同上。

社会的范畴，人类不可能自我衍生出这种分类。

3. 类型性符号人工器物与社会的关联动机

涂尔干认为，符号人工器物也反映了一种"集体情感"。[1] 这些集体情感基本都产生于社区内部，既然是情感，那么就是自然而然形成并发生的，因为人们有将观念表达到外在物的冲动。人类学家米勒进一步将这一观点用客观化来表述。[2] 道格拉斯（Mary Douglas）对象征性的产生进行了解释，即自然物作为符号，其物质性和符号性分别来自人的心理思想的属性和身体的动物性属性，[3] 心理的属性是道德性质的，而身体的属性是野兽性质的，因此两者是对立的。特纳也认为，宗教符号在社会道德和感觉两极之间存在紧张关系。[4] 道格拉斯还认为，符号的相似性可能是来自关于生死的观念。[5] 类似的表述还有米勒主客观的研究[6]、功能性和意义性的区别。[7]

詹姆斯认为，某些部落象征意义的生产并非来自人的情感，物本身就具有灵性。树木被燃烧就像巫师作法一样，有占卜效果，树

---

[1]　爱弥尔·涂尔干：《宗教生活的基本形式》，渠东、汲喆译，上海人民出版社，2006。

[2]　丹尼尔·米勒：《物质文化与大众消费》，费文明、朱晓宁译，江苏美术出版社，2010。

[3]　Pascal Boyer, *The Naturalness of Religious Ideas* (California: University of California Press, 1994).

[4]　Victor Turner, *The Forest of Symbols* (Cornell University Press, 1967).

[5]　Mary Douglas, *Natural Symbols: Explorations in Cosmology* (London: Routledge, 2003).

[6]　丹尼尔·米勒：《物质文化与大众消费》，费文明、朱晓宁译，江苏美术出版社，2010。

[7]　Alfred Gell, "Vogel's Net: Traps as Artworks and Artworks as Traps," *Journal of Material Culture* 1, no.1(1996):15-38.

甚至能听到人们的对话。[①]这种观念类似于中国的"泛生论"世界观，认为从一草一木之中都可以悟出人的品质。而西方将万物有灵归于人的灵魂，来自死亡的认识。西方认识论的物与人的关系，要放在献祭里面来理解。[②]鲍耶（Pascal Boyer）则反对说，这种灵性完全因为人们自己有这样的能力，然后想象投射。[③]总而言之，无论物本身是否具有灵性，人们认为它具有灵性的行为本身就是生产意义的过程。所以符号人工器物的产生一定是存在关联机制和关联动机的。

综上，涂尔干将意义关联发生的机制归结为社会组织结构的反映，动机归结为一种集体情感。假设关联发生的动机来自集体的情感，那么对于我们的启发便在于，对古遗址器物种类的差异提供了一种分析的维度，即那些体现集体情感的物品（比如青铜器），可能作为区分人群的标志。因此，我们可以继续推论，一般情况下，假如集体情感与感受到的外在威胁呈正比，那么当人们与外群隔阂越深，越有可能使用多种器物来表征自己的族群属性。或者可以做另外一个推论，生活在一起的人只有产生了共同的集体情感，才能产生相同的器物和风俗。

4. 基于场景的符号性人工器物的理解

如何建立关联？仪式是一个重要的突破点。里瓦尔以树作为研

[①]　Wendy James, *The Listening Ebony: Moral Knowledge, Religion and Power among the Uduk of Sudan* (Oxford: Oxford University Press, 1988).

[②]　王铭铭：《心与物游》，广西师范大学出版社，2006。

[③]　Pascal Boyer, "What Makes Anthropomorphism Natural: Intuitive Ontology and Cultural Representations," *Journal of the Royal Anthropological Institute* 2, no.1(1996):1-15.

究对象，延续涂尔干和莫斯 1903 年的《原始分类》的研究，视符号为表征系统，这来自人们的分类。[1]物质文化的研究者认为，物在仪式和献祭中被仪式性的行为所激活，具有沟通人神的效果，自己具有了生命，即通过特定器物的使用或特定食物的食用。"器物经由仪式方式而成为其自身，也为人们制造出生命。"[2]我们并不关注物是否具有了生命，而是关注物所反映的思想及其社会性的起源，在生死祭祀的仪式当中，器物被按照类别与特定的行为和族群相关联。那些因为功能性而被用于日常生活和祭祀的物品，只有在仪式场景中才能体现出意义，可能是人群关系、空间观念、社会性的定义，一般情况下，我们常会看山是山而不知背后复杂的社会事项的网络。其原因在于，在日常生活中，物品的摆放和使用大多是功能性的，比如给予、互惠[3]或占有，[4]即使体现意义性的安排但当事人也很难察觉到，但仪式过程中的器物，直接体现的是自己的社会结构，人们和社会发生的互动。在族群内部，仪式还能显现背后的等级结构，即体现一种差异性。笔者通过一些民族志的材料发现，在仪式中使用的器物的制作常常需要特殊的技艺，凸显了物的独特价值，有时也是和交易互斥的。社会物品借助特殊的仪式比如人祭来实现非商品化。[5]

　　另外一种常用的破解关联物意义系统的方法则基于联想关联机

---

① Laura Rival, *The Social Life of Trees: Anthropological Perspectives on Tree Symbolism*, (Oxford: Berg Publishers,1998).

② 迈克尔·罗兰：《历史、物质性与遗产》，汤芸、张原译，北京联合出版公司，2016。

③ Marshall Sahlins, (ed.) *The Sociology of Primitive Exchange* (New York: Praeger, 1965).

④ Annette B. Weiner, "Inalienable Wealth," *American Ethnologist* 12, no.2(1985):210-227.

⑤ Arjun Appadurai, *The Social Life of Things* (Cambridge: Cambridge University Press, 1988).

制，即借助现有可以观察到的材料进行关联，也就是人类学常用的象征想象的办法。罗兰（Michael Rowlands）在谈及自己对物的研究时指出，通过物的象征主义的手法可以透视社会，比如遗址中的铁质的熔炉象征子宫，生产出的器物象征孩子，房子的不同部位代表了人的身体的不同部位，或作为容器的房子被认为是组织环境的一种防御设备。这从侧面反映了社会的很多文化观念，比如生育能力、疾病的性质、运气的好坏。①

---

① 迈克尔·罗兰：《历史、物质性与遗产》，汤芸、张原译，北京联合出版公司，2016。

第二篇

共同体变迁的研究框架

第四章

共同体变迁研究的分析思路

共同体的变迁是一个宏观现象。无论是借助文字资料还是考古资料，我们所能观测且能推断出的群体变迁已经是众多微小变化的结果了。所以，要对其研究，就必须建立一个能够细化的理论模型。上文，我们分析了判断共同体的两条标准，一个是协作动机，即是基于道义目的还是理性目的；另一个是村落的协作边界，是否开放，而协作动机是更具有操作性的能够衡量共同体变迁的重要指标。协作动机按照团结的力量可以分成三个维度，道义、理性、放弃协作三个连续谱，以此可以进一步判断共同体的结合强度。

协作动机属于微观层面，是行动者的个体行为动机，而协作边界则属于公共层面的行为结果，因此并不完全属于微观层面。在实际的研究过程中，我们观察到的是各类满足社会需求、经济（生活）需求、政治需求的物质设施，它们是行动者的行为结果，同时也是制度的终端，所以只有建立起从行为到结果的模型，才能从聚落这个物质结果倒推出人们的行为及其意义。共同体的变迁和聚落形态同属于宏观层面的结果，因为这涉及人与人的互动及其结果。那么，应该如何研究宏观的社会现象呢？第一步就是寻找那个导致宏观结果出现的宏观原因，第二步就需要对其进行解释，宏观层面的现象往往需要透过一些微观和中观机制才能解释清楚，所以降维分析是研究的重要组成，即通过宏观到微观、微观到微观、微观到宏观的三个过程来实现宏观到宏观的研究。

为了建立一个完整的理论框架，依据科尔曼的船型模型，[①]我们要进行三个步骤的研究：第一个是宏观到微观的研究，即协作动机的影响因素研究。协作动机属于个人的行为动机，它受到宏观层面的宗教、文化和理念的影响。本研究的第一步就是寻找影响行动者价值观的自变量，它存在于更大的社会系统中。这一层次是出现微观层面各种行为和互动的主因。第二个是微观层面的研究，即协作动机的行为结果研究。行动者的动机会出现特定的行为，这个行为又会出现宏观后果，直接导入到第三个步骤——从微观到宏观的研究，即共同体的变迁研究。理性的或是道义的协作动机都会产生特定的行为，我们需要寻找到因变量。第二步的因变量在第三步又成为自变量，导致共同体呈现出特定的血缘和地缘结构，这一步是机制的研究，因为我们事先已经知道了两个变量。技术性、美学性的关联更容易发生在个体层面。象征性、制度性和符号性更容易出现在集体层面，因此常用于宏观层面的解释。

---

① 詹姆斯·S. 科尔曼：《社会理论的基础》，邓方泽，社会科学文献出版社，1999，第12页。

一、协作动机的宏观影响因素及影响机制研究（从宏观到微观）

受到某种程度的技术的制约是产生协作行为的条件，集体性的农业制度就是一种协作行为，在一定技术条件下，人们必须通过集体的利用方式来保证农牧业的生产效率。土地的集体利用方式会导致农业协作行为和聚居居住行为，而这种因素会缔造道义的或理性的协作动机，因此，土地的集体利用方式与共同体的形成具有亲和性。土地的集体利用指土地的利用存在一个作为中介的集体。以家族制度为例，土地的集体利用方式，皆由家族制度所决定，无论是用作住宅、生产还是祭祀。此时的聚落作为共同体的物质承载物和制度承载物而出现，与村落制度之间互相提供资源，聚落形态（各种功能的利用方式），因此，也是抽象社会规则和人之间的中介。以德芒戎为代表的人文地理学认为，土地经由社会影响聚落形态，他用集体农业制度来解释这个现象，认为轮作制下的集体安排的土地利用秩序，强迫成员按照共同的顺序到固定的土地上进行耕作，这种集体性的耕作方式是聚居形成的根本原因。笔者认为，无论是否三年轮作制，背后实际上是土地的集体使用，因此需要聚居来安排这种集体性的利用行为。同欧洲的情况一样，土地在聚落和家族形成中占据核心角色。在弗里德曼看来，中国的家族是一种血缘兼地缘的共同体，认为家族即社区，共同体的基础是家族共有土地财产的存在，社会组织和宗教信仰又反映为以父系祭祀为基本特征的祖

先 / 祠堂祭祀制度。[①]

　　协作行为是一种行动，那么就应该有推动行为的协作动机。我们将产生协作动机的因素称为触发因素。那么，触发因素有哪些呢？作为产生协作行为的条件，技术与触发因素有何种关系呢？能够参与社会再生产的资源的稀缺是触发因素，例如在给定技术条件下的土地资源的稀缺、安全资源的稀缺、人力资源的稀缺、技术资源的稀缺、水源资源的稀缺等，这些资源的利用能够保护、强化、扩大社会机能，而不仅为人口再生产的口粮。资源稀缺是出现协作动机的触发因素。受到技术的限制，人口与资源出现一个阈值。不同的技术条件阈值不同。技术越高，给定资源越能满足更多的需求，技术越低就相反，超过阈值，就会出现分化协作动机的情况。但也有看似超过阈值但共同体并未解体的情况，例如游牧共同体，此种生计方式并不是因为人口数量超过资源承载力而超过阈值，而是生计方式的只进不出所致，资源并没有成为社会再生产的资源，仅仅作为人口再生产的资源。

　　超过阈值而出现分化动机的情况很多。通过对家族人口史和聚落的分析可以看出，在家族人口较少的情况下，一般会产生聚家而居的状态。但是，人口一旦增加到一定程度，便可能产生家族的内部分化从家户到家族的转化。首先是因为家庭人口的扩大，造成聚房而居的状态，最后由不同的房联合而成一个统一的家族。[②]从近现代的某个家族发展历史来看，为了使较大量的家庭人口在责任和义

---

① 弗里德曼：《中国东南的宗族组织》，刘晓春译，上海人民出版社，2000。

② 王铭铭：《社区的历程》，天津人民出版社，1997。

务以及继承关系中得到明确的定义，需要将扩大式家庭重新分化为较小的家庭单位。家庭的分化需要以一定的经济和土地基础为前提。于是，新辟出一块 600 亩的土地。五世三代同居的大家庭分散到溪村各处，结果是，"在族谱关系上，长房起了统一全局的作用，并经于这一途径，使不同的小家庭集合在长一、长二、长三房和二房一、二房二"。聚房而居的家庭仅是联合家庭，所以该时的房尚不具备宗族制的房支的意义，也没有统一的家族土地。随着人口的增长，到十世时，联合家庭发展到扩展家庭。然后，经历同一过程，扩大式家庭向分家立户过渡蜕变为房支。房支必须获得一定的统一地产，从而在溪村发生了争夺土地的事件。人口进一步增长，产生亚房支，原来的房支变为支族。这种进一步的分化也体现在聚落结构上即向村落的边界和临村发展。各亚房与家族的联系是间接的，需要经过房支才能取得与家族的系谱联系。除在村落的生产仪式和合作中（公田轮耕和轮祭），各亚房基本上可以称为房而独立运作。家族与亚房的关系是总体与个别单位的关系。[1]

触发因素受到软性因素和硬性因素的调适，前者如集体情感、文化因素，后者大多带有强制性，如战争、法律和权力。在分化动机的产生过程中，集体情感和家族观念是分化动机出现后的一种重要的调节机制。家族观念通过影响行动者的价值观来增强共同体的道义协作性质。家族的血缘、姻缘关系及家族制度，对规则、产权（族产公田）、土地制度权利义务等在居住生活的方方面面起着支配的作用，亲属群体规定了角色及其义务，并造就了"有特色的地方

---

[1]　王铭铭：《社区的历程》，天津人民出版社，1997。

文化"即一种共同的规范和价值观。共同情感的建立与宗族意图建立族田并世代保持存在正向关系。[①]法律常常以强制和惩罚的方式确保就犯，而市场则借助利益的诱惑，文化借助潜移默化的感染。就法律的制度为例，法律一定是外在于社区习惯法的一类制度环境，它通过规定土地的各种占有形式来表达其对行为和共同体的影响。比如，中世纪的法律规定遗孀和子女平分土地财产，这就导致庄园主所属的土地的分散。与此同时，法律又鼓励庄园主用货币购买大量的荒地，法律又禁止农民变卖土地为货币。这种制度环境可能会导致佃农的散居形式。市场作为一种外在制度，会对行动动机产生影响。波普金认为："道义经济学根本性的最容易辨识的特征是强调前资本主义的社会关系是道德的，但是当资本主义引入后，道德共同体的结构被金钱结构取代甚至毁灭。"[②]

二、协作动机的行为结果研究（微观层面）

　　本节进入到行动层面的讨论，涉及的内容将会更加具体，更具有针对性。上文探讨的属于社区外部系统，一是技术环境设置的可供选择的农田和居所的开发形态，二是居住主体携带的需求结构，三是社区外部所能提供的制度环境。这些因素共同造成了聚落形态的差异性。本节实际上探讨的是社区内部系统。我们认为其中包含

---

① 弗里德曼：《中国东南的宗族组织》，刘晓春译，上海人民出版社，2000。

② Samuel L. Popkin, *The Rational Peasant: the Political Economy of Rural Society in Vietnam* (California: University of California Press, 1979).

的机制是使能或限制行动者的一系列制度安排，即分化共同体的动机结构，抑或是凝结共同体的动机结构。秉持着特定理念的行动者在微观层面是如何运作的呢？他们的行为在微观层面会产生何种后果呢？

那些参与社会再生产的稀缺资源种类决定了需求结构的不同，需求结构直接影响人们的协作动机，在特定的动机之下，人们会破坏或生成新的社会关系。例如，移民群体缺失必要的安全资源时，移民聚居区就因其追求抱团和自保迫使出现协作的动机，进而在新的社区中创造出新的关系网络。在这个过程中，人们利用和改造着传统网络，通过各种家族、地缘关系来扯上关系，创造出新的类似共同体的关系格局，移民抱团协作的原因来自追求稳定生活环境的协作动机，而安全性的稀缺直接导致了这种需求结构，共同体的形式结构是以求自保的结果。在抱团的过程中，人们所能运用的组织资源只有老家的家族、地缘等关系，所以唐人街往往是中国流出地社区组织的移植，这就更使得它和主流社会格格不入了。"浙江村是人们在流动中，面对外部社会的条件，不断来利用、改造传统网络，积极创造的结局，远不是一个为聚合而聚合的过程。"[①]

虽然人们可以因为需求结构或其他动机创造出特定的社会关系结构，并产生出不同的协作结果，但是已有的社会组织化的方式和程度是在微观层面调节行为结果的重要因素，是能够利用的重要资源。需求结构因指向的资源不同而分成不同的类型。当需求结构指向土地资源时，土地如果用于居住，那么就可能受制于社会组织形

---

① 项飚：《社区何为——对北京流动人口聚居区的研究》，《社会学研究》1998 年第 6 期。

态进而产生聚居和散居等不同形式。如果需求来自食物，则会产生不同的土地耕作类型，所以饮食结构和习惯也是影响行为的一个重要因素。因纽特人冬季狩猎海豹的习惯使得他们必须追随成群的海豹，然而紧靠一个人或一个家庭的力量肯定是无法满足这种饮食需求的，因此必须以社会组织化的方式来实现这种捕猎的协作。这也导致了夏天散居的部落冬季聚于一处。相比较而言，居住于同纬度的印第安人，虽然技术发展水平相类似，但由于不同的组织传统而有不同的聚落形态。行为聚合的聚落形态背后，实际是社会组织结构和形式的调节作用。

　　那么，为什么要以组织化的方式来应对需求结构呢？所谓的组织化应对实际上就是群体针对资源的协作，包括同质性资源和异质性资源两类。协作的主要意图是获取各自维持物质、经济、社会和政治生活所需的各种资源。依协作的主体以及资源性质可划分为四种协作类型，同质性群体获取同质和异质两种资源，异质性群体获取同质和异质两种资源。同质群体的协作一般都发生在聚落环境内，一般不会出现跨区域的大范围的协作，简单社会的协作方式以这种类型为主，同质性群体的同质性资源协作实际上就是一种组织化应对需求结构的方式。异质性的群体之间的协作一般包含跨地域的交往范围，这种协作方式的制度规范一旦形成会具有更加强大的作用，但其形成的过程也相当缓慢，除非使用强制性的方式建立一种沟通的话语和渠道。

　　我们认为，组织化应对中还有一个技术的因素，技术的形式和程度决定了以什么程度的组织来实现需求结构，技术的水平通过成本机制来决定组织化程度的阈值。我们举两个例子来说明这一机制，首先是技术的形式与组织程度问题，古代社会技术密集型和劳动密集型的产业客观上需要高组织密度。对于周人来说，这些殷遗民就是资源的中心，资源的性质体现为一些技术性、常识性的、零散的、默会性的操作性手艺，因此获取这种类型的技术必须跟这些手工艺者朝夕相处。齐家制石作坊发掘区内出土房址，而且其制石废料灰坑中还并出生活用具，所以考古工作者推断，生活区和工作区没有严格区分。①居住距离的接近成了必须，即使商人和周人来自不同的血缘群体，共享着部分共同的文化，他们也必须为了异质性的资源而进行必要的协作。此外，青铜器、骨器和玉器的制造流程包括了复杂的配合工艺。废料坑和工作间保持特定的距离。聚落内部存在两种类型的分工——生产种类的分工和工序的分工（前者为不同石料的区域集团化分布，后者为各流程废料的散点式分布）。所以，工艺之间的衔接需要到位，就算殷商王朝的一个家族能负责制造工艺的一个阶段，周人也没有能力将整个的族全部搬迁于此，因为这不利于成本的控制。如此一来，迁居于周原的殷遗民的血缘组织被打破了，仅仅依照流水线上的各种工艺，最有能力的工匠被迁移至此。考古材料证明了这种独特的资源类型是如何导致地缘性社会组织的状态的。齐家遗址出土了成千上万吨的骨料，其中很多骨料的切割点有不同的刻画符号（一个 ×），不能切割的位置也有标注。据研究骨料的专家介绍，这些标本是专门用来指导徒弟学习切割手法的教学用具。出土的铜锯非常薄，难以想象，切割骨器的断面的技术

---

① 马赛：《聚落与社会——商周时期周原遗址的考古学研究》，博士学位论文，北京大学考古文博学院，2009。

甚至胜于现代的车床，可见手艺必须以师徒关系来学习和传承，周人必须和商人居住在一起，以获得这种极其稀缺的手工艺。第二个证据就是，这些手工业区的混葬墓地。商人和周人死后也葬在一起，然而并不是师徒葬在一起，而是最近的直系血亲。小家庭各自采用不同的墓向和随葬品，比较容易被分辨。总而言之，战争和行政性的强制力量提供了人口迁移的动力，复杂性的手工艺流程客观上与少量高技术人员相匹配，学习者必须通过长时间的观察和练习才能掌握这种技术，所以造就了周原地缘性的聚落。这种资源类型和特殊的聚落社会组织结构必然促成特殊的社会制度结构，类似于旨在集中土地资源并及时分配的敞田制。这种以紧密结合而成的流水线资源形式，需要充足的原材料和供给连续生产的大量劳动力。这些资源客观上需要强有力的超越社区的协调机制，在不同区域和聚落之间调配所需要的资源。

其次是成本机制的问题。以技术决定的迁移成本为例，由于过多的物质财富不便于携带，为了满足特定技术下的迁移条件，就必须限制物品的质量和数量。这种限制也会进入人口层面，如果新生儿和行动不便的老年人口过多，部落的迁移成本就会提高，所以，限制人口和摆脱物质束缚的逻辑都以达到最少的能够维持群体生产和再生产的数量为目标。这种限制人口的办法是应对生态环境、生活手段不变，生计回报不断递减的一种策略。在较低技术水平下，对于家庭来说，最基本也是最重要的需求就是维持其日常生活，简单地说就是吃饱穿暖，即生计需要。在这种目标的支配下，家庭劳动力在生产中的投入会达到一个平衡，在没有外力，如国家的政治行为，介入时，劳动时间不会延长，劳动力投入的数量也不会扩大。

其社会的组织化复杂化程度不会高。

在给定社会组织化程度的前提下，或者说在一种稳定的共同体结构中，权力关系尤其是所有权的高低是调节行为的重要因素。所有权会影响协作动机的类型，对行为产生直接的作用。拥有土地及其附属资源在社区场景中赋予一种特殊的身份。社区成员与其所拥有的土地的关系影响他在社区中的权利和义务。那些不具有社区身份的个人，虽然不居住于这个社区，但是依然要任命一位代表履行这块土地的义务。还有一些社区成员，虽然居住并拥有成员身份，但并没有地产，则不用履行有地者的相关的权利和义务。[①] 从这个例子中，我们发现，是否占有社区进行分配的核心资源是参与社区规则的重要因素。入住的合法性可能是一个由微观到宏观的机制。居住于这个社区并不代表成为这个地缘性舞台的舞者（聚落主体），除非具有了入住权，[②] 即生活于村落中的某一共同体，因宗教、历史记忆、法律等因素获取合法性之后，共同体才获得村落的入住权。入住权的获得使血缘群体的边界和村落的边界相吻合，才能参与到规则的动态演变之中。生产资料的所有权就是一种权力，占有生产资料的个体拥有控制无产者的权力。社区中的权力是在给定技术环境背景下，造成差异化聚落形态的一个微观机制，同时也是宏观机制。看似一方依附于另外一方的社会关系，依附者同样可以在被依附者那里找到所需的生活资源，其实背后还是隐含着资源的交换（协作）。当安全作为最重要资源的时候，少数人通过支配一定数量的

---

① 西美尔：《社会是如何可能的》，林荣远译，广西师范大学出版社，2002。

② 科大卫，刘志伟：《宗族与地方社会的国家认同——明清华南地区宗族发展的意识形态基础》，《历史研究》2000 年第 3 期。

人、兵器和土地来实现地区的稳定，战时此类物质资源的稀缺就摧毁了平等权利关系的形成。

最后是从微观上升到宏观的研究阶段，聚落形态作为发生于社区的一种现象，本质上是行动者（个体或各种集体）所创造的一种社会现象。因此，个人的众多行为形成了宏观的现象，形成的具体机制则是需要研究的地方。根据已有的村落研究，我们发现村落实际上是一个地缘性的舞台，主体可以是单一的宗族，也可以是多血缘小群体的联合体，所以并不一定是结构影响了共同体的变迁，而是行为及其结果影响了共同体的变迁。在这个地缘性的舞台上，行为会产生相关的规则、意图、组织和文化，不仅有以家族制度为基础的规则，也有拟家族制度的规则，或者纯粹是一种匿名化的社区公约，它们都作为协作的结果而存在，是一种宏观现象。那么，共同体在何种行为的作用下会生成呢？例如，中国东南部的宗族村落存在公田，并且形成了公田上分房协作的制度。可以说，这种协作制度是一种社会组织化的反映，这种结构会调适共同体行为，在公田上分房协作具有分工的特点。家族性质的村落的形成，需要"两个前提：一是家族村落认同的获得；二是家族内部分房之间合作制度的形成。为了达成村落的统一，法主公的崇拜被创造出来，立庙树碑；各房轮流负责，向祖坟进行墓祭，对公田轮流耕作；法主公的诞辰庆典、祖祠的祭祖等家族仪式，也开始采用轮作方式"。[①] 所以，当共同体内部，针对同质性资源，存在大家公认的组织化应对与分工时，一个新的共同体可能就形成了。这种村落的社会结构是

---

① 王铭铭：《社区的历程》，天津人民出版社，1997。

建立在同质性群体针对同质性资源的协作基础之上，对异质性资源的需求程度越高，社会的分工程度越细。传统的血缘村落对外部资源的依赖性程度并不高，因为外部资源对主体来说是异质性资源，很多时候，主体可能不需要异质性资源，或者同质性群体内部就能提供。主体是否与异质性群体进行协作或交换，是由各自内在的资源结构所决定的，资源的结构会影响资源的配置，进一步塑造行动者的需求结构，与异质性群体进行协作就创造了地缘聚落形态以及规范行为的形成蓝本。

从宏观上看，技术环境为聚落形态差异化的发展提供初始路径，聚落形态是技术环境和其他复杂机制相互作用的结果，技术决定群体利用资源的能力，在特定的技术条件下会导致理性牟利或道义协作的行为，也会产生特定的协作半径，聚落形态作为这种资源的利用方式而呈现，所以聚落的形态与整个族群资源利用的能力和形式密切相关。具体而言，技术通过影响人们特定资源和要素的利用方式来决定宏观形态，土地是与聚落密切相关的一种自然资源。行动者共同认可的某种理性规则会导致类似的行为，这些行为聚合成宏观现象。例如，城中村是土地资本化的一种后果，李培林借用了张五常的佃农地租的分析框架，认为"村民为了补偿自己土地收益低于竞争均衡价格的差价，就只有最大化地利用可支配的面积和空间，这就是城中村密集建筑怪物产生的根本原因"。[①] 又比如，某些资源地点人口的增长不仅是因为河道和矿藏等自然因素，还因为采矿技术和相关的促进政策，以及对矿产的市场需求等社会性因素。物质

---

① 李培林：《巨变：村落的终结——都市里的村庄研究》，《中国社会科学》2002年第1期。

环境在与这种技术的密切互动中变成社会的一部分而影响聚落形态，如同其他所有的自然资源，在作为社会环境和技术环境的必要组成部分时，影响聚落和行为，此时以社会的面貌而出现。技术环境所提供的制度来自组织和社区的外部，在技术环境和技术的假定下，为聚落的形态的发展提供了初始的路径，正像一把剑，可以对资源和环境随意切割组合，但切割的角度和方向会受到社区内外部其他因素的影响。技术环境、所有权、权力、结构映射和强制诱惑是连接这些要素和行动的看不见的手。

第五章

共同体变迁研究的资料基础

一、用于拓展个案研究的共同体变迁的标示物

本书的研究资料可以分为三类：

第一类是物的资料，即考古材料，包括遗物资料（陶器、青铜器）和遗迹资料（墓葬、房址、窖藏）两大类，遗迹资料是墓葬、房址和窖藏等人们的生产生活设施。遗物资料是出土于以上场景和设施的器物，例如按照材质分类的陶器或青铜器，按照功能分类的兵器、生活器皿、仪式用具等。本文认为，器物、遗迹和文献最好同时考量，考古学特别重视器物本身的分期断代研究，本文则利用这样的研究，将其与场景和设施进行密切的关联，用来暗示共同体可能的变迁。例如，陶器非常容易受损，时代性极强，是指示居住人群变动很好的标志。对一个村落点来说，陶器组合类型的变化，指示人群的延续和断裂。如果仅有房址而不区分陶器的分期，则会

误以为人群并没有出现过什么变动，或者换言之，如果仅仅依据遗迹和地层关系来判断聚落变迁，我们看到的只是其物理形态的变化，人群和社会的变动则需要陶器类型的协助，所以器物的变迁和遗迹的变化共同指示了共同体的变迁，两者缺一不可。

一些共同体变迁的案例可以作为拓展个案，提炼出规律用于解释其他材料不足的时期和事件。借助青铜器的铭文，我们就可以理解家族共同体的诸多行为。共同体的变迁更受到外部环境的影响，共同体的兴衰在动荡时期则更多受到战乱的控制。从周原出土的族徽来看，很多家族在宣王之后再也不在，他们皆因"国人暴动"而离去。当暴动结束后，周原突然出现了几个新的家族，有一些是在此之前一直没有明确记载的，有一些是早已存在的大族，但在此时迁移到周原地区，前者可能是由原来的大宗分出。迁居的行为又为本来中断的聚落提供了生机。这为我们复原其他朝代过渡时期的器物变化及中断现象以及村落形态周期性的波动提供了证据。

此外，还可以考察出土器物及其遗迹的相对位置关系，为我们判断族群之间的关系及地位提供基础。周原聚落共同体的布局暗示了共同体协作行为性质及聚落布局之间的密切关联。就聚落群而言，通过殷墟研究的深入，学界基本上形成共识，殷墟聚落存在"聚邑成都"的现象，即小圈与小圈的邑集成聚落整体。这说明，共同体与共同体之间有着密切的联系，而且，它们可能因为一些分工协作的关系而构成了更大的社会。我们回到周原，也发现了类似的表象。周原遗址核心区域的共同体邑非常密集，或许只有几十米远，2012 年，钻探的姚西遗址与许家遗址之间仅相隔不到 1000 米，邑与邑之间或许仅有一沟之隔，它们之间的田地连着田地。但是，周原遗址边缘区域的聚落则相对分布稀疏、相隔很远，东部区域每个邑之间相隔很远。我们认为这可能与共同体内部的协作行为的性质有关，不像商朝那种政治性的聚合而是基于实际需求，即特定的协作行为产生了特定的布局需求。姚西遗址居住区中发现有两个壕沟，一个为方形，一个为圆形，壕沟以外无居址，圆壕沟之内有制作角镞作坊和铸铜作坊，壕沟内有一条路，两个作坊分布于路两旁，墓葬区位于生产生活区的西南边，居住区、作坊区与墓葬区的分布构成一个与其他遗址有一定距离的完整的邑。我们认为，这种从事手工业生产的共同体内部以及共同体之间有着较为密切的分工协作关系，所以它们之间的距离不会太远，另外，生产所需的原材料都是通过交通运入，聚落聚集在交通便利的地方也有助于降低成本。

　　第二类是历史文献材料，包括古籍文献、谱牒、志书和碑刻等资料。近现代的文献主要包括谱牒及县里的土改档案，例如 1950 年土改时期农会资料，1963 年人民公社时期贫下中农协会组织，这些资料可能蕴含重要的土地及社会组织材料，因为土改先得查实土地面积，评定阶级成分，然后废除封建债务。县档案还包括没收、征收地主的土地及其他生产资料，制定分配方案，确定应分得土地、财产的人员名单等内容。文献是相当重要的，更应该结合具体情况来应用和相互印证。比如周原遗址 99 齐家东、02 齐家北制石作坊、03 李家等遗址出现了墓葬和居址频繁打破（同期墓葬打破墓葬、灰坑打破墓葬）的现象，考古学家原来认识为土地频繁易主现象，其依据便是文献记载有专门管理墓地的墓大夫、冢人。但随着近几年考古材料的进一步发掘，人们逐渐认识到这是殷遗民的一种特殊葬俗，即使陶器以西周器物风格为主。实际上，《诗经》等众多典籍记载了周人灭商之后将殷遗民迁居各地和谐共存的事件，研究结合文献就能解释一些反常的物质现象，进而探知背后的共同体变迁规律。

第三类是实地收集材料，主要来源于笔者实地收集到的资料，比如访谈资料、观察资料、传说和故事等。调查的范围主要包括扶风、岐山两县，重点调查区域位于狭义周原范围内的村落。为了进一步印证相关的研究假设，还扩大调查范围到七星河与美阳河区域。具体的调查则选取一到两个典型村落做细致的观察、访谈和记录。目的在于收集历史的资料，尽量向前追溯，由可获取的资料决定追溯的时间。主要的收集对象包括村民、族谱、地契、碑刻、重要的植物和建筑。针对村民进行访谈，获得口述史的相关材料，比如村落的迁移历史、内部斗争和协作问题，族谱和地契的收集目的在于研究共同体的社会组织结构和经济结构，碑刻能较为真实地反映宋代以来的民间生活状况，村落一般都以重要的植物作为标志，从而形成公共活动的空间，是研究聚落形态变迁的重要材料，另外，还有一些戏台、庙宇，以这些信仰建筑为核心关注地缘群体的社会关系网络。第二类和第三类资料有助于解释第一类资料，帮助验证已有的研究框架，总的来说，除了文字资料，大部分资料都属于物的资料。

二、共同体长时段研究的可能性

周原是人类持续性活动的舞台，从新石器时代开始，人们居住的历史就没有中断过。虽然居住的人群种属经历着变迁，但是聚居的形态及一些生产方式和习俗却延续了下来。周原所在的扶风县的自然村的地下大多存在古遗址，由于周原遗址的历史最长，同时又是各个时段中出土器物和遗址最多的地点，所以在整个历史中具有最重要的地位。可以说，西周的周原奠定了几千年的居住形态、生活模式和文化传统。这些文化样态在以后的各个时代都发生着渐变，器物和居住格局等物质文化经历时代渐变积累为突变。为了获得更好的对比效果，选取原初形态是比较可取的方式。就周原的考古材料来说，虽然陶器的变化比较明显，但这种变化的发生与人群的流动和迁移有关，此类事件不会在短时间内频繁发生，多次渐变之后所保留的，可能正是最本质的特征。

历代的聚落选址具有重叠性，一个遗址的考古资料往往能提供多个时代的聚落信息，这是共同体变迁的长时段的资料。中华人民共和国成立后一直到20世纪60年代初，经过考古人一系列的调查、钻探和发掘，周原的位置才得以确定。周原的多处遗址皆埋藏于现代的20多个村落地下，已经确定的遗址点多以现代村落命名。周原分属岐山县的京当乡和扶风县的黄堆乡、法门乡，总面积约为30平方千米，北抵岐山，南临渭河，处于两者之间的洪积扇上，历代的聚落都分布在一个固定的区域。可能由于取水的便利，遗址沿着西北高东南低的地势顺着发源于岐山的四条沟而分布，仰韶、龙山和先周遗址没有发现水井，因此，聚落围绕河流水源分布的趋势更加明显。之后的聚落掌握了开采地下水的技术，但是，由于洪积扇肥沃的土壤（覆盖有数十米厚的新老黄土和次生黄土）和临近水源的优势（周原南部以砂砾岩为基岩，地下水位较浅），聚落都分布在固定的区域内。从现代的聚落来看，大周原范围内的158个村民小组较为均匀地分布于97

平方千米范围内的黄土台塬地带。综上，按照河流，可以自西向东分成四个古聚落群——岐阳沟、双庵沟、王家沟和刘家沟。这种相对固定的布局为我们观察共同体长时段的变迁提供了便利。刘家沟形成于战国至东汉时期。岐阳沟在商周已经形成，王家沟也在那时形成。在区域周边也发现了众多重要的西周遗址，比如，龙尾沟边赵家台西周遗址与墓地、杨家村遗址出土的单氏家族青铜器窖藏、横水河流域出土的多件青铜器和周公庙遗址与墓地等。在这些遗址内不仅有高等级墓地和青铜器窖藏，甚至出土了西周甲骨，也有高等级的大型建筑基址，赵家台遗址、周公庙遗址、水沟建筑基址属于此类。

　　水源和肥沃的土壤为人口的发展提供了坚实的农业基础。周族的先祖后稷是唐尧时的农师，他改进了农作技术，受到了人民的爱戴，被尊为农神。后来，公刘迁豳，古公亶父居岐（周原），也都为发展农业做出了贡献。[1]《诗·大雅·緜》："古公亶父，来朝走马，率西水浒，至于岐下。周原膴膴，堇荼如饴。"[2]《诗·鲁颂·閟宫》："后稷之孙，实维太王。居岐之阳，实始翦商。"[3]《孟子·梁惠王下》："去邠，踰梁山，邑于岐山之下居焉。"[4]《史记·周本纪》对此的记载是："（古公亶父）乃与私属遂去豳，度漆、沮，逾梁山，止于岐下。豳人举国扶老携幼，尽复归古公于岐下。及他旁国闻古公仁，亦多归之。"[5]古公亶父迁徙所至的岐山之下就是周原。西周金文中宗

①　罗西章：《从周原考古论西周农业》，《农业考古》1995 年第 1 期。

②　阮元：《十三经注疏附校勘记》，中华书局，1980，第 509 页。

③　同上，第 614 页。

④　同上，第 2673 页。

⑤　司马迁：《史记》，中华书局，1959，第四卷，第 114 页。

周指的是丰镐，成周指的是洛邑，而单言周时往往指的就是周原。[①]
经过几代人的耕耘，周族建立了强大的政权。周武王由此出发革了
殷的命，占领了全国的疆域。

周原西周中晚期遗址规模的扩大与近现代的村落相重合，这种
大范围的重合现象在其他考古地点还是比较少见的。周原以南村落
的选址也存在一定的规律，即倾向于在更早时代的聚落地点新建聚
落。这种重合现象在扶风地区较为常见，由于生计方式的相似性，
重合于原地点的聚落渐变特征一般较为明显。在这种情况下，为获
得更加明显的本质特征，进行时段更长的头尾对比比较可取。本书
着重西周和近现代的对比，将最能体现研究的典型性。下面，笔者
具体介绍一下具有代表性的突变和渐变过程。周原先周时期，聚落
分布的范围相对较小，主要围绕着王家沟和刘家沟的狭长流域两岸，
推测为靠近水源。到了西周中晚期时，聚落的数量和规模有着明显
的变化，基本为以后的聚落奠定了历史基础。西周中晚期和先周时
期相比，生计方式、聚落性质、聚落形制、分布、生产生活工具都
发生了较为明显的变化。所以西周时期可以作为一个关键节点，西
周之后的周原再没有出现过如此剧烈的变化，汉、唐、宋、元、明、
清的周原及附近村落多属于自然的农业聚落，变化的过程极其缓慢。
周原及附近村落经历了相似的变迁过程，先周时期、西周时期、秦
汉时期都不断经历着人口的迁入，其中包括其他民族、其他分支文
化的族群和同文化的其他地区的族群，明清时期也一直经历着这样
的过程。可以说，周原是一个活动的居所，不同的人群生活于此，

---

① 周宏伟：《西周都城诸问题》，《历史地理论丛》2014 年第 1 期。

不断迁走，又不断迁来。在这样一种模式之下，周原提供了一个居所，供不同的族群在这里生存。在这一个模式之下，朝代间的文化模式经历了一种渐变。要想研究这种渐变的模式，进行头尾的对比是最可取的方法，可以发现差异性。就目前考古学所能获得的材料来说，能够进行聚落性质整体性研究的地点只有周原和殷墟。周原的主要发掘和研究都集中于先周和西周时期，进而能够辨明聚落中社会组织的数量和来源，这对研究人口迁移以及地缘共同体有着至关重要的作用，其他时段的考古材料相对缺失，其他地区的考古材料也没有如此完备的记载和研究。

第三篇

早期共同体的结构变迁

第六章

周原共同体的聚落形态变迁

一、先周以前聚落形态的变迁

先周是指周族在建立周朝之前的历史阶段。在先周之前和之后，生活在关中地区的共同体，都以聚落聚居的形态展现，不存在散居游牧的生计方式。针对这一现象，已有的大量研究结合史料对这一形态给予了肯定，共同体的基本形态就是人们住在一起，这与西欧的聚落形态形成了鲜明的对比。

周原发现了仰韶文化（公元前 5000 年的人类古文化）和龙山文化（距今 4000 多年的人类古文化）的共同体遗址，它们如同现在的自然村一样散布在平原上，只不过更加依赖水源，因此，集中分布在王家沟和刘家沟狭长流域的两岸。它们最北到凤雏村北，西到京当乡东部和东南部的王家沟西侧，东到刘家沟东侧的齐家村北一带，南到王家嘴的最南侧，跨过沟向东可到刘家西南的刘家墓地，总面积约 6

平方千米，总体上看是一个方形的区域。这些聚落为从事农业生产自然形成的共同体，聚落规模和形态的变化规律与中原地区相同。

经过将近 2000 年的发展，共同体的内部结构及其之间的关系发生了很大的变化。由于人口和技术的增进，共同体之间开始争夺资源，从聚落形态上来看，聚落的数量经历了由多到少，聚落规模由小变大。而这种现象有着更大的社会环境，它同样出现在关中以外，即聚落最集中的黄河流域。很多学者认为这种现象的初始变量是集权权力，随着文明社会和国家的诞生，出现了超大型的中心聚落都城，聚落群之间的等级分化就有所加剧，聚落形态的等级差别更加悬殊。因此，通过对聚落群规模和等级差别状况的分析，可以从一个侧面探讨当时社会结构的变化，研究文明演进的过程与权力强化的程度。[1] 张光直也认为，这种从仰韶到龙山到夏商周三代的聚落形态的变化，在考古学上看，实际上是阶级分化、战争、防御工事、宫殿建筑、殉人与人牲等政治权力集中的表现。换言之，中国考古学上所表现的文明动力是政治和财富的结合。[2] 自然资源固然是影响聚落规模和选址的重要因素，但是，聚落的消失及扩大却主要受到权力因素的影响。这种力量不同于聚落内部的各种规范因素，而是一种来自外部的强制性制度环境，对聚落的形态产生决定性的影响。

笔者认为，既然存在集权权力，那么，就需要获取巩固权力的资源，当这样的资源较为稀缺时，这就不可避免地出现战争与吞并，资源稀缺是影响权力出现、推动权力行动的重要宏观因素。造成资

---

[1] 王巍：《聚落形态研究与中华文明探源》，《文物》2006 年第 5 期。

[2] 张光直：《论"中国文明的起源"》，《文物》2004 年第 1 期。

源稀缺的原因，比如，环境的改变导致可耕地的减少，气温的骤变导致的粮食减产，人口增值所导致的聚落承载生态之间的重叠，等等。在这样的大背景下，聚落不得不向外攫取生存资源，于是，国之间相互争斗，弱肉强食，其结果要么是弱国被灭，其人口和资源被并入大国，要么沦为强国的附属聚落，分布在其周围服从管束并输出资源。社会上某一部分特殊身份或特殊职业的人也相对地集中到这些邑中，祭司、行政管理人员、武士、专业手工业者、商人等则向中心大邑集中，而由四周的鄙为之提供以粮食为主的生活资料。[1] 这种各个国的力量此消彼长，导致了各个聚落群的规模的变化。从聚落形态来看，于是出现中心聚落规模迅速扩大，以该中心聚落为核心的聚落群往往也相应扩大的现象。在这种强制性权力的影响下，聚落内部的生产制度、社会组织、规则系统和意义系统都会发生一定的变化。在权力等级的支配下，聚落都被安排到统一的资源分配体系中，可能是政治、军事和意义资源。不同等级聚落之间按某种规律的分布，这种聚落间的关系存在能量的交换。

二、先周时期——民族多元一体的早期格局

费孝通先生曾经指出，中华民族是经过上千年发展的，由汉族和"其他许许多多分散孤立的民族，经过接触、混杂、联结和融合，

---

[1]　林沄：《关于中国早期国家形式的几个问题》，《吉林大学社会科学学报》1986 年第 6 期。

同时也有分裂和消亡，形成一个你来我去、我来你去、我中有你、你中有我，而又各具个性的多元统一体"。① 从考古资料来看，周人无论是西周成立前还是西周成立后，都体现了我中有你、你中有我特点，相比较而言，商朝则更加传统。

（一）血缘和地缘共同体的空间和存续格局（公元前1000年）

先周文化时期，周原的共同体结构经历过一次大的变迁。在商王朝早期和中期，商人是周原的主要居住者，他们是考古学文化京当型商文化的使用者，这些墓葬中出土的器物说明了共同体成员的商王朝属性。这一考古学的物质文化从中原一直延伸至关中地区，居住在王家嘴与贺家的商人更多地吸收了一些本土因素，如器物形制、丧葬的方式。而土著的郑家坡人却没有因此而改变自己的生活习惯。商朝晚期势力衰微后，周原迎来了一批新的居住者，这三个移居而来的血缘共同体组成了一个多元统一体，三者呈三角形分布，距离在 1 千米左右。包括王家嘴、贺家代表的使用碾子坡文化为主的人群（来自黄土高原泾河流域的碾子坡）及其窑洞的居住痕迹，和刘家墓地所代表的使用刘家文化的人群（带有西北文化因素），以及以礼村居址为代表的郑家坡文化（关中地区的土著文化）及其半地穴房子和墓葬。除了居住形式的差异，丧葬方式的差异也极大，刘家墓地是屈肢葬，多为偏洞室墓，墓葬规律间隔 3 米分布，一律

---

① 费孝通：《中华民族多元一体格局（修订本）》，中央民族大学出版社，1999，第3—4页。

头向东北，[1]与常见的仰身直肢葬完全不一样。生活器皿的差异也比较大，说明了饮食结构的不同，他们的服饰和语言也可能存在差异。其中，刘家墓地保持着较为一致、单一的特点，而其他两处则较为复杂，这可能是聚落间交流、贸易及通婚的后果。这就是周原遗址先周时期基本的人群构成情况。

这三个共同体存在什么样的协作方式和协作半径呢？为了搞清楚它们的生产生活方式，有必要将考察半径扩大到整个关中平原地区，这里有着相似的自然资源状况。首先，聚落都依河（沟）而建，因此，整个关中地区，聚落并没有均匀地散布在广阔的平原上，而更多的是依河流和沟壑聚居而成五个大的较为密集的区域，它们呈现出长条状的分布形态。自东向西分别为：（1）沿漆水河流域的聚落群，表现出以郑家坡文化为主体的线性散点聚落群。每一个聚落可能代表过去的一个村落，人群同质性较高。（2）顺七星河流域纵向延伸的聚落群（包括周原）。这一块区域的聚落虽然不少，但文化面貌并不是很一致，因为存在着多个不同的族群。（3）孔头沟遗址为主的聚落群。（4）周公庙、水沟的横水河流域。（5）宝鸡金陵河流域。北部山区的遗址也多沿泾河和漆水河分布。这种早期格局奠定了周、春秋战国基本的国家和聚落格局，也就是以国为中心的沿着河流分布的聚落群，这种格局在东周的各地都有所表现，"据《左传》等书可以考知，春秋初晋国兴起以前，例如今日霍县以下长约 200 千米的汾水谷地中，至少有霍、赵、扬、贾、娜、韩、耿七国，平均间距只有 30 千米，分布密度和汉代的县大体相当，也和成

---

① 　尹盛平、王均显：《扶风刘家姜戎墓葬发掘简报》，《文物》1984 年第 7 期。

汤之国大小略同。似乎可以把这种规模古国，看作商代至西周的通常格局"。①

先周时期的共同体存在协作关系，并不是所有的共同体都能自给自足保持孤立存在。在满足了基本的水源条件下，人们就可以开展农业生产活动，实现基本的生存所需了。但是人们为了提高效率，安全生产生活，就需要生产生活工具和保卫设施，其解决途径一是自己生产，二是与其他共同体进行交换，交换又可以区分出平等交换和不平等交换两种性质不同的交换，后者存在依附关系，也意味着权力中心的存在。通过考古资料，我们发现先周共同体主要通过交换来获得必需品，两种交换形式可能都存在，除了生活用途的烧制陶器，小型共同体所使用的手工品、工具和兵器都需要交换来获取，并不是能够完全自给自足的。既然众多的小型聚落要交换各类物品，那么就可能存在一个交换的中心。这也就意味着，早期地缘和血缘共同体之间出现了分工。分工具体表现为大型聚落拥有更加全面的手工业生产设施，如生产生活器皿的陶窑、生产农具的制石作坊、生产铜器的作坊，而小型聚落一般没有这类设施（个别几个居民点拥有陶窑）。大型聚落可能向周围一些村落提供手工业产品等其他制品，小型聚落向大型聚落提供农产品、劳动力作为交换的筹码。这说明在先周时期，聚落之间可能存在着普遍的交流关系。例如，属于周原区域的孔头沟遗址群可以划分出相互聚居却又保持微妙距离的亚群。这种分工可能会产生社会的分化，在聚落形态上首

① 林沄：《关于中国早期国家形式的几个问题》，《吉林大学社会科学学报》1986 年第 6 期。

先表现为面积规模上的差异，能够成为生产中心的聚落，其面积一般比同类聚落群中其他遗址大出数倍，这些聚落会有多种功能的生产设施。

我们必须从长远的角度来认识共同体的这种协作关系和协作半径，因为这种格局的形成有一个长期的过程。这种大范围的以争夺生存资源为目的地缘关系存在一个规律，就目前发现的几个遗址来看，在聚落群形成的早期，聚落之间的距离都相对较远，在100千米以内，这一现象也许说明了古代族群共同体的最小安全距离，它保证着聚落的各种生存资源，另一方面，当聚落之间的距离小于100千米时，族群之间就会发生战争，结果是弱的一方被消灭或同化，形成小于100千米半径的聚落分布，它们之间存在协作关系而不是敌对关系。物理距离为协作提供了基础，文献当中描述了这一现象，《诗经·大雅·公刘》中的"爰众爰有"[①]应该也是表达了众多不同的族群都归属之的意思。所以从公刘开始一直到古公亶父时代，一个以姬姓为主体的多族群的共同体得以发展。

（二）地缘和血缘共同体的协作历程

周原土壤肥沃，水草丰茂，地势平坦，是历代发展农业生产的重要区域。结合先周时期将近1000年的历史来看，无论是殷商王朝，还是先周部落，抑或是其他族群，都意图在这一块肥沃的区域发展生产。周人及其他族群经过很长时间的迁移、战争、贸易和通

---

① 阮元：《十三经注疏附校勘记》，中华书局，1980，第541页。

婚，最终形成了多个部落共占周原的格局。笔者结合考古长时段的资料发现，共同体的发展可能会经历发展期、扩大期和成熟期三个阶段。

在发展期阶段，生存效率较低，人口再生产效率低下，对外侵略占领的动机较弱，协作动机较强。以周人为例，从文献中来看，夏代开始产生父系的姬姓族，该族与姜姓和姞姓等部落通婚，形成联合部落。通婚是最重要的协作方式之一。某一部落在初创时期很难形成大范围的同族性聚落群。《史记·周本纪》记载了周人的第一位母性祖先，叫作姜原，属于有邰氏的女人，她的儿子长大之后成为周人的第一个先祖，被分封于邰这个地方，号后稷，别姓姬氏。①所以，姬姓的周人很可能与邰地的邰氏居住于同一地域，这两个部落之间存在长久的通婚关系。生活在一定范围内的族群，因血缘的不同发生通婚的现象是非常常见的。

在扩大期阶段，部落人口增多，需要更多的土地来容纳新生家庭，对外侵并的动机较强但具有随意性，协作动机具有道义性。由于人口增长等因素，争夺生存资源是共同体的重要生存策略，在迁移过程中会途径或占有对方领地，所以冲突频发。从考古资料来看，商朝中期时，原有商人和土著据点不变的情况下，在北部山区（碾子坡文化）和渭河上游的宝鸡地区（刘家文化）出现了两个新的族群，他们可能来自甘青宁地区。同时，在北部山区的东部，出现了使用孙家类型的一个人群。《诗经·大雅·公刘》描述了周人迁豳（周原北部山区）时，与当地族群的冲突，比如"弓矢斯张，干戈戚

---

① 司马迁：《史记》第四卷，中华书局，1959，第 111—112 页。

扬，爰方启行"。① 公刘时代处于商早期，那时，周人生活在豳，主要在现在的甘肃一带活动，可以说是周人发展的扩大期。《诗经》中道："笃公刘，于京斯依。跄跄济济，俾筵俾几。既登乃依，乃造其曹。执豕于牢，酌之用匏。食之饮之，君之宗之。"② 这说明在公刘所代表的商早期，周人族群内部的族长权力已经非常强大，公刘的部室应该已经按照这种宗法的结构来服从族长的管理，形成了血缘群体内部的管理结构。这种结构肯定会在聚落形态中体现出中心及卫星的分布状态。

周人及其他部落并没有止步于周原的北部山区，而是继续选择南下周原这个平原区域，这就进入了古公亶父时期，也是殷商的中晚期。《大雅·棉》记载了古公亶父迁居殷商占领的岐下时所发生的武力冲突："乃立冢土，戎丑攸行。"③ 攸行可能指用武力将别人驱赶走的意思。该诗篇还记录了周原的异族屈从于周人武力之下的状况。从考古资料来看，此时的周原居住着殷商王朝的居民，它周边的异族土著都对这片区域虎视眈眈，在周原东部 30 千米还有两个使用郑家坡文化的强大的土著聚落。郑家坡文化在不同时期都对多支人群发生过影响。甚至碾子坡文化从产生之初就有郑家坡的因素，郑家坡聚落可能作为一个区域的中心，向周围聚落人群辐射自己的物质文化，这都有可能和战争、通婚等因素有关。其扩张版图背后所体现的是实力，顺漆水河流域都分布着郑家坡人群的聚落，而且其势力范围甚至延伸至泾河上游的彬县。在商朝晚期时，他们又占据了

---

① 阮元：《十三经注疏附校勘记》，中华书局，1980，第 541 页。

② 同上。

③ 同上，第 509 页。

渭河、韦水的部分地域。

以上这些部族之间的关系是较为紧张的，周原殷商王朝聚落的武装性质很强，出土了很多兵器，他们似乎感受到这种复杂族群威胁的存在，商人与周边异文化的族群构成了地缘性的关系。实际上确实如此，这种生存资源的占有以占领对方共同体的生存空间为目的，到先周第三期的时候，原来的商人聚落消失了，居住在北部山区的人群（碾子坡文化）直接生活于这些商人聚落之上，有的时候侵并的动机是以消灭对方为目的。而土著人群岿然不动。到商朝晚期之时，碾子坡族群继续向西扩张势力范围。郑家坡人群在距离上更接近前者（小聚居大杂居于刘家沟和王家沟之间的狭长走廊上，仅仅6平方千米左右），甚至占据了其中一个聚落，其生活器皿反映出来很强的融合特点，不排除两族的联合、通婚等因素。碾子坡人群最具扩张性，目的显然是占据山前的冲积扇平原。而刘家人群依然没有任何改变。可以将典型器物同史料相结合，对这种现象进行解释。高领袋足鬲和分裆鬲是两类差异极大的器物，常理上认为其分别隶属于不同的文化和族群，通常认为刘家姜戎墓地使用高领袋足鬲。根据传说，周族的始祖后稷的母亲是姜姓，姜姓和炎帝、神农都有关系，古公亶父迁居周原之后，娶太姜为妃，其少子季历继承王位。这段事实可以证明文化面貌较为统一的周原为何并存出现葬俗、器物完全不同的刘家姜戎墓地。根据考古学的研究，姜戎的丧葬风俗类似于西北地区的一些特点。

在成熟期阶段，经历过部落之间的博弈，制度相对趋于完善，对外侵并的动机较强但具有组织性，理性协作动机较强。这一阶段，和谐共存是主旋律。例如，共同生活在周原的碾子坡文化人群和刘家文化人群虽然丧葬方式不太一样，但使用相似的生活器皿。碾子坡与郑家坡文化又有相似因素，刘家文化则没有受到影响。这说明碾子坡是最具开放性的共同体，其协作半径最大，吸收了周围两种文化。在文献当中对社会组织结构和通婚的行为的描述也说明了这种趋势，姬姓虽然是主干的家族，但是血缘独尊与排外意识并不强烈。《史记·周本纪》记载："豳人举国扶老携幼，尽归古公于岐下。及他旁国闻古公仁，亦多归之。于是古公乃贬戎狄之俗，而营筑郭室，而邑别居之。"[1] 所以，定居周原之后便开始着力在周原范围内推行周文化。作为一种制度背景，刘家文化也受到了影响。在刘家偏洞室二期墓中出土周式折肩罐，六期墓葬完全变为周人的竖穴墓，说明刘家文化早期受到先周文化的影响。可以看出，在先周时期，两个完全不同的人群共同居住于这一块地方，聚落之间的物理距离在 2 千米左右，从社会关系上来看，两个聚落之间相互通婚，甚至结成政治、军事的同盟关系。西周初期对异姓诸侯的分封以及对女性先祖的追颂都说明西周在政治上能够与其他血缘群体交好。

但是有关商人的文献说明，子姓商人在国内的优先地位相当明显，与异族之间的关系也并不是非常交好，这都与周人不同。我们认为，商人和周人的这种差异与共同体联合的起源性质有密切关系，周人由于生活在多民族杂居的甘青、陕北地区，再加上实力并不能够统一消灭其他族群，周人又会农事又可能兼营牧业，因此，实现畜牧业部落的联合是一种较为理性的策略，他们也有一定的技术和物质基础。商人生活在黄河中下游的平原地区，那里是华夏农耕民

---

[1]　司马迁：《史记》第四卷，中华书局，1959，第 114 页。

族的历史区域，由于文化的一致性，实现人群的融合难度较低。

生存需求触发了先周时期的共同体的协作动机。碾子坡文化人群和刘家文化人群使用相似的生活器皿，但是丧葬方式不太一样。生活器皿的相似说明了相似的自然环境，自然环境的某种变化可能引起了生计方式的变化，才能做出翻山越岭从山区意图到平原的迁徙行为，正如日耳曼人南下消灭罗马帝国的情形。我们认为此时对共同体最大的诱惑就是粮食产量。一方面，共同体需要适合耕作的自然条件（霜期、水源、土壤的肥沃程度），周原是冲积扇，还有几条河流，水源丰富。根据笔者的调查，在传说和地方志中对周原的云塘、上雾滋和下雾滋有特殊的记载，其中记录说，每当下雨的时候那里会起雾，可能和原来的池塘有关，但地表没有池塘。雾气会飘散到云塘南北的两个村，所以他们分别叫上雾滋和下雾滋。这一记载和云塘西周地下大型蓄水池的发现吻合。作为西周时期周原最主要的一个蓄水池，从这个池子出发，延伸出很多条水沟，通往周原的各个里，并为那里提供充足的水源。另一方面，粮食产量的提升离不开先进的农业技术，那么共同体一定会利用各种途径来获得这种技术。通过考古资料，我们发现当地土著郑家坡文化因为发达的农业，他们的文化因素遍布各地，成为区域的物质文化中心。郑家坡文化在不同时期都对多支人群发生过影响。甚至碾子坡文化从来到之初就有郑家坡的因素，郑家坡聚落可能作为一个区域的中心，向周围聚落人群辐射自己的物质文化，顺漆水河流域都分布着郑家坡人群的聚落，而且其势力范围甚至延伸至泾河上游的彬县。在先周晚期时，他们又占据了渭河、韦水的部分地域（聚落都选在存在水资源的地区），同时进驻周原。此段，碾子坡族群继续向周原扩张势力范围，目的显然是占据山前的冲积扇平原。先周时期，最终形成了郑家坡、碾子坡和刘家文化共存的局面。通婚是重要的协作方式。有文献记载，姞姓的族也是经常和周人发生通婚关系的族群，所以不排除发生通婚关系的族群一同形成先周的聚落联合体，以此类推，先周时期周原的几个族群可能会由通婚关系建立部落共同体。

三、西周时期——地缘性和血缘性社区并存的居住结构

（一）地缘性社区为主的橄榄型社会结构

进入到西周时期，周人灭商建国后有了一定的政治、军事和经济基础，经济和军事的发展都离不开人口劳动力，所以大量外来人口（包括为数众多的殷商遗民）迁入周原。结合考古资料，这一时期遗址数量陡增，发现的总面积是先周的两倍。遗址群的规模和等级也都超过先周时期。共同体之间及共同体内部的空间构成明确，即根据功能和分工划分出不同区域：例如承担生活功能区域的祭祀、居住和墓葬区域规划整齐；各支宗族的采邑内有祭祀祖先的宗庙，其中陈列着带有铭文的青铜礼器，生活区之外还有领导机构，出土了大型宫殿遗址和专门的生产型专业手工业遗址。与先周时期不同的是，共同体内部的异姓族姓杂居而聚、聚族而葬，形成了类似当下城市社区的这种地缘共同体。西周末期，聚落经历了巨大的变迁，犹如周人当年南下周原，异族犬戎南下入侵周人，周平王及众多族群东迁躲避战乱。东周之后，周原不再是当时的政治中心。周原是

目前所发现的西周遗存中最丰富、等级最高的遗存地。

那么，共同体的生存居住格局到底是什么样的呢？总的来说，在地缘性社区内，不同的族群共同生活在一个社区——邑或里的范围内。林沄和童书业认为，聚落不论大小都可以被称为邑或国，无论是否存在城墙，小至十室之邑，大至万家之邑。[1]东周的文献《左传》和《战国策》常将邑与国等同起来，国只是众多邑之中的一个罢了。不过国还有国家的意思，是一个地理范围的标志，"有城，属诸侯大夫的大邑"，[2]国实际上就是中心聚落，其面积并不大，按《墨子》《荀子》的说法是百里见方，按《管子》《淮南子》的说法只有七十里见方。《战国策·赵策》是无过三百丈者，居住3000户，折合每户占地158.7平方米。《墨子杂守》城方三里，折合每户占地154.2平方米。堪称国都级别的商文化偃师尸乡沟古城，则能居住达万户。[3]周原的血缘性聚落与地缘性聚落作为一个聚落群，各个聚落因为空间上的接近而有着密切的互动，形成这种格局的直观原因就是大量殷商人群的迁入。目前根据窖藏青铜器铭文的族属情况判断，尤其是贵族殷遗民和王臣姬姓周人是按照各自族属而聚居于一个邑，周原庄白村窖藏记载了殷商遗民微氏家族在武王伐纣后迁居周原的事件。那么，这些地缘性社区的内部空间结构如何呢？从仅有的居址材料来看，齐家村制石作坊800平方米的范围内发现的天、亚牧等族徽，说明殷遗民与周人共同居住生产于一个邑之中，后代文献也有里居献人的说法。

① 林沄：《关于中国早期国家形式的几个问题》，《吉林大学社会科学学报》1986年第6期。

② 童书业：《春秋左传研究：校订本》，中华书局，2006。

③ 林沄：《关于中国早期国家形式的几个问题》，《吉林大学社会科学学报》1986年第6期。

由于居址材料非常稀缺，我们更多通过不同族群的墓葬物理距离来推断生前的距离。考古上常用一些典型发掘总结典型器物和典型特征来推断墓主人生前的族属，例如腰坑、殉狗、居葬合一等是商人殷遗民的典型特征，[1]毁兵是周人的典型特征，偏洞室墓是刘家文化姜戎墓的典型特征。按照这些特征来观察，周原的绝大多数墓地都是共同包含周人和商人的地缘性墓地，墓葬以 5 座以下的数量为单位规律分布，我们推测就如同生前一样，他们死后也以家庭为单位组合在一起，例如，2002 年发掘的齐家村北制石作坊两个墓葬区，只有在较晚的阶段，所剩的埋葬位置有限的时候，人们才会选择交界的地方进行埋葬，甚至出现交错的现象，在一个密集的墓葬区内部，根据墓向、腰坑等特征又可分为两个区域。2003 至 2004 年发掘的李家村铸铜遗址的墓葬从西周中期偏早到西周晚期阶段，各个区域的墓葬都保持着自己特有的方向，[2]这是近年来周原考古队的重大认识突破。这些现象都说明了墓地是群体性区域的再现，而且内部依照家庭为单位进行布局，公墓中小血缘群体的组织特征也被反映出来。

这种地缘性社区的出现并不是小范围的地域性特征，另一处西周典型墓地也体现出类似的特征。西安附近的张家坡北区墓地不仅出土井叔家族的墓葬，甚至还有羌人、殷人和其他族氏人群的墓葬。因此，周人统治者在利用血缘纽带维系统治的同时还存在地缘性基层组织进行管理，比如邑或里。张家坡北区墓地（都城附近）是井叔家族所居住的丰邑中某个里的聚葬地，里中居民的身份可以是多

---

① 曹玮等：《2002 年周原遗址（齐家村）发掘简报》，《考古与文物》2003 年第 4 期。

② 马赛：《聚落与社会——商周时期周原遗址的考古学研究》，博士学位论文，北京大学考古文博学院，2009 年。

种多样的。[①]实际上，这种情况可能在夏代就存在，夏代的聚落可能居住着统一的血缘群体，但是在这个群体的内部可能还有更小的族群，夏代的二里头遗址墓葬多单独的墓葬和由若干成排墓葬组成的小型墓群。这种地缘性的聚落并不鲜见，在汉唐时期都存在过。江陵凤凰山出土的西汉《郑里廪簿》与成都郫都区出土的汉代《赀簿》残碑都呈现出共同体的多姓杂居格局，其中犀浦残碑涉及 18 户，能辨出姓名的 11 个户主中就有至少 6 个姓。[②]唐代的敦煌文书中的唐代儒风坊西巷社 34 户中亦有 12 俗姓外加 3 僧户，另一社条所列 13 户中就有 9 个姓。[③]

当然，也有血缘性的聚落，即纯粹的周人、商人聚落，但数量较少，形制较为特殊。贺家、黄堆的墓地没有出土典型的商代传统器物，例如商式簋，1980 至 1999 年发掘的黄堆墓也没有出土腰坑墓。周原遗址东部边缘的姚家村总共发现 100 多座西周墓葬，其中有两座是带墓道的大墓，可能还配套马坑。这片墓地被划分为南北两区，北区墓葬的墓向为南北向，规模大，等级高，没有腰坑，也没有殉人及殉牲，并存在毁兵葬俗，推断墓主为单纯的周族。南区墓向为东西向，均为小型墓，有腰坑和殉狗等殉牲，推断为商族。武王灭商之后，曾经接受周公的建议，使各居其宅，田其田，无变旧新，唯仁是亲。所以，商人聚集而成血缘性的聚落也是正常，河

---

① 林森：《从张家坡墓地看西周社会基层地域组织》，《中国国家博物馆馆刊》2014 年第 7 期。

② 秦晖：《郫县汉代残碑与汉代蜀地农村社会》，《陕西师范大学学报（哲学社会科学版）》1987 年第 2 期。

③ 宁可：《敦煌社邑文书辑校》，江苏古籍出版社，1997。

南浚县的西周墓地曾经出土了都有腰坑的墓葬。就周原而言，多个这样的聚落形成了聚落群，这个群比先周时期密度要大得多，各别族属之间在空间上也保持相对近的距离。在更大地缘范围内，聚落群呈散点式分布。周原聚落之间密度较高，可能仅仅以沟相隔。

　　那么，共同体内部的阶层结构是什么样的呢？总的来说，可能呈现出橄榄型的社会阶层结构，社会地位并不完全由官职而决定，可能与世袭的爵位有关，即便如此，等级之间并没有明确的社会区隔。地位差异可以首先排除官职类型和级别，周原并不是为满足某一特定行政官职的居住区，职官也不与族属有必要联系，周原发现的属于司马或师类职官的共有 10 人，其中确定在周原生活的有属于姬姓的师、师奂家族和非姬姓的伯公父。官职也不能决定共同体的分布形态，周原的史官均隶属于太史寮，但担任史官的周人和殷遗民并没有共居于同一个聚落中，而是分置贺家和庄白两地（殷遗民微氏家族的史墙、作册折）。从社会阶层和聚落等级来看，大部分最高等级的铜器墓（可能是采邑主）和中小型墓葬位于同一地点，其生前也可能居住于一处。例如齐家北和李家作坊遗址，高等级和低等级墓葬都和其他遗址共处，中间层等级的墓葬最多，低等级贵族和一般平民应该是共同居住，例如樊村墓地 2005 发现的三百余座墓葬。[1]

（二）社区内外的空间区隔

　　社区空间包含两个层面，社区作为一个单位与外在环境存在边

---

[1]　徐天进：《周公庙遗址的考古所获及所思》，《文物》2006 年第 8 期。

界，社会作为整体进而考量其内部的空间划分。首先，从社区与外在环境来看。《尔雅·释地》云："邑外谓之郊，郊外谓之牧，牧外谓之野，野外谓之林，林外谓之垌。"[1] 即邑之外是田地和牧场，再往外是山川林泽，但所属于邑的田界是存在实体边界的，"有的聚土为封，有的以山水、树丛为标志，有的靠近城邑，有的紧临周道，有的与其他田块并畔为畴"。[2] 周原是王、臣分封赏赐的要地，土地经过精确划分，一些边界的标志在周原近几年的考古研究中已有所发现。就周原而言，人工修建池渠和自然形成的沟既为聚落提供水源，也起到划分边界的作用。周原发现的池渠遗存穿过族裔的空白地带，经过了很多功能区，其显然不属于某一个邑，属于公共设施。借助池渠，邑与邑也得以区分，为每个邑提供必要的水源。可以说，人工修建的渠是划分不同族裔的界标。水渠作为输水设施，就存在配套的蓄水的池，云塘村以东和以西已经钻探出了蓄水池的遗存，池塘和水渠应该是连在一起的，房家村南北和周原以北都已经钻探出多条池渠的遗存，但周原南部还没有找到相关遗存。20 世纪 80 年代，在较南的齐镇找到过穿过南北两部分灰坑空白区域的水渠。黄土塬上自然形成的深沟和浅沟也承担了划分聚落的作用，整个召陈邑是由沟圈起来的。对于族裔而言，沟是界标。沟也是生产功能区的界标，如大型夯土建筑区，也是有沟圈起来的，东边建筑区的沟和聚落的沟是合二为一的。沟也可以作为划分墓葬与生活区的边界，周原墓地普遍存在兆沟（墓葬之间的沟），墓地与居址至少保持 500

---

① 阮元：《十三经注疏附校勘记》，中华书局，1980，第 2614 页。

② 樊志民：《周金文中所见之关中农业》，《中国农史》1986 年第 1 期。

米的距离。居葬合一的商系墓葬则不同，要么居址于墓葬杂处，要么用沟划开，但距离较近。例如，郑州商城省体育馆工地发现的墓葬被沟包围，沟几米外是整排分布的房子和灰坑，这是商人居葬合一的典型形态。总而言之，人工池渠、自然壕沟这样的遗存，为邑，邑内不同功能区，功能区的不同区块起到界标作用。除了这些明显的自然或人工遗存，空白地带也是一种堆积类型，墓地边界是用空白地带和墓葬的聚合度来划分的，这在文献里也有类似的记载，周原遗址东部区域调查发现有很多大的空白地带。大面积的空白地带可能是邑和邑之间的区分，大型夯土建筑区内的空白坎也比较多。结合其他特征，空白区域也应属于古代人区划的标准。

从聚落内部空间来看，排水沟在聚落内也具有划分区域的作用，一些夯土建筑区内部还有很多小沟，但其具体作用和起到多强的界标作用目前还不是太清楚。道路虽然是连接不同邑、不同功能区之间的纽带，但更多起到聚落内部空间的划分作用，尤其是穿邑而过的和在功能区里的道路。例如，晚期的里坊制度，就是用街道做界标的。1999年发掘的一条路穿集中区而过，路两侧遗迹密布，有些遗迹还打破了路，即路侵现象。1999年冬天，在平整土地的时候，人们在其北边又发现了一段路，该路宽十几米，路两侧堆积状况基本一致。姚家村西发现两条东西向、一条南北向的路，推断为井字形布局。所以，路具有划分功能区内部区域的界标作用。

朱凤瀚认为，这种地缘共同体起源于政治因素的支配作用。从周原出土青铜器的情况判断，他认为自西周初期周原保持着姬姓贵族和非姬姓贵族杂居的形态，推断政治因素的支配有关，而不完全受血缘关系的支配，这对于商代晚期较大面积的血缘聚居状态来说是一种重要的改革。①从考古材料上看，在西周时期的周原，不同家族之间的聚落的分布是相互排斥的，姬姓和非姬性之间都服从这样的规律。在西周中期时，不同人群插花分布在周原东西南北。

地缘性共同体的形成动机可能与周人本身的家庭社会结构有关，周人共同体联合的起源本身可能一直受到地缘环境内其他血缘群体的影响，周原先周时期周人和姜戎的共存关系可能在之前的很长时间都出现过，无论是史书，还是传说，都记载了周人祖先不窋"奔戎狄之间"的事件。先周时期的周原，聚落的数量并不多，主要的血缘群体可以分为周人和姜戎，这些结论都来自主要器类、葬俗异质性的特点。然而，如果从器物的特征来看，周人的物质文化并不纯粹，除了可能受到姜戎刘家文化的影响，还可能受到其他地区人群的影响。钱穆先生认为，可能来自山西。徐锡台先生认为，可能同时受到东西两个方向文化的影响，东边的源头是西安附近的客省庄，西边的源头是甘肃的齐家文化。邹恒先生也有类似的观点。如果将共存的地域放大，我们发现在扶风的南面还生活着一个地方土著人群，即以使用郑家坡文化为代表的一类遗存。

凤雏和云塘两地发现了几个大型的建筑基址，它们反映了不同建筑特色，有学者认为这是族群差异所反映出的一种文化差异。凤雏代表中原特色，云塘代表西土特色。②而凤雏在形制上又体现出一些地方特色而与偃师商城和洹北商城有细微的差异。云塘和凤雏的建筑更多设计出一种生活的空间，而不同于二里头、偃师城址，其

---

① 朱凤瀚：《商周家族形态研究（增订本）》，天津古籍出版社，2004。

② 杜金鹏：《周原宫殿建筑类型及相关问题探讨》，《考古学报》2009 年第 4 期。

以空旷的被围墙围绕的庭院为代表，占据了建筑大部分的空间，显然是以某种公共活动为主体。为配合这种功能，建筑的营造按照其布局，将主体部分置于整体建筑的最北侧。[①]位置关系是判断庙寝的一个标准，因为有两种说法：庙在寝东，前庙后寝。另外还可以通过祭祀坑来判断是否具有祭祀性质。在考古界，关于这两座建筑基址形制的差异的争论主要集中在"寝"与"庙"之间的选择，功能上的差异集中在没有祭祀坑的大型建筑是否为宗庙。但实际上，形制是比功能更具体、更具描述性的概念，寝与庙的区分不仅仅是形制上的，还是功能上的，这就像笔记本和笔记本电脑，功能不同，样子也根本不可能一样。所以，在判断功能之后，应该允许建筑基址有更多的差异形态。就这两种建筑的形式而言，宗庙即使同为祭祀性，也会在建筑的形式上因地区、环境、习俗而有更多的差异。三代时期政令的传达和工匠赴位均靠车马之行，前往远鄙的王邑，至少需要十天半月。王对诸侯的控制并不是全方位的，一旦那一批深谙王侯礼制的工匠去世，照本宣科的建筑形式则不可能维持久远，新的宗庙、寝一定会因地方之特点而异。就算在现代社会，信息完备、法律完善和存在立体行政控制的前提下，依然有少数干部、群众选择土葬，将坟茔修筑得像宫殿。即使在王邑范围内，建筑也会因时代的变迁而发生改变。在学术界，针对形制差异的讨论并不充分。不仅因为传世材料对细节的描述非常概括（《尔雅·释宫》："室有东西厢曰庙，无东西厢有室曰寝。"），[②]而且很多学者认为两者在形

---

① 马赛：《聚落与社会——商周时期周原遗址的考古学研究》，博士学位论文，北京大学考古文博学院，2009。

② 阮元：《十三经注疏附校勘记》，中华书局，1980，第 2597 页。

制上根本没有差异。①第二点，就功能而言，历史学利用史籍及金文，已经将庙、寝的功能区分清楚，寝一定是供人居住的，庙则是供先祖鬼神，无论居住的是活人还是死人。考古学中言及的"功能"实际上指的是遗迹和功能的匹配问题。

（三）以地缘性共同体为主体的中层结构和以血缘共同体为主体的上层结构

1. 以血缘共同体为主的顶层社会

周原有明确的记载的大族就有 40 多个，他们属于除周王外的顶层阶层，他们可能与异姓异族的家臣单独居住，特点是伴有青铜器窖藏，所以墓葬等级极高随葬品丰富，其墓葬也可能与中层、底层墓葬在同一个区域。值得一提的是，殷遗民也可能是顶层成员，但以周族为主。周原发现了带有族徽能够标识殷族群的青铜器窖藏，而其一般与所属家族居址不远，窖藏似乎是这些宗族采邑的标志。这样的例子很多。1994 年，王盂出土于刘家村正南 300 米的青铜器窖藏中，窖藏的旁边是一座大型建筑基址，暴露出一排 6 个石柱础的建筑基址及大量的西周绳纹板、筒瓦片堆积。在 76 庄白青铜器窖藏南边 60 多米处，发现了一排南北向的石柱础 6 个。78 凤雏青铜器窖藏，西南距凤雏村西周甲组宫殿（宗庙）建筑基址约 200 米，与凤雏西周甲组宫室（宗庙）建筑基址同位于一个台地上。81 务兹青铜器

---

① 马赛：《聚落与社会——商周时期周原遗址的考古学研究》，博士学位论文，北京大学考古文博学院，2009。

窖藏正西有方圆 200 米的台地伴有散水，大量红烧土，火烧地面等。

周原从西周早期开始至少居住过 40 个家族，我们结合青铜器窖藏举例一些家族的情况。

齐家—琱我父—妘姓

1961 年，在齐家村东南约 120 米处发现 3 件失盖的铜簋，现场勘查显示这 3 件铜簋可能是出自一圆形窖藏坑内。1984 年 3 月，在距以上窖藏 30 米处又发现一铜器窖藏，出土青铜器 7 件，方座簋 4 件（其中两件失盖），琱我父簋盖 3 件。这 3 件琱我父簋盖可以和 1961 年发现的琱我父簋扣合，应该原本就是一套礼器。所以，这两处窖藏皆为妘姓琱氏家族窖藏。

齐家—它—殷遗民

1958 年 1 月，在齐家村东南出土了西周晚期铜盂、铜鬲各两件，其中两件铜鬲口沿有铭文"它"字，这批铜器应该是出自一处窖藏。1963 年，在村东断壕上（与 1958 年相处不远）又发现铜器 6 件，其作器人应该是西周时代的殷遗民，属于"它"氏殷遗民贵族家族所有。

齐家—白公父

1976 年 1 月，在云塘发现一处铜器窖藏，出土铜器 9 件，其中有白公父器 4 件。1977 年 8 月，在一号窖藏南约 20 米处又发现了一处窖藏，出土白公父瑚 1 件。

齐家—父丁、父已（族徽亚牧）—殷遗民

1960 年，齐村 8 号墓随葬的铜爵上有"父丁"，铜觯上铸有铭文"父已"。这座墓的下葬年代为西周早期，其墓主人应该是殷遗民。

庄白—微族四代（其他族伯先父）

1976 年 12 月 15 日，在扶风县庄白村南发现一处铜器窖藏——庄白一号西周铜器窖藏，带铭文的 74 件，其中有明确的微史家族作器 55 件，另外还有伯先父鬲 10 件，另外两个殷遗民贵族商和陵的作器 3 件，剩余铭文铜器无法直接判断其家族归属。

云塘齐镇—单—殷遗民

1958 年，在扶风县云塘村一处铜器窖藏内出土 1 件西周中期的铜盉，其盖内铸有铭文"单"字。铜盉的作器人应该是西周时期以"单"为族氏铭文的殷遗民贵族，而窖藏的主人或许就是"单"氏殷遗民贵族。

1975 董家窖藏出土至少有旅氏和成氏两个家族的铜器，其中旅氏可以确定为非姬姓家族，而成氏则为姬姓家族。

1974 强家窖藏出土可能包含两代的"师"族和可能是异族的"恒"的青铜器。

1976 年的云塘窖藏（云塘一号窖藏）和 1977 年的云塘窖藏（云塘二号窖藏）相距 20 米，做器物者为"伯多父"和"伯公父"，后者为姬姓妻子所做。

1958 年，齐家窖藏出土 2 件铭有"它"族徽的鬲，3 件铭文"天"族徽的水器，它们还共同有日名，年代在西周中期偏晚。

1960 齐家三号窖藏的器物杂乱摆放，共出"中"氏和"丰井"氏。中氏家族可能为姬姓。

1960 召陈一号窖藏出土 10 件"散"氏青铜器，不使用日名和族徽，与姞姓和姜姓通婚，可能来源于姬姓贺家墓地。

我们可以通过墓地结构探索墓地主体的身份结构，将墓葬的形成顺序与墓葬的集中程度结合起来推断社会组织结构。商周时期的高等级人群流行族葬制，这说明了共同体作为一个实体在生活中占据重要地位。汉代之后，出现了家葬制，在这种注重家庭结构的背景下，汉代的那些相邻的墓葬团未必是一个族的。按照文献，商周时期的族葬制可以分为公墓和邦墓两种亚型，公墓实行昭穆制度，总体上体现了集中安葬的特点，诸侯之墓居左右，死于兵者不入兆域。例如，周公庙的带墓道大墓及周边墓葬体现了集中的制度，另外还有晋侯墓地。从周原的高等级墓葬结构来看，姚家的大墓四角有四个墓道，这种形式也见于琉璃河的墓地。另外，还有一座拐道墓，形状像香蕉，张家坡的井叔墓地也是此种形制，应该是周人的一种较高等级的墓葬形制。朱凤瀚先生提出了西周的家臣制度，家臣与主人不是同姓，形成了假血缘关系。到秦汉时期，公墓集中制逐渐过渡到独立陵园制。例如，秦雍城遗址体现了族葬制向家葬制的过渡，每个大墓都有自己陵园，其中包含自己的眷属。汉代的皇帝陵园也是家葬制的一种反映，按照朱凤瀚先生的说法，与高等级同处一园的中低等级墓主人可能是家臣。

2. 以地缘共同体为主的社会中间层

我们认为，西周时期的周原也存在地缘性的社会组织，尤其是占据主要地位的手工业作坊，这种里的组织居住着殷遗民和周人，他们的社会等级属于这个社会的中间阶层。田昌五认为，西周时期的里是作为国（邑）中的行政区划而存在的。[①] 从聚落内部来看，可能有负责邑中事物的邑人。周原 75 董家窖藏（董家一号窖藏）出土

---

① 田昌五：《周秦社会结构研究》，西北大学出版社，1996。

的旅氏的几件器物记载：旅邑人善夫。杨宽认为，邑人当为乡邑的长官，奠人是和邑人相类的官，当读为甸人，相当于《周礼》中的遂人，邑人和甸人之下均有善夫，当是负责这两种不同里籍之人的饮食之官。邑人善夫，即管理邑人饮食之官，[①]所以在共同体内部可能有专门负责里中事务的官员，例如掌管伙食等多种事务。周原的殷遗民和手工业者不当兵，很少出土兵器。这可能暗示了分工现象，与此相关，手工业也存在分工，周原的齐家出土牛的腿骨（1500头左右牛），在贺家出土等量的牛角，那么，屠宰、饲养可能也存在类似的分工。

有学者认为，不仅成周城内同样设有普遍的地域性组织里，王畿之内的卿大夫之采邑以及诸侯国也同样设里。地处温县的苏国国内，也有里制之设，诸侯国如郑国，其司里之官也直接归执政大臣子罕统辖，所以地位较高。封建时代，里君地位之所以显贵，其根本原因即在于当时的里是为大大小小的各级贵族家族而设计的。[②]李修松则从先秦社祀的角度，认为里或里社是一种"以立社祀社活动为纽带而形成的社会基层组织，普遍分布于周朝国野及各诸侯国之中"。[③]

---

① 杨宽：《论西周金文中"六师""八师"和乡遂制度的关系》，《考古》1964年第8期。
② 陈絜：《里耶"户籍简"与战国末期的基层社会》，《历史研究》2009年第5期。
③ 李修松：《立社与分封》，《安徽大学学报（哲学社会科学版）》1992年第2期。

四、西周以后——人群史而非村落史

（一）共同体聚落选址的延续与人群的断裂

通过上文的分析，我们可以发现，历史时期大部分的时段都是聚族而居、聚族而葬的，血缘共同体是主要的社会组织形式。西周时期出现了大量的地缘性的共同体，那么，西周之后的情况是什么样的呢？不同历史时期的聚落有什么继承关系呢？明、清和民国的周原聚落乃至整个扶风县城都没有太大的变化，从有记载的材料来看，从明朝到民国的 500 年间，扶风的里数没有变化。

> 明初设 32 里，成化二十年（1484）大量穷人出逃，弘治十五年（1502）裁杏林、龙槐、辛店三里，并为 29 里。[①]清顺治时编户，分四乡。西南曰饴原乡领里六，在城、黄甫、云亭、高望、大通、龙渠、镇曰伏波。东南曰饴城乡领里八，齐家、小马、廒仓里、寨子里、任马里、通远里、安定里、义和里、镇凡四曰茂陵、杏林、文书、绛帐。东北越泰川乡领里六，长命、三头、堡城、白龙、鲁马、良玉，镇凡二曰召公、召宅。北曰凤泉乡领里八，杜城里、训义里、永安里、岐阳里、归义里、众和里、信义里、凤泉里，镇凡二曰崇正、天度。军伍杂居于扶风附隶者凡六寨曰午井寨、大寨子、宋家寨、孟家寨、黎虎寨、天度寨。

[①] 刘瀚芳:《扶风县志》，扶风档案馆藏，1661。

民国五年（1916），知事王诚斋改行里长甲首制，全县改为24 里，每 3 里 1 区，共 8 区。民国二十四年（1935），实行保甲制，全县划为 12 联，126 保，1350 甲。（资料来源：扶风县档案馆收集资料）

一般来说，聚落的居民可能会选择自然条件相对更好的地方进行农业生产，然而一个有趣的现象是，只要前一个朝代出现遗址，后一个朝代的迁居者也会继续在同一地点生活。这种现象一直延续至明清时期。自秦汉以后，在周原以南紧挨的区域，虽然气温稍高，通过渠的修建，人们排除了涝池的水患，但是，新的聚落选址似乎更愿意依从前代人定居的地点。结合文物普查资料，汉朝以后的绝大多数聚落都是在前代聚落的地点生活，后来者似乎更愿意依从前代人定居的地点。

据笔者口述史的调查，虽然聚落物质空间的地点连续性非常强，但是聚落居住者的族属是不断变迁甚至断裂的。这种由人口迁移而不断替换而形成的村落历史一直复制着。笔者以周原一个村落明清的发展历程为例，其过程是，明朝时期出现的饥荒导致临镇马家的一户定居周原，个别亲属随后跟随定居，三四户组成超小型聚落，随着人口的再生产逐渐产生一个较大型的村落。在清朝时，修建了闻名宝鸡的马家堡得以躲过数次匪患，没有被斩尽杀绝，在同一地点延续了四个朝代。其他明清时期的村落也适用这种模式，所以大部分村落的口述史只能上溯到明清。

　　周原的尖角马家村在新人（马氏）迁入之前叫尖角白

家村。道光马氏家谱碑记载明代时由本县南阳邢马迁居建立，立村者为马铎。迁居的原因是明嘉靖年间的自然灾难，关中大地震造成人员的大量伤亡，原马家村这块土地上居住的薛姓、王姓、咸姓伤亡惨重，或亦绝户，造成这里田园荒芜。马铎由政府派遣于此带妻子来到尖角马家，始居于一处叫芋子壕的地方，门前植槐树一颗，数百年间，这棵槐树长成参天大树，这棵古槐树 1959—1960 年被村上主事者劈成柴火。芋子壕一带凹凸不平，野草丛生，后被改造成良田，称作马铎垴。居住者死后葬在阳沟，后人称为官坟，原有墓碑三通，最早的一通立于顺治二年。然而翻阅县志，顺治到嘉庆都没有尖角马家村，相似的地名只有一个叫尖角白家村的，其大体的位置也差不多，这说明被废弃聚落的居住者与新来者并不是一个族群，即明清迁居于此的族姓并不一定在没有人烟的地方繁衍，而是选择已有的适合人们生存的废弃村落。（资料来源：由家谱及口述材料整理）

笔者翻阅县志发现，自顺治到嘉庆年间，都没有尖角马家村，在这个地方只有一个叫尖角白家村的。这也许能说明一个问题，即明清迁居于此的族姓选择已有的尖角白家村落脚，因为人口主体的变动因而将村子改叫马家村。

自然环境的变化，尤其是自然灾害，确实是迫使人口迁移的一个推力。自西周到明清，农业聚落遗址经历着迁移的外在压力，主要来自环境的变化，尤其是自然灾害。如明成化二十年（1484），陕西连年大旱，"百姓流亡殆尽"，人相食。明正德二年（1507），大旱，民皆流亡。嘉靖七年（1528）大旱民相食；三十二年（1553）大旱，民饥流移殆尽；三十四年（1555）大地震，山移水溢，西安凤翔城邑毁坏，死亡数十万人，扶风县公署房舍皆倒塌。明万历十三年（1585）至十五年（1587）大旱大饥，斗米千钱，民多流移，相传"税粮"积由此。十六（1588）至十七年（1589）大熟。万历二十七年（1599）大饥饿。三十七年（1609）大熟。四十三年（1615），三月雨雹杀禾。崇祯十六年（1643）遍地生鼠。顺治十一年（1654）夏大地震，房屋倒塌，人死牲畜死。十二年（1655），大雪杀禾。① 据天津《大公报》和西安《民意日报》1931 年调查，陕西武功等 19 县被弃不耕之田占总耕地面积的 70%，其中大荔县占 75%，澄城县占70%，韩城县（今韩城市）占 65%，兴平、岐山和白水等县占 50%。

笔者对周原所在的扶风县法门镇所属的 50 个自然村进行了调查，主要通过口述史以及碑刻来追溯人们所能记忆的最久的年代，然后将这些信息与考古地层进行比对，进而判断口述的村落历史的真实性。这非常具有二重证据法的意思，将相关内容列表如下（表6-1）。虽然口述史材料中能够追溯到明清以前的村落有 10 个（占总数的 20%），但只有其中 3 个能与考古地层确定的年代相吻合。借助考古地层资料，虽然能够追溯到明清以前的聚落有 25 个（占总数的 52%），但它们中的很多又没有早于明清的口述史记载。这恰恰说明，明清时期经历了一次大的人群变动，绝大多数聚落的居住者并不是延续于前代，村落的历史因此丧失了，遗址所在的十几个自

① 刘瀚芳：《扶风县志》，扶风档案馆藏，1661。

然村，只有 3 个村的口述史能与考古材料基本吻合。据此，本文推断，周原以及聚落的主体经历着人口的断裂，虽然聚落的空间延续下来了，但是聚落的生活族群和族属却是断裂的异质的。根据考古材料来看，从新石器时代开始，每一个朝代可能都会经历这种人口族属的断裂，人们口中的历史并不是聚落的历史，而是这个人群的历史，聚落更像一个容器，承载着不同人群的历史记忆。此外，笔者还发现，如果以法门镇为中轴点，越往南的村落历史越短，很多没有出土历代的考古材料，而真正起源于明代。周原及以南的单姓村大多形成于明清时期，在形成之初由几户人家迁移而来，在没有大规模政治动荡的前提下，得以发展成现在的样子。不像华北地区被赤军荡平，只能通过国家的移民形成了现在的地缘性聚落，这种集村不仅仅是为了方便管理，可能也是为了相应的资源进行的协作选择。周原以及南面的村落在明清时期基本上形成现在的分布格局。1661 年扶风包括 9 个镇：天度镇、召公镇、召宅镇、杏林镇、茂陵镇、文书镇、绛帐镇、崇正镇、伏波镇。古县图中还在崇正镇的西面写了周原。崇正镇附近的地图不甚清晰，直接连接龙泉寺在的北山。[①]这 9 个镇和现在的镇基本吻合。中华人民共和国成立后不断进行着微调，但是基本的规模没有什么变化。1950 年 4 月 30 日，全县 93 个乡缩编为 70 个乡。1957 年，扶风有 19 乡 1 镇（城关镇），黄堆乡有 12 个社 48 个队。法门镇有 9 个社，68 个队。1958 年 12 月 5 日，撤销扶风县制，辖区并入兴平县（今兴平市）。1961 年 8 月，扶风地区从兴平县分出，恢复扶风县制。

---

① 刘瀚芳：《扶风县志》，扶风档案馆藏，1661。

表6-1 周原及周边村落起源及人群变迁状况

位置	村名	口述史起源	得名原因	人口来源	考古所获遗迹年代				
					先周	西周东周	汉	唐	宋元
北七千米	刘家	清（1616年前后）	以刘氏取名		先周	西周早中晚东周	汉		
	庄白	清（1796年前后）	以白氏取名			西周中晚	秦汉		
	任家	清（1683年前后）	以任氏取名			西周早中晚			宋
	李家	清（1681年前后）	以李氏取名			西周早中晚			
	召陈	西周（前760年）	召公讲学+姓氏			西周中晚	汉	唐	宋
	召李	西周	召公讲学+姓氏			西周早中晚	秦汉		元
	许家	清（1796年前后）	以许氏取名			西周中晚		唐	
	上康	清（1796年前后）	位置+姓氏	由下康迁此		西周中晚	汉		元
北五千米	桥西	清（1796年）	位置				汉	唐	宋
	北坡	清（1616年）	位置						
	南坡	清朝（1797年）	位置						
	纸白	清朝（1796年）	典故+姓氏				汉		
	张家	清朝（1796年）	以张氏取名			周战国	汉		宋
	齐村	西周（前661年）	典故（姜子牙）			周		唐	宋
北两千米	张吴	清（1796年前后）	以两姓取名				三国		
	齐西	清（1796年前后）	位置（齐村西）						

（续表）

位置	村名	口述支起源	得名原因	人口来源	考古所获遗迹年代
零千米	寨子	清（1796年前后）	位置（旧有堡）		
	孟家沟	清（1796年前后）	以孟氏取名		
	匠家沟	清（1796年前后）	典故（住匠人）		
	马家	明（1368年前后）	以马氏取名	由南阳迁此	秦汉　明鼎
	南陈	明（1368年前后）	位置+姓氏	由马家迁此	
	桥东	明（1368年前后）	位置（七里桥）		商周窖藏　汉墓
	窑台	清（1616年前后）	位置+姓氏		
	赵家沟	清（1616年前后）	位置+姓氏	龙山	
	寺南	南北朝（420年）	位置（法门寺）		
	寺北		位置（法门寺）		
南一千米	南云龙	唐（620年）	典故（唐太宗）		汉
	张家沟	清（乾隆1736年）	以张氏取名	龙山	先周　西周
	原树村	清（康熙1662年）	位置（源长树）	仰韶	周
	南佐村	唐（武德619年）	位置（法门左）	新石	
	铁章	清（1796年）	典故（铁牌）		西周窖藏　汉
	吕庄	清（1862年）		由齐村迁此　龙山	汉　宋

（续表）

位置	村名	口述史起源	得名原因	人口来源	考古所获遗迹年代						
					新石	龙山	先周	西周王功墓	汉	唐	宋
	下康	清（1772年）	位置+姓氏		新石			西周王功墓			
	王家	清（1762年）	以王氏取名			龙山	先周				
	魏家	清（1662年）	以魏氏取名				先周	西周			
	西王	汉（205年）	位置+姓氏					周		唐	宋
	中王	汉（205年）	位置+姓氏								
南三千米	东王	秦（222年）	位置+姓氏						汉		
	王吕	明（嘉靖1522年）	以姓氏取名						汉		
	侯家	明（嘉靖1522年）	以侯氏取名						汉		
	张家窑	（1964年）	以张氏取名								
	张家	明（嘉靖1522年）	以张氏取名								
	周家	明（嘉靖1522年）	以周氏取名						汉		
	豆王窑	明（崇祯1626年）	以姓氏取名								
	豆王	明（天启1621年）	以姓氏取名								
	毕家	民国（1936年）	以毕氏取名								
南五千米	杨家堡	明（1626年）	位置+姓氏				先周	周墓	汉		
	黄家	晋太康（281年）	以黄氏取名								

（二）气候变化与人群迁移

先周时期，大量聚落向周原的聚拢，除了一些社会和政治因素，还受到气候变化的影响。根据新石器时代至今的考古及文献材料的分析，周原及整个关中地区的温度经历了热—冷—热—冷几个相互交替的阶段。气候与温度的变化会直接影响农业和聚落的区位和产量，对于靠天吃饭的古代聚落来说，是最为重要的影响因素。这种影响一直发挥到 2016 年，周原地区才修建了人工渠，将位于靠南庄白一点的北干渠引上这一块小高地，人们才能大规模种植苹果、猕猴桃等经济作物。

自 5000 年前的仰韶文化以来，黄河下游和长江下游各地年平均温度降低了 2℃。5600—6080 年前西安半坡遗址（同位素测定年代为 5600—6080 年）所处的气候比现在温暖潮湿，竹类分布的北限和那时相比，大约向南退后了 1°—3° 纬度。

到公元前 900 年经历了一个寒冷时期。《竹书纪年》中记载了周孝王时期汉水结冰，清代的顺治扶风县志也提及了"周孝王六年六月雨雪的极寒天气"。[①] 其后，又出现大旱现象，《诗经·豳风》中也能反映出干冷的气候（八月剥枣，十月获稻，为此春酒，以介眉寿）[②]；但是，这个寒冷的时期大约只持续了一至两个世纪，到了春秋时期也即公元前 770—前 481 年，又暖和了。[③] 当气候变冷，人们会倾向于南移到海拔相对较低的区域生活，西周中晚期出现的干冷气候可能是

① 刘瀚芳：《扶风县志》，扶风档案馆藏，1661。
② 阮元：《十三经注疏附校勘记》，中华书局，1980，第 287—288 页。
③ 竺可桢：《中国近五千年来气候变迁的初步研究》，《气象科技》1973 年第 S1 期。

周原以南零散出现西周中晚期遗址墓葬的重要原因。很多人可能会小看海拔 50 米所带来的气候差异，笔者在周原调查期间亲身遇到了很多奇特的差异。现在周原遗址的南界以庄白、李家两村的北干渠为界，该渠的修建并没有考虑到地下文物的分布，但是最奇特的是，该渠以南的西周遗迹很少，直到西周中晚期之后才零散出现。笔者认为，气候和海拔是形成这种现象最重要的原因，因为每当下雪，渠南的雪总是很快化掉，渠北的雪能持续一个月不化冻，也会有持续的风。仅仅 3 米宽的渠能有如此神奇的作用？表面上看去，南北的地势根本没有差异，都是平地，然而，这种缓坡带来的海拔变化是肉眼难以察觉的。水渠基本上按照等高线分布，顺应了气候的差异；所以，遇到气候干冷的时期，周人会选择南下生活。这也解释了南边很近的张家村、桥西村、吊庄、下康村为何突然出现西周中晚期的遗址。

到了秦时，温度稍有所回升，文献记载了关中地区广泛地种植竹子的现象，但汉时气候确实曾经发生相当显著的变迁。①大致在两汉时期，经历了由暖而寒的历史转变。①东汉初年即公元之初，我国天气有趋于寒冷的趋势，"东汉汉献帝初平四年六月右扶风雹加斗大"。②三国的曹操时代，比汉武帝时期寒冷，出现了第一次有记录的淮河结冰，那时的年平均气温比现在低 2—4℃。南北朝时期，南京的气温最少比现在低 1℃。③这一气候现象的出现，可能造就了西周中晚期聚落南扩同样的原因。笔者发现，周原以南忽然出现大量汉代的村落，很有可能是从北边的汉代聚落迁移而来，再加上汉代

---

① 王子今：《秦汉时期气候变迁的历史学考察》，《历史研究》1995 年第 2 期。

② 刘瀚芳：《扶风县志》，扶风档案馆藏，1661。

③ 竺可桢：《中国近五千年来气候变迁的初步研究》，《气象科技》1973 年第 S1 期。

扶风修建的水渠利用淤灌技术填平了扶风县大部分的沼泽，扶风县才大量出现汉代的聚落。

6 世纪的河南和山东比现在冷。在 7 世纪的中期变得暖和，长安可种植柑橘、梅树。[1]宋朝苏轼感叹梅在关中的消失，唐、宋两朝寒温不同。[2]寒冷和干燥的天气加剧了周原之类高海拔台塬地区的困境，所以周原遗址附近唐宋时期的聚落规模都很小，分散也很稀疏。较大的聚落都靠南，或接近市镇。

宋元之后，12 世纪初期，中国气候加剧转寒，不是旱灾就是水灾。1111 年，太湖全部结冰。12 世纪初期，中国气候加剧转寒。中国的寒冷时期未与欧洲一致，寒冷的潮流开始于东亚逐渐向西移往欧洲，比中国晚了一个世纪左右的时间。[3]12 世纪刚结束，杭州的冬天气温又开始回暖像北宋时期。14 世纪又比现在冷。从 1500—1900 的 400 年间，中国在 1650—1700 年最冷。中国 17 世纪的寒冷冬季与俄罗斯、德国和英国相同，寒冷冬季和温和冬季都维持 50 年光景，且相互转化，但不是发生于同一个十年，与阻塞高压的多少和强弱有关。严酷气候的忽然到来，造成大量人员的死亡和外逃，但也吸引了一些外来人口，所以大部分村落的记忆只能追溯到明清。宝鸡市第三次文物普查的时候发现了几个扶风和法门的纳税碑，记载了村社自己商定的替逃亡户缴纳税费的事件。元朝到明清的村落位置可能没有明显的变化，而且元朝的人可能继续生活在周原这片地方。顺治扶风县志记载的元朝的人并不多，其中，辛荣为本县人，

---

① 竺可桢：《中国近五千年来气候变迁的初步研究》，《气象科技》1973 年第 S1 期。

② 竺可桢：《中国近五千年来气候变迁的初步研究》，《考古学报》1972 年第 1 期。

③ 同上。

至正年间为知县，清顺治，安定村有辛氏为其后裔。[1]

五、自然因素与聚落迁移初探

（一）农业聚落与选址

上文已述，早期聚落的选址会持续影响后面朝代聚落的选址，聚落的最初屯植可能带有偶然因素，那么，后世异族选择前代地点的原因多与农业生产活动相关。我们首先把目光回到一个共同体身上，通过其迁移的过程就知道聚落与共同体的结合是一个多么复杂的因素。生活在周原的这一支周人就不断在地区间迁移，这个过程至少经历了 600—700 年的历史。从文献上来看，周人经历了由邰到豳，最后定居于周原的过程，这就是从山区到平原的过程，周人从事农业作为生计方式的概率较大，所以这种迁移可能与获取最优自然条件有关。先秦和两汉的文献都含有周人始祖善于农耕的记载，考古材料也并没有发现农业聚落大量食用动物的痕迹，甲骨文的周也类似田字。因此，我们实际上应该关注的是农业聚落的选址问题。

多山的地形为山与河谷的盆地提供了自然屏障，造就了稳定的自然生态系统，适合物种的繁衍和生存。更新世和全新世气候温度的变化，尤其是更新世冰期和间冰期的冷暖交替，造成了不同种类植被的生长，高山平地的组合又将这种差异性得以保存。所有的物

---

① 刘瀚芳：《扶风县志》，扶风档案馆藏，1661。

种和植物都为人们提供了多种可以培养、栽培和食用的潜在资源。从植被上来看，距今8000—5000年的新石器时代，应是温暖湿润的森林景观。在西周前后，从土壤的颜色看，当时应为半湿润的疏林草地景观，而不应是前人认为的草原环境。从地貌上看，土地是那些大块的盆地和平原。西周晚期，周原地区的山前地带应广泛分布着麻栎等落叶阔叶林（根据齐家遗址的炭灰）。经过先周时期数百年的大规模农业开垦，周原附近才从森林景观改变为疏林草地景观。当地稀疏的树木正好可以用来营建建筑，同时也可作为生产和生活的能量源。高大的山脉和丘陵将这些沃土与荒漠隔离开来，为文明的崛起提供了相对稳定的自然和社会环境。秦岭及关中平原就体现出这种适宜人类生存的特征，秦岭以西的广大地区深处内陆，夏季太平洋上刮来的季风被阻隔，降水稀少。季风来得太晚或推进力度不大，广大的平原地区会发生旱灾，如果相反，就会出现水灾。农作物的生产受到气候，主要是季风的影响。

由于气候的湿热，关中平原只有部分地区才适宜农业垦殖，在秦汉以前渭河及汇入渭河的区域并不适合长期耕种，因为渭河川道附近经常遭受黄河改道带来的洪水灾害，田地被破坏，洪水蒸发将土壤中的盐碱带到地表，所以秦汉之前的聚落和遗址选择在渭河以北，甚至都汇聚于那些山前的冲积平原。周原和周公庙就属于此类。例如，周原地区以黄土塬为主，海拔基本上在500米以上，这些地方的土壤条件特别适应当时生产力水平。而中东部尤其是渭北冲积平原在西周早中期时仍然是待开发区域，较少农业种植，原因当然是这里地势低洼，沼泽湖泊很多，灌草丛生。法门镇以南的地区当时也是沮枷之地。所以，日本学者木村正雄在其所著《中国古代帝国的形成及其成立之基础条件》中，以关中的 70 米等高线为标准将其上的丘陵、山谷地带称作为第一次农地（旧开发地带），其下的渭河盆地平原地带为新开发农区（第二次农地）。他认为，在《汉书·地理志》所记三辅的全部县中，有 32 个县是战国以后新设置的，而且其中大多数（共 52 个）是在第二次农地上设置的。郑国渠、龙首渠的开凿就是为了淤灌，以填平沼泽低洼处并改善盐碱地。① 这样的低湿之地在周原以南还不少，当地流传着一些蒙学的诗歌，里面的记载可能部分证明这样的地理资源。周朝初期的气候温度也可使竹类在黄河流域广泛生长。② 这种湿热的环境可能类似于现在的长江流域，也印证了文献中所描述的扶风法门镇以南的沼泽。

（二）水源与聚落选址

水利设施对农业、人口的变化影响巨大。新石器时代的先民选择在刘家沟、王家沟、双庵沟和祁家沟汇合处的黄土塬上居住，因为其他地方被沟切割得过于破碎，不利于建成大的中心区域。这种选址的原因也和周原文化、河南龙山文化晚期的遗址一样，偏好有完整平原的盆地、冲积扇和台地。《史记》还记载："关中自汧、雍以东至河、华，膏壤沃野千里，自虞夏之贡以为上田，而公刘适邠，大王、王季在岐，文王作丰，武王治镐，故其民犹有先王之遗

---

① 李令福：《历史时期关中农业发展与地理环境之相互关系初探》，《中国历史地理论丛》2000 年第 1 期。

② 竺可桢：《中国近五千年来气候变迁的初步研究》，《气象科技》1973 年第 S1 期。

风，好稼穑，殖五谷。"[1] 然而，人们却离不开这些切割土地的沟，关中中西部的河流条件对周秦汉唐都有重大的影响，周原凤雏甲骨 H11：27 中提到了祭祀洛水的情形，洛水对于周人来说可能具有神力。凤雏甲骨 H11：48：王其兹用，既吉，渭渔。记载了文王在渭河之滨钓鱼的事件。这说明，河流在早期不仅提供水源，还是重要的食物来源。

从目前来看，周原遗址的主体被刘家沟一分为二，遗址遍布于沟边。但这条沟并不像我们想象的那样，用来满足取水的功能，周原也没有被冲沟所限制。在西周时期，齐家与凤雏之间的刘家沟尚未形成，冲沟下切的时代应在战国之后，先周时期，聚落就已分布至现齐家沟以东了。[2] 现在可见的几条大沟中，只有凤雏以西的王家沟是距今 5000 年前已发育的浅沟。齐家遗址的蚌壳便来自这一水体。周原先周之前的遗迹基本都沿河流分布，到了西周早期之后才开始向东扩展。西周的墓葬中也出土了大量的铜鱼、贝、玉鱼。

秦朝统一之前，关中东部的开发一直滞后于西部，可能因为沼泽等恶劣的自然环境，修建郑国渠之后，自然环境才得以改善。战国末年修建的郑国渠使关中实现了自汧、雍以东至河、东，膏壤沃野千里。汉代在关中地区进行的水利设施建设项目共 18 个，武帝开凿龙首渠，引洛水灌溉蒲城以东万余顷盐碱地，开凿六辅渠，引冶峪、清峪、浊峪灌溉郑国渠北的高地。西汉时，又因泾河水建白渠，

---

[1]　司马迁：《货殖列传》，中华书局，1982。

[2]　种建荣、雷兴山：《论周原遗址新发现的空心砖》，载宝鸡市周原博物馆编《周原》，三秦出版社，2012。

灌溉范围仅限石川河以西。[①] 关中东北部是京师衣食的主要供应地，但是西汉时关中西部成国渠、灵轵渠和湋渠难以饮水上原，成国渠从眉县杜家村引渭水，流经祁家、河池、南寨进入扶风境内，东入牛蹄、龙渠寺、绛帐到武功县下川口，至柴家嘴过漆水，最后从咸阳入渭水。灵积渠上承渭水与眉县，东经武功县。湋渠引水口在扶风县东下官庄侯下湾一带湋水左岸，过扶风城北，东北流入漆水和，灌溉岐山、扶风和武功三县农田，可见这些只能灌溉渭北阶地和二道原之间，所以，到西汉末期，关中东部的人口已经超过西部，元始二年，左冯翊有917 822人，右扶风836 070人。[②] 从考古资料来看，周原附近汉代形成的聚落有可能是人口迁移的结果，受制于溢出效应，其变迁的速度会慢于中心的地区。

　　宋代以后，周原乃至扶风的广大地区出现了很多聚落。这和水井的使用有很大关系。近现代的主要水源还是水井，无论灌溉，还是饮用。周原现在也以井水为主，井的深度一般都在20米左右，个别村落有200米的深井，水质稍好。如果是深井，人们就得聚居在为数不多的水眼附近。在一定区域内部较为容易采集，那么，房屋和农田将有更大的选择空间。

---

① 冀朝鼎：《中国历史上的基本经济区与水利事业的发展》，中国社会科学出版社，1981。
② 葛剑雄：《西汉人口地理》，人民出版社，1986。

第七章

———

早期共同体的变迁性质初探

一、商——血缘共同体的拓展结构

（一）殷商边界严格的血缘共同体及其行动逻辑

商朝的殷墟聚落是较为明确的国都性质的大型聚落群，同时，由于系统性的挖掘，有助于人们较为全面地认识早期共同体的生活和社会结构的全貌，所以为了更加清晰的认识西周的共同体结构，我们从商谈起。从认识之初所看到的聚落布局、选址、大小、样貌，等等，都是宏观层面的现象，它们是众多个体行为聚合而成的行为结果。本节希望在宏观层面的认识之外，得到微观层面的行为和机制，也就是行动结构。

1. 基于自我生存的共同体聚落选址

水源是殷墟聚落布局和规划的最重要因素，安阳地区的商代遗址大都沿洹河分布于河道两侧，除非有高效率的水利设施出现，否则人们是无法摆脱这种生存格局的。但实际上，由政权修建的统一性供水设施，并不能保证所有的共同体正常用水。所以，安阳地区所见商邑的规模都比较小，面积通常在 5 万平方米以下，极个别可能到 20 多万平方米。尤其是聚落自己的生活饮水和日常灌溉用水，都是依靠聚落共同体来自我解决的。殷墟中所发现的邑聚通常都有水井用于生活用水，很多房基周围发现大深坑，被推测为建筑房基时所挖的大土坑，同时兼做蓄水坑（涝池）使用。周原及安阳的现代村落发现了相似的用法。由于缺少中央集权性的统一规划，聚落之间必须加强联系，在邑聚之间有大路相连，邑聚之内有小路贯通，邑聚之间有引水渠（壕沟）。商邑中常见房址基本上是地面式建筑，但也有不少窖穴式的房址。

2. 血缘共同体的拓展式社会结构

殷墟已发掘上万座墓葬，已证明商人死后系聚族而葬。由此，商邑的基本特征系以族为基础，可以直接称为族邑。一些族邑有自己的名字，比如共邑，所以商邑的本质是族，商人的社会组织结构是以血缘群体为核心的族群集团。青铜器是物质文化中具有最高等级的器物，殷商时期出土了大量具有族徽的青铜器，其功能在于标示族群种属。郭沫若认为族徽是从古国国族图腾演化而来的图形文字。[1]有的青铜器不仅有族徽，还有日名，自铭体铭文的完整格式是：族名 + 做器者名 + 受祭者名 + 器名。殷簋铭文中有司东鄙五邑之辞，

---

[1] 郭沫若：《殷周青铜器铭文研究》，科学出版社，1961。

足以说明，当时城墙之外的农村聚落是以五邑为单位而组成基层行政组织的，并没有被编制在闾里之中。[1] 这种以血缘作为根本的社会结构应该不是商朝首创，而是来自石器时代的聚落。

　　较强的血缘结构及其部落联合，形成了生存空间的领地而非领土的社会结构。商人是边界极其严格的血缘群体，他们有着对内对外的不同规则，所以最基本的社会结构就是一种二分形式，即一种你我之分的二元结构。血缘群体之外的社会就是方，甲骨文中有四方，东方西方南方北方，他们的祭祀对象是禘。艾兰认为，命辞时常五个一套，六个一套，反映出贞人想象中的世界的每个部分，[2] 不带方的，有东北西北西南，其献祭对象是戠。在甲骨文里，方还指经常和商人发生战争的部落，如虎方。岛邦南列举了 42 个这样的部落。[3] 卜辞中还记载方是大风停止的地方。《诗经》中的《颂》和《大雅》也记载有四方，表示非常偏远的地方。周人甲骨中也自称周方伯，这正是周人稀缺某种资源而有求于商的表现。总的来说，这里的方是表示方位的概念，而不是真正的领土的概念，甲骨卜辞中有四土的表示，但也是表示方位的概念。说明商朝人的领土观念并不强，而只有方位的族裔的概念，领地也是按照族属来划分的，但是秦朝行郡县制，出现了空间和领土的概念，这种社会结构的变化反映在祭祀体系中，秦人将之前三代的多民族祖先都纳入自己的崇拜系统，同时划分出空间的位置。秦人不可能无缘崇拜人家的祖先，

---

[1]　陈絜：《里耶"户籍简"与战国末期的基层社会》，《历史研究》2009 年第 5 期。

[2]　艾兰：《龟之谜：商代神话、祭祀、艺术和宇宙观研究》，汪涛译，四川人民出版社，1992。

[3]　岛邦男：《殷墟卜辞研究（上下）》，濮茅左、顾伟良译，上海古籍出版社，2006。

可能的原因是社会整体发生了变化，图腾体系才发生变化。

总而言之，商应该是以血缘组织为主体的国家，其中央集权的属性不如后代强。这种格局与共同体聚而成都的特性有关。邑具有双重属性，是兼具行政建制单位性质的社会组织，[①]邑内也聚族而居，有学者认为小邑即村落，实行家族制的管理，[②]甲骨文中将邑内居民称为邑人，这种邑同时是具有生活属性的血缘共同体。另外，有些大邑的行政性更强，这种大邑居于中心地位。众多的共同体聚合在一起，就形成都城。卜辞中有立邑墉商的描述，墉为动词，相当于都，[③]指测定小邑的地理标位而攻筑其商城，这里凸显了邑的重要地位。为什么会聚合呢？对于血缘群体而言，聚合的动因可能就是血缘本身。《左传》庄公二十八年：凡邑，有宗庙先君之主曰都，无曰邑。这种结构无疑反映在聚落布局之上，无论中商阶段，还是晚商阶段，洹河流域的商邑至少从规模上呈现明显的一大带众小结构。[④]

对于商王来说，这种聚合是利大于弊的，甚至有可能拓展了其氏族长的权力，因为个别卜辞可见商王曾号令诸侯属地之邑。在人们居住范围以外都可以泛称鄙，甲骨文的鄙泛指都城之外的郊区，周原金文的鄙亦可包括非都城都邑的郊外。

3. 以血缘共同体为基础的观念和符号结构

艾兰通过商人的占卜行为、各类符号和庙堂结构研究了商人的

① 宋镇豪：《商代邑制所反映的社会性质》，《中国史研究》1994 年第 4 期。

② 王震中：《伊藤道治的金文和西周史研究》，《中国史研究动态》1997 年第 3 期。

③ 朱凤瀚：《商周家族形态研究（增订本）（精）》，天津古籍出版社，2004，第 154 页。

④ 唐际根、荆志淳：《安阳的"商邑"与"大邑商"》，《考古》2009 年第 9 期。

世界观。对龟甲和牛肩胛骨（水牛）进行火占意味着商人认为的宇宙间两种基本元素的认识，也就是火与水的结合。同时，龟甲的使用反映出上下界二分的观念，因为龟甲形如宇宙，甲骨左面是表示否定的命词，与兆纹倒逆，右边是表示肯定的，左右互对反映出上下界之分。与上下界相匹配的就是四方概念，他们共同构成了商人的世界观。《庄子·则阳》中说：四方之内，六合之里，万物之所生恶起？正像一个十字形所包括的五面，加了顶部的一个面，正好构成了一个立方体，上下四方正好构成了立方体的六面，所以庄子要说里。这种上下左右的观念也一同反映在丧葬的仪式中，比如，卜辞中记载了祭品供向六处：高耸入天的山岳、与地下泉水相通的河，还有四方。

观念结构是如何产生的呢？我们认为，社会结构影响到观念结构的产生。我们在第二章的分析框架中明确了共同体微观层面的研究框架，那就是行动者依据需求结构改造和利用原有的社会关系并创造出新的关系，社会的组织化程度是重要的调节因素，迁移成本与社会的组织化程度高度相关，在给定社会组织程度的前提下，各类所有权是调节行为的主要因素。社会的组织化程度通过调节行为而达到不同的建构化效果。笔者认为，商朝这种社会的二分结构也影响了商人社会的意义结构，进而影响到聚落形态的各个方面，这些意义层面不仅体现在商人认识异族的观念上，也表现在他们的世界观之中，例如四方和上下界的观念。

从需求结构上来看，一个农业文明必须追求水源的稳定、温度的适中和社会的稳定，前两者往往具有不确定性，占卜可以说是应对不确定性的一种重要手段，从功能上看是满足需求结构的一类重要的行为。占卜也是社会组织化的一种表现。卜辞分为三类：首先，是向祖先和自然神灵进行献祭的卜辞，它们占了大多数，其命辞主要记载祭祀祖先的名字、祭法、祭物和数量。第二类是未来的卜辞。第三类是已经降临灾祸的判断，看是哪个先王带来的。作为一个血缘群体联合而成的文明，血缘共同体的凝聚度应该是共同体自身的最大追求，因为无论是抵御外敌入侵抑或是共度自然灾害，都需要团体力量而为之，所以通过强调血缘谱系并强调其合法性是最为有效的组织化方式。因而占卜的内容大多是与血缘直系祖先相关的内容，将福与祸都与祖先的意志结合起来，通过祭祀行为来得到福报，也因此强化共同体的团结意识。黄泉一词在甲骨文中并没有，天字在甲骨文中很少见，甚至没有见到地字，因此，上下和天地联系起来的用法可能到西周时候才出现，所以商人的祭祀对象是以祖先神为核心的。

综上，血缘共同体通过占卜祭祀等组织化的方式来影响团结行为，这种行为缔造了商人独特的价值观，同时作为一种结果也反映在商人的物质文化之中。艾兰描述了一种常在青铜重器上见到的中空十字形符号。她认为殷墟青铜器所见的将族徽置于其中的做法有特定意义。她认为这一形状也可以作为亚字形，字的样子像一个方块拿掉了四个角，或者表述为以小方为中央，四面加上另外四个小方形。艾兰认为这个形状是传统庙宇的布局的反映，一个太室（中堂），或是一个中厅连着四厢。虽然殷墟的房屋暂时没有发现这一形状的布局，但是墓葬却是这一形状。《管子校注》的玄宫图的形状正是一个类似殷墟大墓的十字形。[①]

---

① 艾兰：《龟之谜：商代神话、祭祀、艺术和宇宙观研究》，汪涛译，四川人民出版社，1992。

协作动机皆与实际生产生活相关。上文已经提及，家族观念是调节共同体分化或团结行为的重要因素，当面临人口压力之时，支族都面临拓展新土地的实际需求，当原来的土地超过人口的承载极限时，就会产生拓展新生存空间的压力，在殷墟的聚落遗址中也可以看到，每一个聚落都是一个相对独立的生存单位，里面有自己独立的水井。经常性的祭祀能够调节聚落的分化性需求，因此，新旧聚落之间的距离都不是太远，它们之间共同构成了聚邑成都的格局。

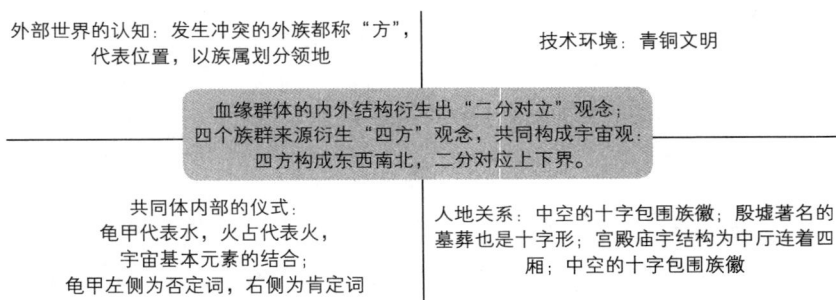

外部世界的认知：发生冲突的外族都称"方"，代表位置，以族属划分领地

技术环境：青铜文明

血缘群体的内外结构衍生出"二分对立"观念；四个族群来源衍生"四方"观念，共同构成宇宙观；四方构成东西南北，二分对应上下界。

共同体内部的仪式：龟甲代表水，火占代表火，宇宙基本元素的结合；龟甲左侧为否定词，右侧为肯定词

人地关系：中空的十字包围族徽；殷墟著名的墓葬也是十字形；宫殿庙宇结构为中厅连着四厢；中空的十字包围族徽

图7-1 商人的社会结构与意义结构

二、西周时期都市国家的形成

1. 作为共同体变迁触发条件的技术因素

进入到西周时期，周原成为都市性质的国家，即存在地缘性社区的一种社会结构。从聚落整体的空间位置来看，与先周时期不同，进入西周之后，聚落的选址整体向东移动，慢慢远离刘家沟。从人口密度来看，聚落的密度远远高于先周时期，聚落之间甚至只有几

十米之隔。从共同体内部的结构来看，聚落中的居住者来自多个不同的血缘群体，他们大多从事非农的手工业和管理工作。所以，聚落形态和产业形态完全不同于先周时期和西周以后的时期。

这些变化是慢慢形成的。灌溉和生产技术的变革奠定了基础条件。进入西周时期，人口和聚落逐渐变多变密，为了让更多人口降低水源对其的限制，周原开始修建围绕和贯穿聚落群的引水渠和排水渠，池渠技术的出现使得饮水入原成为可能。大量迁移而来的殷遗民包含众多的高级手工业匠人，他们为王室手工业提供了相当先进的生产技术，其余迁移而来的人口也奠定了发展生产的深厚基础。充足的水源和土地供应能够保证聚落的再生产需求，因此难以产生共同体的分化需求。

宫崎市定都市国家理论认为，中国古代社会乃是极端集中的聚落形态，至迟到春秋战国，大多数农民都居住在由城郭包围而形成的稠密的聚落，只有很少的人口散布在野中。农民集中居住于一个聚落中，早出晚归耕作。人口聚集并不是因为工商业。聚落之间会以农田树林荒野隔开一定距离，中间偶尔会有土人居住。这种集中居住的农业都市是都市国家的社会基础。这种理论认为，中国的国家结构由都市性质的基层聚落形成，城市中居住的人口在汉代之后逐渐移居城外，于是出现了另一种新形态的聚落——村（邨）。[①]

我们认为，西周时期的周原确实存在这种现象，但只是在上文所述技术条件达到一定程度时，才能够有条件形成这样密集的聚落。

---

① 宫崎市定：《关于中国聚落形体的变迁》，载刘俊文编《日本学者研究中国史论著选译》，中华书局，1993。

从西周以前的历史来看，关中及周原的聚落确实经历了集中化的过程，但是，大型聚落周围也有不少散点分布的小型聚落。进入西周时期，周原形成了真正的都市国家的聚落，但也仅仅因为池渠技术的出现使得饮水入原成为可能。外加王室手工业客观上需要大量集中的人口来完成流水线式的生产。在两个因素的作用下，西周才形成了地缘性的都市国家。

2. 迁移成本、权力与社会再组织

在上文的分析框架中，我们提出迁移成本与社会组织化程度密切相关，两者有时呈现相关关系。对于一个较为成熟的文明来说，由于较高的组织化程度导致了很高的迁移成本，只有受到极大环境压力甚至关乎生死的因素时，才有可能耗费巨大成本实施迁移行为。王朝更迭时期的大规模迁移正是出于此，政权和族群在面临灭亡危险的时候，才会牺牲迁移成本而获取生存空间。另外一种情况是，当一个新的政权攻破旧政权之后，或已有的组织结构被破坏后，社会的组织化程度变低，相对而言其迁移成本也就变低了，在新政权的压力之下旧政权不得不进行迁徙。

国家权力作为最重要的制度因素，为聚落人居关系系统提供重要的制度环境。结合考古出土的金文材料，以贵族家庭为单位的血缘群体的迁移是聚落形成的重要原因。在西周早期，这种血缘群体的迁移是政治性的、全国性的，即封土建疆。不同的贵族居住于相近的地点，农业生产者有很多是跟随贵族迁居于此。在贵族势力范围内，贵族及其附属机构（家臣、家族武装、家族手工业者）的粮食都产出于他们附属土田之上的农业劳动者。那些被分封的土地上

居住着从事农业生产的庶民，庶民作为附庸一同赏赐。①庄白窖藏反映了家族迁徙的情况，武王伐纣后，殷遗民迁居此地和周人共同居住。庄白一次性出土了微氏家族窖藏青铜重器 103 件，有铭文者 74 件，记载了其由商畿迁至周公辖地之事。②西周时期的墙盘中记载，墙的高祖甲微舍寓于周，微的后代墙成为周国的贵族。能够确定生活于周原的九个贵族王臣世家（除董家的旅氏家族）都因发生于周厉王时期的国人暴动而举族外迁，放弃原聚落的入住权。当然不排除原居址被另外的人群所使用。到周宣王时期，周原又出现了八支新的贵族王臣宅邑。③洛阳发现的西周季姬方尊记载了族人迁移到新地繁衍生息的情况。

周原都市国家的形成离不开政治性的移民措施，西周应该是能够证明的最早的将异文化民族移入自己生活地域以进行同化的王朝，尤其是将组织化程度极高、文明程度更高的殷遗民移入周原，这是不同于怀柔政策的一种社会再组织行为。怀柔的策略在历朝历代都出现过，这种策略的核心为，将被征服的落后的民族迁移到本民族农耕文化的核心区及其周围，让异民族与本民族共同生活，他们可能共同杂居于一个聚落中，也可能以整建制的方式成立新聚落。周原南缘的张吴村出土过 5 个三国曹魏时期的铜印，这些遗物都出土于一个窖藏，印章的内容恰能反映当时的生活事件，其中一个印章上刻有魏胡率善氐仟长和军曲侯印。氐是居住于西北的少数民族，据史料记载，魏晋时期开始接受汉族的文化，学习农耕和汉服。据

---

① 朱凤瀚：《商周家族形态研究（增订本）》，天津古籍出版社，2004。

② 杨雷：《周原空间结构刍议》，《华夏考古》2008 年第 3 期。

③ 马赛：《聚落与社会——商周时期周原遗址的考古学研究》。

《三国志》记载，氐人受封于中央王朝广大的区域。仟长一词是少数民族首领的意思。这恰恰证明了汉人利用明升暗降的方式给少数民族一定的爵位和权力，通过这种方式交换他们的顺从和服从。另外一个周原出土的印也记载了其军阶。《汉书》记载，将军管理 5 个部曲，这个印章应该属于其中一个管理者。西周是战乱后国家力量组建地缘性聚落的开端，以后各朝代经历相似的事件之后，都有可能会出现这种地缘性的聚落。所以，权力作为一个外部性因素，是形成多血缘杂居的地缘性聚落形态的一个极其重要的因素。

权力能够迫使被征服的先进民族进行迁徙，我们也知道这些族群不一定能按照原来的血缘结构整个搬迁，依然存在再组织的问题，尤其在新的居住地点选择新的生活方式时，更需要一种能够调动生产积极性的社会组织。根据最新的考古材料，西周的周原存在数量巨大的地缘性的村落和都城，不仅异姓甚至异族，他们之间的生活习俗差异非常大。对于这种地缘性的共同体，社会再组织的方式就不能再依靠权力了，而是创造一套包含多族群的宗法制。面临此种需求，周人采取了一种新的理念，例如我邦我家（毛公鼎中周王自言）、奠保我邦我家（叔向父禹言及王畄封土），邦是言政治之统体，家是言宗法之统体。[①]周人将血缘体和国家体合二为一，即倡导一种家国统一、内外不分和一视同仁的结构。西周可能是政治之统体与血缘之统体的联合体，类似于用"推己及人"的礼制约束陌生人以及非血缘群体之间的关系。在文王时期的卜辞中发现，周人祭祀商人帝王的现象（甲骨中自称周方伯）。

---

① 白川静：《金文通释》，曹兆兰译，武汉大学出版社，2000。

　　迁徙完成之后，就需要实现多民族的再组织，正如上文所述，权力在微观层面成为调节协作动机的关键因素。建立周朝之后，周人行分封。史学界普遍认为，西周分封之时，姬姓之国有 55 个，非姬姓之国有 20 个左右。起初，周王不仅对王畿地区实行全方位的控制，而且对其他的诸侯国实施一种道德和宗教的控制。首先，从整个的聚落层级来看，《周礼》言畿内称都鄙，畿外称邦国。各诸侯国也参照王畿，实行类似的乡遂之制，所不同的是：诸侯国大者为三乡三遂，小者一乡一遂。① 在《周礼》中，乡和遂的居民虽然都可以统称为民，但是六遂的居民往往称甿氓或野氏野人，六乡的居民则可以与王城中的居民一道称作国人。② 聚落之间存在资源流动的等级体系，既然将权力之外的范围称为鄙和国，则意味着控制力的减弱，资源获取的量也相对较少，但依然保留了资源流动的等级体系，即小国事大国。

　　社会的再组织可以作为一种原因，产生宏观的观念结构的变化。在西周之后，社会出现了一次巨变，可以称之为礼崩乐坏，天（可以理解为对于社会的想象）人之间的关系慢慢弱化。费孝通在《中国古代玉器与传统文化》中提到，玉石从惟玉通神向以德比玉的转化，是表示"人与天的关系发展到表示人与人的礼和德的关系的符号意义转变，在其中，从萨满演变而来的君子士大夫，因是制礼的脑力劳动者，因而，也是文化转型的推动者"。③ 这说明，玉所关联的意义系统发生了转变，即由天转换到人与人的礼和德的关系。共

---

① 　马新：《乡遂之制与西周春秋之乡村形态》，《文史哲》2010 年第 3 期。

② 　杨宽：《西周史》，上海人民出版社，1999。

③ 　费孝通：《费孝通论文化与文化自觉》，群言出版社，2007。

同的天约束诸侯王，礼制却可以约束诸侯王以外的人，这种变化的
出现是否说明由血缘联合体组成的国家向地缘联合体组合的国家转
变，因为先前的王朝在缔造共同的神方面失败了，地缘共同体的国
家只能换一种意义系统实现不同地域之间的整合，我们用图 7-2 来
表示这种意义结构。

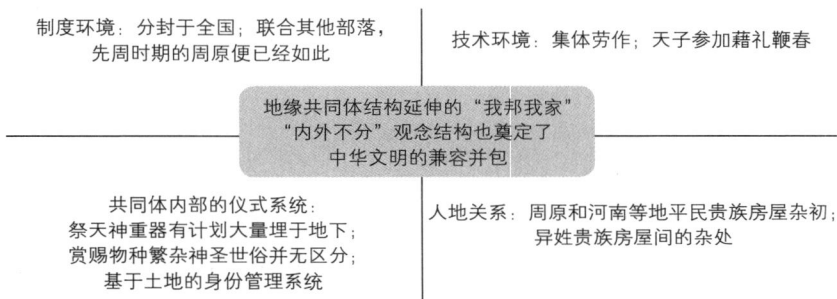

制度环境：分封于全国；联合其他部落，
先周时期的周原便已经如此

技术环境：集体劳作；天子参加藉礼鞭春

地缘共同体结构延伸的"我邦我家"
"内外不分"观念结构也奠定了
中华文明的兼容并包

共同体内部的仪式系统：
祭天神重器有计划大量埋于地下；
赏赐物种繁杂神圣世俗并无区分；
基于土地的身份管理系统

人地关系：周原和河南等地平民贵族房屋杂初；
异姓贵族房屋间的杂处

图7-2 周人的社会结构与意义结构

三、西周以后的共同体与国家

（一）共同体的持续化权力控制企图

从秦朝开始，似乎有强化基层社会控制的现象。先秦两汉正史
中存在乡—亭—里三级体系，那些没有围墙、分散的聚落虽然可能
有自己的名称，但是依然受到官府的控制，被编为某乡和某里。[1]《汉

---

[1] 邢义田：《从出土资料看秦汉聚落形态和乡里行政》，载邢义田编《治国安邦：法制、
行政与军事》，中华书局，2011。

书·食货志》描述先秦时期的乡里制度，谓"在壄曰庐，在邑曰里。五家为邻，五邻为里"，"春令民毕出在壄，冬则毕入于邑"。[①] 到秦时，可能与人口的自然垦殖有关，在原有的行政性之外，里这个概念的内涵进一步发生了扩充，而且人口规模也变大了，也开始指那种自然形成的聚落。汉基本延秦制，但稍有变化，依然与人口的增加有关。里是以户数而划分的，大体以百户为限，这种限制可能与控制的力度和效率相关。如果每一个控制单元的人口太多，则不利于管理。

　　隋文帝即位之初，规定以五家为保，保五为闾，闾四为族，各置长正；京畿之外则置里正（相当于闾正）、党正（相当于族正），以相检察焉。[②] 总的来说，隋唐时期和汉代相同，都以百家为里，设里正同里魁，里正通常具有勋官的品级。与汉代不同的是，在官方文献中出现村这一聚落概念，其规模可能等同于里，相似的概念还有村坞和坞，它们都是具有自然共同体性质的聚落，与里和坊不同，村是在田野中的聚落单位。村正在熟悉乡规民约的基层白丁中选拔，不具有勋官的品级，此点与里正不同。敦煌文献唐天宝差科簿残留的各正名单，其中有身份记载的，共十二名村正，十名里正。村正中，十七至二十二岁的中男十人（唐初以十六岁以上为中男，开元二十九年（741）改中男年龄为十八以上，则十七岁尚未及法定中男），三十五岁的白丁和三十六岁的白丁残疾各一人；十名里正中，年龄为二十九至四十岁的上柱国子、上柱国或品子共有五人，三十

---

①　班固：《汉书》卷二十四上，中华书局，1962，第 1121 页。

②　魏征等撰：《隋书》卷二十四，中华书局，1973，第 680 页。

至四十岁的白丁五人。①从这样一些任职者的条件就可以看出，天宝年间（742—756），敦煌地区多数里正的年龄较大，身份高于六品，而村正相对来说比较年轻。

唐代并没有放松对基层社会的控制，从出土文献看唐代里的名称，具有很强的行政色彩。"出土文书记载的西州有静泰里、安乐里、六乐里、忠诚里、仁义里、归政里、德义里、成化里、礼让里、和平里、顺义里、昌邑里、淳风里、长善里、安义里、慕义里、归化里、高昌里、投化里、永善里、净化里、积善里、尚贤里、弘教里、依贤里、淳和里、柔软里、长垣里、高泉里、独树里、新坞里、新泉里、横城里"。②唐律还以家庭为单位对每个成员进行约束，甚至带有连坐的形式，对户籍和人口的管理甚为关注，在户口逃亡的情况下，邻保有分摊逃户租税的义务。家庭成员无故脱离家庭，户主不仅要予以如实申报，而且要设法加以阻止，否则就会犯罪，例如对脱离户籍的行为进行惩罚，假如，脱户者是无须承担课役之人，家长的徒刑可以减为二年。若该家庭没有男夫，以女为户主，则减刑至一年，而里正也要承担一定的连带责任。民间户口的更动是必须报请基层政府备案的。

里正是否隶属于县政范畴？依据目前的史料，可以发现其在官府里当差的证据，可能向半行政化转化。这些高级勋官里正，因其职位而享受免课役的特权，很有可能是当地的士绅阶层。居民有向里正定期申报家庭人口现状的义务，这种居民自己申报家庭人口的

---

① 王永兴：《敦煌唐代差科簿考释》，《历史研究》1957 年第 12 期。
② 张广达：《西域史地丛稿初编》，上海古籍出版社，1995。

文书被称为手实。里正依据居民提供的手实编造户籍。在西域出土文书中保存了若干唐代居民自报家庭人口的手实残本，造籍期间里正需要上报，协助县司共同完成户籍的编造工作，同时，每年十月开始的土地还授，是在县衙由县令主持进行的，里正只是这项工作的助手，具体从事本乡里簿籍的勘造工作。[①]里正也可能是县司办案工作的主要协助者。

从上观之，秦代以后的基层共同体一方面逐渐增多，一方面又面临着外部权力的控制。技术环境的发展允许人在更广阔的范围内开垦土地繁衍人口，所以人口的自然迁移形成了众多的自然村落，人口及其开垦的土地是重要的资源，因此，政权总是有控制这种新生资源的动力。

（二）基层共同体自治之名或之实

虽然存在外部权力对聚落内部规则的渗透，但是聚落内部一定还存在自己的规范系统。那么，共同体与中央权力到底是什么关系呢？

从文献上看，西周时期国都之外的各都鄙群的君主，有自己的宗庙，有和国君相似的官僚机构，甚至有独立的军队，独立组织经济生产并规定赋税。这样看来，其基本职能像是自治体，从自治体派出朝大夫到国都作为常驻代表，以沟通中央和地方自治体的关系。秦晖从《秦律》和法家思想为基础，认为秦朝的政策导致了大共同

---

① 张国刚：《唐代乡村基层组织及其演变》，《北京大学学报（哲学社会科学版）》2009年第5期。

体对小共同体的破坏，[①]这实际上是国家权力对基层共同体的有力控制；但也有学者持相反的看法，比如，吴理财认为中国三代之始虽无地方自治之名，但有地方自治之实，自隋朝中叶以降直到清代，国家实行郡县制，政权只延伸于州县，乡绅阶层成为乡村社会的主导机构。[②]汉代还出现社、单之制。俞伟超先生以汉印、封泥、碑碣结合文献作出的单（弹）制考证，认为，单（弹）是中国古代的农村公社组织，与里平级。[③]杜正胜则称之为农作协助团体，是各种不同性质的结社。[④]张国刚认为唐代皇权之符、贴，下至五百户之乡而止。[⑤]实际上，基层受到中央权力控制的程度是不一样的，这与权力中心的距离、交通便利程度、共同体本身的资源禀赋等密切相关。

不过，总体而言，有些性质的共同体可能确实受到的影响小一些，人口自然繁衍在唐代达到高峰，使得自然聚落村也进入官方的文献，并企图对其进行管理。唐代有些身处田野的村，是大唐令中不以户数设置行政级别的单位，因此是以聚落为单位而识别的，因而可能具有自然共同体的特征。村落的这一属性也可见于其名称，常以姓氏命名。这种村落是人口繁衍迁移自然形成的单姓氏村落，其扩大的政治背景一般是国家太平且又不存在国家层面的移民政策。

文献中也可以找到杂姓村的证据，但是这种村落形成的条件与前面的这种村落不同，可能与战乱后国家大规模的人口迁移有关。

---

① 秦晖：《"大共同体本位"与传统中国社会（上）》，《社会学研究》1998 年第 5 期。

② 吴理财：《民主化与中国乡村社会转型》，《天津社会科学》1999 年第 4 期。

③ 俞伟超：《中国古代公社组织的考察》，文物出版社，1988。

④ 杜正胜：《编户齐民》，联经出版事业公司，1990。

⑤ 张国刚：《唐代乡村基层组织及其演变》，《北京大学学报（哲学社会科学版）》2009 年第 5 期。

一个值得研究的现象是，汉魏时期出现的坞壁，这种城堡性质的聚落在西汉东汉之交以及魏晋时期的北方地区大量出现，文献和壁画砖都有所反映，其性质如韩异的坞壁说，抑或加藤繁的庄园说。[①] 虽然考古中发现的实物资料较少，但是壁画砖上常有反映，是墓主生前居住环境的可靠反映，其性质与明清时期的堡寨差不多，一般规模不大，只是用于战时的防御。这种现象的出现来自政治的多元不确定性，有实力的地主可以利用土地和安全资源来吸引流民，流民在堡寨附近生活也能临时充当堡寨的主军队力量。这是一种相互交换资源的机制。所以这种形式的聚落组织是不同于邑和里的自发聚落，产生的原因为外在压力，形成的机制与权力机制相同。更深层次还是为了进一步的获取资源，推断其自治属性较强。

有学者认为，时至宋代，传统中国聚落分布的基本格局已经形成，并奠定了后世发展的基础。[②] 这种说法有一定的道理，人口在宋代基本形成了现在的基本规模，唐代还处于壮大发展时期。宋元一直到明清时期，一直经历着前代已经发生过的历史，稳定时期的人口增殖以及饥荒导致的血缘性聚落的形成，战乱之后国家的移民政策形成的地缘性村落，比如，华北地区大型的地缘性集村就是后一种情况形成的，与周原西周时期地缘性聚落的形成原因相同。鲁西奇认为北方以集村为主的居住形式是清代中期以后形成的，南方集村的发展趋势不具有普遍性。对于里周围何时形成围墙，他认为南北存在差异性。有土垣的里只可能在关中、西北屯垦区出现，南方

---

①　加藤繁：《中国经济史考证》，吴杰译，商务印书馆，1959。

②　陈桥驿：《历史时期绍兴地区的聚落形成与发展》，《地理学报》1980 年第 1 期。

地区可能包含若干个聚、丘、存，实际上是一个地域区块。[①]血缘性的村落可能由于人口的自然流动而产生，但是这种集团性的血缘组织从几户人家发展成一个村最少需要十几代人，那么，几百年的政治稳定是必要的条件。华北明清时期也存在这种情况，大量的人口流动导致很多移民村落没有行政隶属关系，流动人口常归入附近里社代管。[②]周原以及南面的村落属于这种情况，笔者的调查已经证明了这一点。

[①]　鲁西奇：《散村与集村：传统中国的乡村聚落形态及其演变》，《华中师范大学学报（人文社会科学版）》2013 年第 4 期。

[②]　黄忠怀：《人口的增殖流动与明清华北平原的村落发展》，《中国历史地理论丛》2005 年第 2 期。

第八章

早期共同体的生产社会模式初探

一、共同体协作动机的触发和调节因素

（一）西周时期共同体协作动机调节因素

先周时期的周原以农业生产为主，进入西周时期，周原的经济重心发生了变化，王家沟以东、樊家沟以西是西周聚落的密集分布区，区域之内集中了各种产品的生产流水线，资源配置的结构是为保证流水线各个环节的紧密衔接而设置的，这样的生产资料主要表现为原材料、工人的食物和技艺传承人的延续等三个方面。

结合考古材料，本文发现，先周时期以及西周以后的人们一旦定居于一个地点，百年间很少垦殖荒地扩大居住和耕作的面积，虽然可以发现一个定居的聚落在长时段的小范围移位和规模扩大，也都是极其缓慢的，甚至需要几个世纪的时间。但是西周时期的聚落

则与此不同，周原在较短的时间内出现了大量新聚落。这些聚落和共同体的触发因素不是农业生产而有其他原因。根据地理学的研究，在西周前后，周原并不完全是草原环境，因为经过先周时期数百年的大规模农业开垦，周原主要区域才从森林景观改变为疏林草地景观。虽然周原及其周边可能存在着一定数量的树木和森林，但是我们在《诗经》中较少看到有关砍伐树木拓殖荒地的描述，反而经常看到清除艾（艾蒿、苦艾、蒿子）、蓟等杂草野草的描述。这一方面说明农民更多的是复垦休耕地而不是开辟新的荒野，甚至存在轮耕和休耕的农业制度，但另一方面也可能说明，人口增殖并不是分化已有共同体并促发新生共同体的主要因素，不是在宏观层面共同体协作动机和协作行为变迁的主要因素。

结合周原的考古和历史材料，刘家沟以东，也就是周原西部的聚落密集区之间，并没有留有面积较大的空地，农业发展的空间较小。周原的西部边缘和东部边缘有面积较大的空地，西部主要是手工业遗址，因此西部边缘用于农业生产的可能性也不大。只有东部边缘的土地可以利用美阳河中的水源进行灌溉，核心区东部的稀疏遗址可能是专门从事农业生产的聚落，但这些聚落也不是自然增殖的结果。

西周时期，周原主体的遗址密集区可能是西周时期的里，这种组织兼有行政、生产和社会三种功能，三种功能的意图在于满足资源的组合形式，并对应聚落内外两种制度环境，进一步巩固了资源组合形式基础上的人居关系系统。

里的实际管理者属于贵族，从青铜器铭文中可以发现，西周的这种聚落配置了成套的生产资料。例如，一件周原的青铜方尊记录了妇女（宗妇即宗主的妻子）掌管宗族内部族人及赏赐的权力。她的赏赐物（嫁妆）是一个完整的生产单位（土地、人丁、马、牛、羊、谷物），包含基本的农业生产相关的田与牲畜。生产资料的组合配置不仅满足了周原西周时期聚落的生产功能也满足了社会功能，即在社会分工体系中承担特定的职责。贵族不仅可以安排新的学徒补充附近手工业流水线的生产，同时也拥有农业生产的工具和土地，以保证生产功能的完整实施。这种将土地和人员一起赏赐的案例还很多，被赏赐的师夫率领厥友丁（一般解释为族人）二十五家，丁暨厥友耕种田地，同时拥有使用权，这是一个包含多个师夫及其族人组成的地缘联合群体，族人及其耕作的土地构成一个相对独立的生产单元，是基本的基层农业生产组织。①

权力是调节协作行为的重要因素。西周早期，大量的外来人口被供给于周原的聚落，血缘性的组织难免被打破。考古的材料也证明了这种现象。结合另外的金文材料，本文发现聚落的行政功能归周王所有，这种制度安排同样是基于流水线生产所需的资源配置需求，周王深入基层的权力可以直接在聚落间调配生产资源，协调核心功能区生产的继续进行。考古的材料也揭示了聚落之间确实也承担了流水线的各个职能，手工业生产没有市场作为调配机制，则只能通过行政命令来完成此功能。西周时期，周原的不同聚落集中出专门埋放土牛不同部位的骨坑，每个坑的数量都以万计，我们可以肯定有的聚落从事头部相关的加工生产，有的聚落从事腿部的加工。权力作为外部的制度因素，时刻在宏观层面影响着共同体的行为，进而导致了特定的聚落形态。石刀和石镰是农业生产的标志，目前大规模发掘了

---

① 韦心滢：《季姬方尊再探》，《中原文物》2010 年第 3 期。

四个居住遗址：99 年齐家东遗址、00 年王家嘴贺家遗址、02 年齐家北遗址和 03 年李家遗址，其聚落间农具出土比例相差悬殊，且同一遗址不同时期比例不同。结合考古材料，本文认为西周时期的周原具有明确的区域分工格局，这种格局是以保证手工业生产为前提的，西周聚落密集区以西的大片空地可能用于提供骨器生产的畜牧地。聚落密集区以东的区域，围绕着樊家沟，聚集着一批从事农业为主的聚落，生产的食物主要供给周原核心区的管理者和手工业劳动者。

（二）作为触发协作动机变迁的条件性因素

上文已经提及，西周时期触发共同体变迁的因素不是人口的自然增殖，推动西周时期周原共同体变迁的主要因素是权力。然而，除了西周时期，技术条件对共同体发挥了重要的作用。

在更早的时期，技术环境的变化推动了游耕向稳定定居模式的过渡，游耕的聚落形态以缺乏精耕细作技术为背景，通过不断变换聚落地点来追寻具有最大生产能力的土地。同样，聚落中的社会组织也会因这种资源结构而产生自己的特点，即规模不会很大，同时以紧密团结的内部结构来应对聚落迁移所面临的不确定性。新石器时代的聚落大多时候还是会因地力的下降而逐渐迁移，更换土地进行耕作。这种土地撂荒的现象在我国早期聚落、现在的山区和欧洲的大部分时期都是如此。游耕之后，可能是一种松散的土地占有方式，既没有明确的制度来规范土地使用周期，也没有限制耕地和牧场的比例。当土地地力下降后就火烧肥田，所以休耕期和耕作期一样长，撂荒期间，被当作牧场使用。布洛赫认为，这是历史上较早的原始形式，有的地区并存着有组织的休耕和临时性轮作制度，熟地旁留出荒地。①欧洲进入中世纪后，重犁的发明使得精耕细作成为可能。土地撂荒不再是应对地力下降的唯一手段，而是通过三年轮作制来平衡每一块土地的地力。农具的演进体现着人们对深耕和精耕细作的需求，从仰韶到龙山到三代，农具以石、骨制作的锄、铲子、镰刀、掘棍、石环为主。新石器时代出现的镰直到殷商时期的遗址中才逐渐增多。战国出现金属犁，汉代的犁一般都比战国时期的大，便于深耕翻出更多的深层土。②

先周时期，金属犁较少见。这意味着，土地很难深耕，更需要投入充足的劳动力来进行多次的重复性协作。在这样的技术背景下，家族及共同体的重要性得以凸显，技术条件与维系共同体的动机有亲和性。

进入到西周时期，我们推测周原东部边缘的聚落可能专门从事农业生产。那么，存在什么样的技术条件呢？到西周时期，已经有了精耕和深耕的趋势，根据文献资料，西周可能出现了专门的灌溉技术和施肥技术。西周先秦有机械灌溉和漫灌两种方式。机械灌分为抱瓮和桔槔两种。漫灌主要是做堰阻水，能起到耨草、灌溉、排水、防洪和运输等多种用途，这种筑堤防水、用偃蓄水的行为有时是国家的行政手段之一。虽然西周的周原以手工业生产为主，农业作为辅助手工业生产的一种配套安排，但是，西周时期的农业技术和制度安排已经非常完善，不仅农具较为先进，还建立了一套与农

---

① 布洛克：《法国农村史》，余中先、张朋浩、车耳译，商务印书馆，2009。

② 许倬云：《汉代农业——中国农业经济的起源及特性》，广西师范大学出版社，2005。

事配套的制度。例如，周人就非常了解节气，从本质上来看，节气就是一种劝农的技术手段，目的在于告诉农民在特定的时间该从事哪种农业活动。从《夏小正》一直到《礼记·月令》开始，周人一直积累着节气经验，如《左传》中记载以春初薄暮出现的星宿来固定春分，有的根据家燕的出现来判断春分。对节气的记录和使用一直延续到今天。周原甲骨中出土月份的记录，月份用大写的一二三来表示。周原甲骨中，一个月又被细分为四个阶段：既吉、既魄、既死魄等。而商人将一个月仅仅分为三份，每一天的记录和周人相同，用干支相配。甲骨中也有关于一天 24 小时的记录。

　　进入到春秋战国时期出现了深耕的理念，《吕氏春秋》对农事安排的技术进行了概括和总结，还说明了每户所拥有的耕地数量。耕作的方式可以分为耕地、中耕及收获三个部分。传统的农具一般包括锹、锄、镰、犁、刀、凿等。耒耜（广义上都可视为犁）用于耕地阶段。铲、锹和锄用于中耕阶段的除草、松土。《管子》提到的农具大部分都是中耕的工具。松土的首要目的在于切断通向地表的毛细管以保持水分，其次在于培土附根。战国时期锹、锄出土的数量大增，说明除草和碎土会占用农民在播种和收获时的大部分时间，这些铁农具是战国晚期精耕细作普遍化的物证。同时，收获工具更加专业化，出现切割蕙的铚、切割茎部的链、挖掘根部的镆。中耕阶段可以视为精耕细作最明显的标志，体现了农业生产过程专业化的倾向。每个耕作阶段使用的工具不同，协作的方式也不同，类似于手工业生产，需要提供稳定的劳动力，尤其是居住环境的稳定，定居的生活方式正好能够满足这种需求。到汉代时，深耕的技术和理念更加普及，各类农书都强调通过碎土和除草来彻底整治农田，将表土敲碎并覆盖在地表以保持水分，在中耕时又要进行松土、培土、加深畦间排水沟并除草施肥。这种模式一直延续到明清，不仅有精耕细作的技术，同时有满足精耕细作的制度安排。到明清时，两部重要的农学著作《农言著实》和《知本提纲》反映了关中地区旱作农业的精耕细作理论。

西周时期的周原，忽然掌握了劳动和技术密集型的青铜器生产技术，这种密集型产业客观上需要技术群体的充分互动，这样才能将技术传播出去。在文王时期的卜辞中发现周人祭祀商人帝王的现象（甲骨中自称周方伯），这正是周人稀缺某种资源而有求于商的表现。先周时期的周原几乎没有青铜器，如果《史记》记载的是真实的话，当时的周人可能才刚刚学会农耕，农耕的技术、工艺的技术、管理的技术等都是相对稀缺的资源，而商王朝在当时掌握了当时最先进的技术手段。在这种背景下，先周时期和西周早期的周人都有求于商。对于周人来说，需要商人提供先进的工艺和技术。周原西周时期出现的殷遗民（包括微氏家族）的大量手工业作坊可以佐证。同时，周人给这些商朝旧部一些实惠，让他们代为管理东部的领土。无论是殷遗民提供的技术，还是周统天下后分封土地的能力，都是相对稀缺的资源，所以双方各取所需，互相依赖。有了商朝的技术，西周时期的周原冶铜用料更加考究。周原陶范都以粗粉砂为主，推测其原料为黄土，并且经过精选。制模所用的土质最为细腻，而西周早期的周公庙遗址原料相同并未筛选。[1] 其次，2003 年李家遗址

---

① 周文丽：《周原地区西周时期铸铜遗物初步研究》，硕士学位论文，北京大学考古文博学院，2008。

所出范、模、芯等都是低温焙烧，焙烧温度多在 550—650℃，虽都以本地黄土为原料，但各自筛选的粗细程度不同，以满足不同的性能要求。① 先进的冶铜技术并不是凭空出现的，李家遗址制范技术来源有两个，一个是周公庙遗址在先周晚期已经出现的制范技术，一个是殷墟商代制范技术。殷墟对李家遗址的影响是通过洛阳北窑实现的，而且比周公庙遗址的制范技术更为成熟。李家遗址的制范技术也为东周时期铸铜技术的发展奠定了基础。商周时期陶范中的植物硅酸体为范料中加入的植物灰，其重要作用在于降低陶范的蓄热指数、提高金属液的充型能力。② 李家铸铜工匠已经有了合金配比对性能影响的认识，并能对工具进行热加工处理，制作出质地优良、性能良好的工具。李家的小件工具武器都是铸造而成，锡铜合金，铅锡合金数量少，周原地区铸铜遗址未发现铅锭，周公庙遗址发现的铅含量较高的铜块应该是加入铅锭来配制，铅含量较低的铜器中的铅可能是由铜锭带入的。③ 宝鸡曾出土锡鼎和锡鱼，纯度都在 90% 以上。④

这样的技术客观上促成了某种分工格局。从分工来看，聚落间手工业生产的专业化程度比较高，虽然手工业作坊（石器和铜器作坊）和生活遗址杂处，没有专门处置石器废料的地点并常与生活器共处，但却有着一定的规制，如废料坑和工作间保持特定的距离。聚落内部存在两种类型的分工，生产种类的分工和工序的分工两种（前者

---

① 刘煜等：《周原出土铸铜遗物的分析检测》，《考古与文物》2007 年第 4 期。

② 谭德睿等：《植物硅酸体及其在古代青铜器陶范制造中的应用》，《考古》1993 年第 5 期。

③ 周文丽：《周原地区西周时期铸铜遗物初步研究》，硕士学位论文，北京大学考古文博学院，2008。

④ 苏荣誉等：《渔国墓地青铜器铸造工艺考察和金属器物检测》，文物出版社，1988。

为不同石料的区域集团化分布；后者为各流程废料的散点式分布）。

（三）共同体变迁的触发因素

西周时期，宗法制代表的血缘约束力慢慢降低，约束力伴随两个过程而逐渐衰弱，一个是空间的因素，一个是时间的因素。具体指由于行政原因或人口再生产的原因，聚落不断分化到更远的地方，在交通不便的情况下，当共同的意义系统失去约束力之后，人们只能选择强制性的力量来保证这种拟血缘的地缘关系。一旦武装力量都无法威慑对方的时候，就会出现完全意义上的地缘社会，各自获得平等的主体地位，进行各种形式的交往。

一个聚落在发展到一定程度之后便会产生向外扩张的动力，这种由原聚落分化出来的聚落会和母聚落保持一定的关系，他们的关系就构成了意义、规范存在的空间。笔者发现，周原遗址在西周早期和中期的时候出现了大量的新的聚落，这种聚落的产生可能受到行政权力的影响，也有可能是自然的分化。

文献中记载了很多行政性分化的聚落，周人在岐邑建立周国，形成一个都鄙群之后，一部分人留居在原处，另一部分人则到丰地又建立一个都鄙群。三代统领天下的姓氏只是诸多氏族内的一个宗族，他们内部进行分化，携带着宗族的符号封土建疆。聚落之间的差异更多表现出政治、血缘等级的差异，甚至有家国天下的感觉。[1]

---

[1] 张光直：《美术神话与祭祀：通往古代中国政治权威的途径》，郭净译，辽宁教育出版社，1988。

在西周晚期之后出现了松动的现象，这种现象的出现是伴随着共同认可的意义的体系解体，互相之间不再期待重复的长久的交换关系，一次性的短期平等交易慢慢盛行。聚落内部的规范意义慢慢超过聚落外部的作用，对聚落的生活等的各个方面施加影响。原来总体性的社会关系慢慢变成平等的多边关系，比如经济关系。这些所有的变化都与血缘关系向地缘关系的转变有关。到了西周晚期，周原之土地在名义上归王所有，但至迟从西周中期起，贵族和庶人（如《卫盉》矩伯庶人）已可以合法占有自己领地内的土地。然土地作为重要的生产资料，其面积是有限的，所以金文中常记载土地买卖和租赁之事。占有土地的庶民，甚至可以通过购买礼器而参加王室活动，[①]将其合法地用于土地交易及租赁。以至于发生租赁纠纷而上诉到周王。[②]周原贵族同时占有外围的林地，也可以合法的转让，并设专人（家臣）管理。[③]

（四）调节共同体行为的权力

西周时期的周原以农为主，需求结构有自己的特点。周人刚刚从北方山区迁移至此，稳定的、不受骚扰的生存环境是最稀缺的资源，另外，还需求农忙时期足够的协作劳动力、效率很高的生产和生活组织、稳定的生存环境。这样的需求结构会衍生出相应的行为，

---

① 赵光贤：《从裘卫诸器铭看西周的土地交易》，《北京师范大学学报（社会科学版）》1979 年第 6 期。

② 樊志民：《周金文中所见之关中农业》，《中国农史》1986 年第 1 期。

③ 王震中：《伊藤道治的金文和西周史研究》，《中国史研究动态》1997 年第 3 期。

　　这就将我们的研究引入微观层面，然后进一步关注其他的调节因素。从周人经常迁移可以推知其组织化程度并不高。由于先周周人一族的力量弱小，他们通过联合其他部落的方式来保证周原的稳定。这是一种共享防卫和生产力量的资源结构模式。

　　先秦时代，以人力耦耕拉犁是农业生产中最基础的协作方式。这是一种牛耕的方式，需要一人扶犁一人牵牛。如果以金属犁作为标志，则西周之后方出现牛耕，西周以前并没有普及这一生产方式，直到战国时期才普及。旱作农业的生产特点要求农夫在很短的时间中完成破土、松土等过程，否则，干结的土块会提高土壤的硬度。这样的精耕虽然需要大量的人力，但是，家庭成员便可以满足内部协作的需求。《诗经》中经常出现用来描述集体耦耕的十千维耦，《噫嘻》曰："亦服尔耕，十千维耦。"[1] 耦是两人并耕，是否说明了周原以井田制为基础进行集体耕作的场景。我们认为这是有可能的。首先，周原存在司（土）徒这种管理籍田和奴隶的官员。其次，周原西周时期王室贵族手工业的生产规模史无前例，居住者又以非农人口为主，因此农产品的供给必须具有稳定性，并能够在聚落之间进行调配，以保证手工业者和贵族的口粮。粮食的产出目的是供给手工业的连续性生产，所以行政性对农业聚落和农业人群的控制也会非常到位。根据金文，西周时期可能存在专门管理这些农人的专业化机构。所以，农业生产就不仅仅对人口再生产有重要作用，同时还具有政治意义。为保证农业生产能在指定时间指定地点产出足够数量的粮食，就必须保证生产资料的充足供给和劳动生产水平的充

---

① 阮元：《十三经注疏附校勘记》，中华书局，1980，第592页。

分发挥，尤其是当劳动力作为生产资料的时候，这就不难解释集体性农业存在的原因了，周原甲骨 H11：64 刻亡年，指收成不好，说明周原附近应该有大片的田地。

西周王朝设置了一系列的制度安排，聚落是一种兼有生产、行政和社会功能的社会组织，聚落也就是里，归属于不同的贵族，并配套完整的手工业和农业生产的资料，行政职能体现为周王对每一个里具有实际的控制权，能够在聚落之间调配满足手工业生产的原材料和劳动力。笔者赞同贵族都有自己的邑的观点，除周王外，领主对采邑的控制是全方位的、制度化的，如邦君司马等三有司分辖军事、人口和土田之事宜。[①] 这种方式大到国家小到王畿封土。

二、调节共同体行为的社会组织化程度

一般认为，早期共同体是以血缘性联合为主的社会结合，然而，结合最新考古材料及研究，越来越多的观点倾向于认为，在西周早期和中期的周原，出现了大量的基层地缘共同体。地缘性聚落最主要的生活和生产单位应该是小家庭，或者扩大了的小家庭。邑中或者附近还居住了贵族、武士和其他同族群体。这种情况在考古材料可以找到证据，尤其是聚落的公共墓地，墓葬的一个显著特点就是小聚居、大杂居，不同姓氏的家庭共同埋葬于一个墓地，但是各自遵循自己的埋葬风俗，甚至顽强的保持自己的稳定性。墓地中随葬

---

① 　王震中：《伊藤道治的金文和西周史研究》，《中国史研究动态》1997 年第 3 期。

的是异姓的甚至异族的人，他们各自以自己的家庭为单位进行生存，所以在墓地的结构中反映出这种小聚居的形态。2002 年发掘的齐家北制石作坊的两个墓葬区中的墓葬形制也是从早期到晚期保持不变。2003—2004 李家铸铜遗址的墓葬从西周中期偏早到西周晚期阶段，各个区域的墓葬都保持着自己特有的方向，即不论其年代早晚，只要在特定的分区内，都会保持其特定的方向。这种小型家庭化的趋势是存在的，《诗经·郑风·将仲子》这首诗描述了居住于里的女子劝自己的情人不要越过里墙与院墙来与自己幽会，因为害怕父母、哥哥和邻居发现。朱凤瀚认为，这反映了春秋时期家庭结构以属于直系或主干家族之类的小型伸展家族为主。①从周原、河南等西周时期的墓葬居址来看，墓葬出现同向墓葬小聚，不同向墓葬大杂聚的特点，这表明居住者生前可能以家庭为最小居住单元，和不同血缘的其他家庭杂居在一处。聚落是一个地缘共同体，是多血缘群体的结合体，聚落之间更是异质性的联合体。秦汉以降，从出土文献中发现的地缘性聚落的证据也不胜枚举。

上文提及了生活单位的一些情况，那么生产单位的情况呢？朱凤瀚认为，②生产组织以父系扩大化了的家族为单位。他的依据是《诗经·周颂·噫嘻》曰：亦服尔耕，十千维耦。耦是两人并耕。进而他认为，在西周时期，公田和私田都采取集体劳作的形式。在《诗经·周颂·载芟》中，记载了从除草开荒、翻地、播种、锄草到庆丰收之祭。其中引起争议的是从事农耕的主体，包括侯主侯伯、

① 朱凤瀚：《商周社会结构的变迁》，载冯尔康编《中国社会结构的演变》，河南人民出版社，1994。

② 朱凤瀚：《商周家族形态研究（增订本）》，天津古籍出版社，2004。

侯亚侯旅、侯强侯以。朱凤瀚认为，主就是家族长，伯是家族长主
的儿子，然后是众庶子和其他家族成员。他推断，在西周末期，社
会生活生产结构还是以一种规模较大的家族为经济单位，以两三代
人的小型延展家庭为经济生产单位，主和伯占据领导的地位，带领
家族进行相关的生产活动。[①]族葬制的存在，也大致说明宗族成员生
前应该是聚族而居。

　　地缘性共同体也应是以小型化血缘组织为基础的。由于技术环
境的限制，长距离的人口迁移很难保证整建制的移动，路途中也会
损失大量的人口。所以，长距离的人口迁移，以小规模的家庭为单
位则成本最低。这种规模的单位不仅能够胜任生产的需求，也可以
保证人口的再生产。此外，西周的资源结构高度集中于流水线的生
产环节，小型的家族制单位的人口结构也最符合流水线的生产需求，
类似工业化与核心家庭的关系，这种人口规模最适合流水线式的、
市场化的资源集中及分配结构，具有移动的灵活性。而传统社会以
政治资源为核心的体制，则需要数代人口在不同等级位置的积累，
才能利用这种高度集中和稳定的资源形式。

　　社会组织是聚落形态的实际创造者，在聚落人居系统中资源组
合的形式会直接影响人们组织的形式，人和人的组织模式在聚落形
态上就表现为聚落的形态，如聚居、散居、血缘共同体抑或是地缘
共同体。先周和西周时期，人们都以聚居的方式生活，区别就在于
是地缘共同体还是血缘共同体，血缘共同体很有可能会以类似宗法
制的规范来组织聚落内部的生活，而地缘性的共同体用什么规则来

---

① 朱凤瀚：《商周家族形态研究（增订本）》，天津古籍出版社，2004。

组织内部的生活呢？可能包含两个层面的规则，在小型的血缘共同体内部，以宗法制的规则来治理，聚落内部、小型血缘共同体之间以首领之命或因代理周王的行政官来安排各自的角色，然而，地缘性共同体的治理是没有宗法制作为约束的，必须存在一种其他的社会规范。不同于天然形成的血缘性共同体，地缘性共同体则不一样，因为有多个小的族群和组织，难以形成父系扩大化家庭。当然，这种十千维耦的情形也可以理解成一个聚落共同劳作生产的景象，这种共同的劳作应该也包括聚落居住者，尤其是地缘性群体的共同活动，包括农业生产和手工业的生产。这样的一个聚落都是配套完整农业或手工业生产设施的单位，不仅包括生产资料还有一部分劳动力。《左传》定公四年描写过：启以商政，疆以周索。① 这种保留本民族特色的观念使得聚落得以升级成地域共同体。同时，从居址的情况来看，城址之内的人有可能产生多民族杂居的概念。

以流水线或手工业生产为核心的资源集中分配结构，使得流水线上的劳动力结构之间具有因工序重要程度而产生的社会等级。结合周原考古材料，周原殷遗民社会呈现橄榄形结构，齐家北和李家作坊遗址，高等级和低等级墓葬都和其他遗址共处，中间层等级的墓葬最多。② 如果存在角色地位的差异，那么是否为社会等级的差异呢？这一点在墓葬中有所反映，但没有秦汉以后的明显。秦代开创了家葬制后，生前生活在一起的人倾向于分开埋葬，按照各自的实力和等级选择相应的丧葬等级。但是，这种现象在西周时期并不

---

① 阮元：《十三经注疏附校勘记》，中华书局，1980，第 2135 页。

② 马赛：《聚落与社会——商周时期周原遗址的考古学研究》。

明显，周原齐家村对面几百米之隔的贺家村出土了西周时期的居址，每一个半地穴房屋都带有独立的灶，有居址就一定有墓葬。墓葬整齐排列并不互相打破。[①]这可能暗示了秦汉以前共同体结社的性质的不同，更加紧密的生前关系与墓葬差异化等有很强的关系。

周原地缘性聚落的制度安排是以流水线生产为核心的，同一个聚落不仅生活着商人，也生活着周人。从周原出土青铜器来看，自西周初期周原保持着姬姓贵族和非姬姓贵族杂居的形态，主要受政治因素的支配，而不是受血缘关系的支配。这对于商代晚期较大面积的聚落群来说是一种重要的改革。[②]根据考古学的研究，本文认为，西周有为数众多的地位等级较高的地缘性聚落，这些聚落分布于西周王朝的核心区和边缘地区。地缘性聚落的规则系统和外部权力背景肯定不同于传统的血缘组织。根据以往的研究，地缘共同体内部的规范性特征可以概括为家臣制度，姬姓对非姬姓的约束也有可能采取这种形式。这种情况完全不同于商人所实行的种族隔离政策，商人以子姓为核心的政权以奴隶制来处理地缘性的关系。

三、异质性资源的协作

（一）西周早期中期基于权力等级的总体性社会交换

交换可能是总体性的社会交换，存在总体性社会交换的聚落，

---

① 忠如：《陕西扶风、岐山周代遗址和墓葬调查发掘报告》，《考古》1963 年第 12 期。
② 朱凤瀚：《商周家族形态研究（增订本）》，天津古籍出版社，2004，第 381 页。

可能共享相似的意义体系。传统社会的交换表面上以物物交换的方式进行，但物品的交换只是总体性社会关系的冰山一角。这种交换并不一定是及时的互换，但背后存在一套道德的体系，所以存在这种总体性交换关系的部落，可能共享一套相似的意义体系。相似的意义体系是传播价值规范最好的渠道。这对理解部落间的关系有利。物物交换是发现群体关系的一个切入点。根据交换的总体性特征，本文认为，当交换的主体具有自己的资源系统时，交换主体之间可能存在多个社会层面的需求互动。在交换过程中，交换双方因占有资源稀缺性的不同而产生不同的交换地位。具有权力支配地位的主体会利用强制或信仰同化的方式交换最有利于自己的资源，并保证形成这种资源交换的网络。

前文已经论述了西周早中期之时，周王掌握着诸多聚落的控制权。聚落之间的协作或交换关系可能要以权力为中介，权力的中心以王室手工业的运行为配置，不仅为生产提供原材料，还提供劳动力以及政治性的臣服。所以借由权力中心的协作关系网络体现了一种总体性的社会关系，这种总体性的协作观念也会反映在意义系统中，共享的意义系统对这种协作关系进一步的合理化，保证网络正常运转。

总体来说，这种总体性的社会交换凸显了交换的非理性、物的非商品化和社区属性等特征，这类似于一种礼物的交换，基本上是脱离商品化、市场、货币和大众文化的，[①]我们可以在莫斯的研究中看到这种描述，礼物的交换是一种总体的社会运作或社会活动，这

---

① Fred R. Myers, *The Empire of Things* (School of American Research Press, 2001).

种交换行为是一个道义性互动的体系，包括义务性的给予、义务性的接受和义务性的回报，交换实际上是一种社会互动的形式，其背后隐藏了社会的各个面向，包括经济的、政治的、宗教的、道德的、审美的和神话的，作为一种结构出现在各个社会及其发展阶段中。王与诸侯的交换关系也体现了这种总体性的关系，之间存在潜在的互相承诺的义务，一方为另一方提供资源的同时也保证了供给方的各种权益。在金文中甚至发现王与诸侯国之间互称兄弟的现象。表面上看到的平等结构实际上隐含了君主确定资源结构的不平等地位，所以这种表面上的相互承诺、相互尊重，给不平等的本质施加一种和谐的面纱。

最后要提到的总体性的社会关系的一个特征是互惠。西周的总体性社会关系从本质上来说，是围绕权力的一种互惠。权力确定核心资源的结构以及分配结构，所以要维持这种不平等的关系，需要一种言说体系，即确保诸侯国认为他们应该这样做的意义系统，可能同时会匹配一些辅助制度，来给付出多的一方更多的回报。在意义层面也构建出这种总体性的关系，器物之间的关联构成灵魂之间的关联，馈赠礼物就是呈现了某种自我。周原的甲骨主要出土于凤雏宫殿和齐家附近，有字的甲骨300多片，按照占卜的内容可以分为卜祭、卜告、年、出入、田猎、地名、人名、官名、月相、杂卜十类。卜辞中记载了十几个方国的名字。我们可以从中看出它们之间的协作关系。周原凤雏甲骨 H11 : 4 记载了微国和楚国参加周的祭天礼并进贡礼品的事件，礼品由师官处理。礼品代表一种实物资源的交换，专门处理说明之间的交往关系已成定制，所以这种进贡背后应该代表两国更深层面和更多层面的交往关系。实际上，周人将殷商故地都委托给殷遗民微氏家族进行管理，这也是一种互惠的方式。《史记·楚世家》记载楚国在周成王时被封为子，实际上就是将那一块土地送给楚国。《左传》中记载了一些楚国与周因为婚丧嫁娶的事情而相互来告的问题。

这些总体性的互动环境，或者说服构成了社区的外部系统和制度环境，官具有双重身份和角色，不仅要以服的方式臣服于周王，而且要替周王履行很多管理职能。假设西周真的存在这种服的总体性结构，资源按照规定的等级流动，那么这种不平等的结构一定会以美化了的意义系统及其他辅助制度来进行合理化，这种结构确实存在，例如宴飨制度。宴飨是一种总体交换的呈现，这种形式在西周的金文和《诗经》中大量出现，贵族之间在丰收之时，借助宴飨，相互之间达到了这种交换体系的高潮。《诗经·豳风·七月》："九月肃霜。十月涤场，朋酒斯飨，曰杀羔羊。跻彼公堂，称彼兕觥，万寿无疆。"[①]宴飨看似一种贵族之间的互动模式，也代表了聚落之间的一种关系特征，具有维护生产协作的功能。就考古材料来看，聚落之间存在着专业分工，主攻生产环节的各个方面，宴飨的制度安排是保证流水线生产的一种有效形式。

西周的青铜器也具有类似的性质，每一件青铜器首先象征了与祖先的联系，是一种具有灵魂的神圣物，通过青铜器的赏赐，也建立了君主与诸侯之间的宗族灵魂的联系。个体和群体在某种程度都被当作事物来对待，所以一些的持续交换便可以理解，如食物、女人、儿童、财物、护符、土地、劳动、服务、圣职和品级。礼物之

---

① 阮元:《十三经注疏附校勘记》，中华书局，1980，第391—392页。

灵为交换的义务提供类似宗教性的保障和理由，这一理论为我们分析在和谐族群关系前提下，交流之物及人之交流提供一种解释，人的精神和物相互混融，物的交换就是人的交换，人的交换就是物的交换，作为礼物的物具有赠予者的灵魂，如果要将这个物转变为自己的所有物，就必须通过进一步的赠予，这为平等聚落之间关系的解释提供了重要的视角。总体来说，交换仪式在分析框架中的地位，也是考察社会结构或集体情感与器物关系的一个场景，功能在于将两者关联起来。

（二）西周晚期实物异质性的协作打破权力为中心的资源供给模式

西周时期存在以物易物的交易形式，也有借助贝币进行交易的形式，甚至还有商贾的存在。交易行为的范围非常广泛，可以视之为一种协作的类型，但是相比于典型的合力办大事的协作（同质性群体或异质性群体针对同质性资源的协作），交易行为本身是针对异质性资源所进行的协作，所以协作的资源类型可以作为交易成立的标准，交易行为是针对异质性资源的一种合作行为。我们将交易视为一种协作的第二个原因在于嵌入性，西周时期的交易应该不是完全脱离王权的市场贸易，《颂鼎》有一段铭文说：令女官司成周贾二十家。赵光贤先生认为，其意思是令你管理成周二十家商人。[1]上

---

[1]　赵光贤：《从裘卫诸器铭看西周的土地交易》，《北京师范大学学报（社会科学版）》1979 年第 6 期。

文也论述了为保证连续性生产的权力渗透制度，鼎中的这段文字似乎也能与这种趋势相对应，即无论从事何种行业，聚落中交易者有服从周王或者周王代理人的义务。

随着交易对象的多元化，交易资源异质性的属性越来越强。这种协作常常从交易主体稀缺性的结构出发并以各自需求结构进行协作，交易的范围可能会比较大，相邻居住者之间、距离很远的族群之间都会发生交易行为。无论是近距离的交易还是长途大范围的交易，其互动的形式不一定符合行政性的指向，而可能会跳出因行政性的社会分工结构。脱离行政指令的自由协作程度，很大程度上与深入聚落内部的外部权力的强度呈反比。

在西周晚期，出现了贵族之间用土地交换精致手工艺品的情况。有关西周中叶土地交易的重要铭文有《卫盉》《五年卫鼎》和《九年卫鼎》三篇，作器者都是裘卫，该器出土于周原西边的岐山董家村，涉及大量土地和林地的交易信息。《卫盉》记载了矩伯以十块田换取裘卫的堇璋，同时用三块田地换取裘卫的赤虎等物。根据考古材料，西周时期周原核心区（刘家沟和樊家沟之间的区域）的空白地带非常稀少，聚落被密密麻麻的水渠和道路所分割，而且密集区中的空白地带用来当作农业生产的概率也不高。矩伯既然能拿出十三块田地，说明有些贵族可能在边缘区拥有一些农地或闲置的土地，这些土地很有可能就是用来供给核心区生活食物的地点。矩伯所交换之物都是精美的工艺品，很有可能就是来自周原核心区的作坊。据此可以进一步认为，在西周时期，尤其是西周晚期，血缘群体之间和贵族之间，确实有了专业分工以及等级的分化，等级分化与资源的稀缺性密切相关，在以手工业产品精致度作为稀缺性资源的文化里，占有大量的土地数量可能不会比拥有手工业作坊地位高。因此，矩伯的实际地位可能低于裘卫。从金文中可以看出，土地交易的程序和过程非常标准化，买田者不仅要征得卖田者们的同意，还要请专门的管理人员进行操作，事后宴请答谢。将确定的四至铭刻于青铜器，并让子子孙孙铭记，说明权利的界限非常明晰。《卫盉》铭文记载，裘卫为了取得这两块田，第一，首先要取得伯邑父等五个贵族的同意（有学者认为土地涉及这五个相邻的贵族）。第二，五个贵族同意之后，才令司土、司马、司工去办理受田的事。第三，裘卫这方面派了逆者即焚等三人去迎接三有司共同办理受田的事。第四，在办理完了受田手续之后，请三有司和有关的人饮酒或饱餐一顿。[1]《五年卫鼎》还记载了邦君厉付裘卫田表明厉买了裘卫的土地，裘卫用大量林地换取河边的小块土地，因为皮草的生产离不开大量的水资源。

　　交易行为不仅在贵族之间流行，各个阶层的群体都开始突破权力束缚。《兮甲盘》就记载了这样的事情。铭文说明，淮夷除了进贡之外，还与周人做买卖。[2]这篇铭文记录了几件耐人寻味的事情，首先讲述了征伐玁狁，然后紧接着说南淮夷，这种写作手法是否说明了两者与周人的特殊地位。作为被征伐的对象，具有服从行政中心资源需求的第一义务，所以文中专门提及了让南淮夷的农民继续进贡布匹和粮食，这两种物品可能便是供给手工业最重要的物资。此外，还记录了一件重要的事情，那就是市场的交易问题，提及让南

---

[1]　赵光贤：《从裘卫诸器铭看西周的土地交易》，《北京师范大学学报（社会科学版）》1979 年第 6 期。

[2]　同上。

淮夷来往经商要遵守规范，周朝的百姓、诸侯也应该遵守规范不能到慌蛮的地方去做生意，否则就要接受刑法的制裁。这件器物出土于西周晚期，这是否说明那时国力衰微，行政权力指令性的协作及交换方式慢慢失灵了，所以才出现这种自由贸易的市场，而且国家也只能通过这种威慑的方式进行恐吓，看来周人已经大范围地在国内及国力没有深入的地区进行交易和互动。这种自由交易行为的出现可能还有一个负效果，那就是周王所能支配和收取的资源会越来越少，控制力越来越弱。西周早期，召公和周公是掌握主要权力的家族，西周中期后，二等贵族崛起，金文不见周、召二公，而多出现井、虢、毛等家族。《左传》能见四代周公，周公楚、周公黑肩、周公阅、周公忌父。西周晚期，多出现毛公、司土毛叔（此鼎）、虢叔、荣氏。这反映了主流宗族的代际更替。

西周中期之时，异质性群体就异质性资源进行交易时，有着严格程序，说明周王对土地及诸侯有着很强的控制力，并且有专门代理周王的行政人员来办理此事，中央的权力直接介入交换双方内部。西周中期之时，周王可能还严密地控制着周原诸侯各家的资源，以供给周原的手工业生产，但是这种状况到西周晚期的时候出现了变化，诸侯之间、百姓之间的交易开始出现，并成为普遍的现象，周王不得不出台政策进行规范。这里可以看出，西周晚期时，占据主流的核心资源结构出现变化的端倪。西周早中期之时，周王朝需要借鉴大量的商朝技术来制造具有政治地位的物品，因此产生了以连续性手工业为核心的资源结构。到了西周中期以后，诸侯自己所掌握的资源越来越多，不再依靠周王室来提供稀缺性资源，而是希望从市场中获得一般性物品，或者自己也想像周王一样拥有独一无二的、彰显地位的资源。这两种情况的发生都会削弱原结构所维持的能量流动体系以及聚落间的制度规范。当核心部分被完全破坏之后，西周的社会也就走向了末路。

原来由血缘关系约束的聚落，在西周晚期之后出现了松动的现象。这种现象的出现是伴随着共同认可的意义体系的解体，互相之间不再期待重复的长久的交换关系，一次性的短期平等交易慢慢盛行。原来总体性的社会关系慢慢变成平等的多边关系，比如经济关系、战争关系。这些所有的变化体现了血缘关系向地缘关系的转变。到了西周晚期，周原之土地在名义上归王所有，但至迟从西周中晚期起，贵族和庶人已可以合法占有自己领地内的土地。然土地作为重要的生产资料，其面积是有限的，所以金文中常记载土地买卖和租之事，土地的交易赁纠纷甚至会上诉到周王。卫盉鼎反映出贵族之间交换所有物时用朋贝作为衡量价值的标准以物易物。以赖以生存的土地交换手工业品并作器而记录，说明其不仅稀缺而且价值很高。

在西周早中期的时候，青铜礼器具有重要的共享意义，伴随着一套复杂的仪式来认可不同族群在整体之中的地位。道光年间于岐山出土的毛公鼎记载了赏赐之事，其中赏赐的过程极具仪式色彩。在天蒙蒙亮的时候，王在宗庙之中下达册命，然后将奴隶、土地、服饰、车马、兵器赏赐给有功的贵族，赏赐之后，便开始制作青铜器。不过，我们也看到了庶人通过购买礼器来提升社会地位的案例。这标志着总体性的交换体系的瓦解。这种逐渐单纯化的经济关系是血缘共同体向地缘共同体的演化。或者从更宏观的角度看，分封制解体了，变成了郡县制，平级之间的血缘关系被上下关系而取代，平级主体进行的交流仅仅停留在经济等方面，不存在义务规则道德的、无穷的索引性。

（三）作为异质性协作资源的土地与人口

土地作为稀缺性资源，掌握在少数人手中，农人并不占有这种稀缺性资源。打仗保卫国家需要大量的兵员和粮食，贵族却不能豢养这么多的士兵，所以士兵也是一种稀缺性的资源。贵族和农人各自占有对方想要的东西，贵族给农民提供田地，而农民则给贵族提供一定的粮食产出，到打仗的时候为贵族出兵。

在周代，这种私人武装被称为仆庸或作附庸，讹为陪敦。例如，《国语·晋语》记载，晋文公新归晋国做国君时，秦伯纳卫三千人，实纪纲之仆。而《诗经》则提到，申伯迁都于谢地时，周王下令因是谢人，以作尔庸。西周金文中多处提到周王的仆和庸。大贵族也有自己的仆庸，虎臣大概是王之仆的一种专称。师酉簋和询簋铭文中列举了虎臣和庸的成分，看来都是异国人，而且包括"降人服夷"。这种对私人武装的叫法仆庸，是否说明了农民亦农亦兵的特点。《孟子》中描述的井田制制度下有分地的人可能不是农奴，《诗经》也描述了与主人家人一起居住。

土地虽然属于国家和王室，但是具体耕作维护土地的却是农民，所以历代的土地政策只有和农民的人居关系系统相融合才能获得成功。尤其战乱时期，政府会想尽各种办法以优厚的资源将土地资源和劳动力相结合，希望付出自己所珍视的土地来吸引劳动力，目的在于供给国家的粮食和税收。然而，对于农民来说，战争和饥荒中生命的延续可能变成比获得土地更重要的稀缺资源。所以，土地政策往往会失败。我们可以从历代的土地政策中看出这种趋势。

西晋时期，连年战乱，百姓流离失所，人口无法与土地结合，作为政府，首要考虑的是如何聚集人力，因此，鼓励务农，抑制商业。总结前人经验基础上，后人认为单纯地收归私有产权是不可行的，于是，西晋时期出台占田法，在不否定土地私有的前提下平均地权，限制占田的最高份额，其次，一同征收户调和课田。限制占田的目的在于避免过多的闲置耕地无人耕种，尤其是劳动力缺失的时候，上限为男 70 亩、女 50 亩。但是，八王之乱后，占田法几乎被遗忘了。东晋时期，以按户实际耕作面积征税，由课田转为度田。北魏时期，虽然给予了土地的优惠政策，但是流民更倾向于直接投奔大族获取生活的口粮，土地资源的稀缺性急速下降。门阀政治提供的稳定的生活环境吸引了大批流民，大族土地的人口密度过高，人口只效忠于宗主而不是国家。明清时期的村落和土地基本和现代的格局相似，村与村之间的空地也不多了，所以发生战乱，只能通过减免税收而不能通过重新分配土地来缓解压力。此外，与土地相比，税收对王朝来说具有更大的吸引力。

在战乱时期，国家不得不出让自己最重视的土地资源。但是一旦政权开始稳固，便开始收回这种宽泛的产权全部转让的方式，执行一种使用权的转让或者小部分转让产权。孝文帝于太和九年（485）实行均田法。将无人认领或产权不清晰的土地一并收归国有，但是此法令并没有否定私有制。均田法将土地分为露田、桑田、麻田及宅地四种，桑田和宅基地却为私有土地，即世业田，而且允许买卖，但必须在政令控制的范围内。政府还根据田的好坏配给不同的受田额度。以受田额的增加鼓励人们去人口密度低的地区居住。奴隶和良民分配的土地额度一样，导致世家大族大兴蓄奴之风，后又对可以领取土地的奴婢数量进行了限制。北魏时，年及 15 岁就可以分地，如果死亡或到 70 岁就要把土地交回国家。后代的王朝，一旦政局稳定也会采用这种模式。从北齐开始，不断降低退田的年龄，受田的年纪却降低了。这一举动消减了本应该缴纳户调和田赋的人口基数，无形中缩减了财政收入，唯一的一种可能就是人口密度增加生产技术日益改进，而土地总量有限，只能用减少受田年限的办法缓解土地压力。唐时，狭乡只分配宽乡的一半土地，可想人居之间的矛盾。唐初贞观十四年（641）灭吐鲁番的高昌国，设立西州都督府。敦煌和吐鲁番出土的文献证明了均田制的实施范围。

　　明清政局和版图基本稳定，土地已无进一步获取的空间，所以税收对于政府来说有更高的稀缺性。即使是这样，也有人分不到地。清代岐山县仁智里德刘锡儒幼极贫，薄田数亩。[1]清朝末年也出现了无地户，岐山县隈河村魏某死无葬地，因为田产全部变卖。[2]

四、周原的生存性需求结构与聚落行动

（一）基本性需求结构与聚落变迁

　　先周、西周直到近现代的人们有很多相似的行为，这种习俗的

---

① 　刘瀚芳：《扶风县志》。

② 　田惟均重修、白岫云等：《重修扶风县志民国 24 年》。

连续性体现在多种方面。共同体为什么会选择相似的行为作为应对自然的选择呢？生活和风俗的连续意味着资源配置模式的同质性，农业需求结构的协作方式对土地、生产工具、劳动力和节气都有较高的要求，所以聚落内部的制度安排都以保证高产为前提。中华人民共和国成立前，周原的农村普遍推行传统的耦耕，即两人用耜并耕的极古老的方式。当地人将耕地俗称纳地，比喻翻地像用针纳鞋底一样。周原无法机耕的地区还是采用这种方式。这种传统的生产方式在考古和《诗经》中都得到了证实。

　　周民族以农业著称，周王朝以农立国。据史载，周族的先祖后稷是唐尧时的农师。他改进了农作技术，受到了人民的爱戴，被尊为农神。后来，公刘迁豳，古公亶父居岐（周原），也都为发展农业做出了贡献。[①] 周原西周时期和现在的饮食结构都差不多。从农作物的品种来看，稷、黍、菽、麻、麦为五谷，稷和黍不同，前者聚拢，后者散穗（黄米）。稷就是粟（小米）。稷、黍都是最古老的栽培的植物，《诗经》多处连用。黍在殷商卜辞中出现百余处。因其贵于稷，也用于祭祀。耐旱能力强，周礼说有七州都可以种植黍。黍有黏者和不黏者两类，前者称黍，后者称稷。西周以前农作物以稷和黍为主，之后则以粟麦为主。殷墟卜辞麦字十余处，是贵族新年的特别食品。钱穆认为麦不是中国原产。清朝顺治年间的县志记载了周原类似的农作物品种，五谷类有黍、稷、大麦、小麦、燕麦、荞麦、黄豆、黑豆、白豆、青豆、豌豆、小豆、槐豆、菜籽、芝麻、麻子、菉（应为绿豆），果蔬类有桃、杏、李、栗、核桃、柿、犁、

---

① 罗西章：《从周原考古论西周农业》，《农业考古》1995 年第 1 期。

葡萄、石榴、林檎（应为苹果）、樱桃、葱、蒜、韭。^① 这种饮食的搭配习惯也延续到了现在。农业占绝对地位的生产方式同与谷物为主要饮食对象的习惯有关，这种风俗在现代也能找到。当地俗话云：七十二行，庄稼为王。务农者又有庄稼王之称，非常重视农业生产。笔者在周原生活了一年，一日三餐基本没有肉，当地人不经常吃大米。家里较少饲养猪和鸡，一个月能吃一次肉是很常见的，他们不是买不起肉，而是不习惯大量吃肉。

　　周原西周时期出土了大量兽骨，但并不是用来食用的。我们以周原旁边的周公庙遗址来说明。周公庙先周时期、西周早期和先周西周段，家猪、黄牛、羊、狗、中型鹿各个部位的骨骼都有发现。其中，先周时期和西周早期的兽骨最多，西周中期和西周晚期也不少。2岁前死亡的个体占93.7%，符合肉类生产为目的的养猪策略。家猪很可能为满足自给自足的生产和消费方式。周公庙遗址则只有到西周晚期，羊的比例才增大。部分黄牛和羊可能是交换获得，但其饲养和利用情况可能较为复杂。中型鹿应为遗址周边的狩猎所得，经过简单处理后带回遗址消费。从消费方式来说，也不存在对动物特定骨骼部位的集中选择和利用。而相比于北方交界地带的曲村遗址，曲村遗址羊的数量占较大比例（20%—45%），在很长时间内高于猪，西周早期甚至高于牛。^②

　　古今的周原发现很多窑洞的遗址，而这种做法在古今的渭河两岸都比较常见。长武县碾子坡遗址发现穴居和半地穴式的房屋建筑。

---

① 刘瀚芳：《扶风县志》。

② 张艳：《周公庙遗址动物遗存研究》，硕士学位论文，北京大学考古文博学院，2005。

穴居建筑为一种深土坑下挖的窑洞，即在黄土高原上从地面向下挖一个大而深的椭圆形土坑。土坑直径最大的 8 米，最小的约 4 米，最常见的直径为 5 米左右。挖土坑时留有的生土斜坡通道，便于上下。土坑挖好后，人们再在坑底选择一壁挖成一个可以居住的窑洞。窑洞内的地面近乎平整，并有土炕。这种地窑式的窑洞在沣西张家坡居址内也有发现。武功郑家坡遗址房屋为半地穴式，多为不规则圆形，坑壁略呈弧形，深 2 米左右。笔者在周原进行调查的时候也发现了同样的窑洞，这种窑洞的建筑方法在 20 世纪 70 年代之前普遍流行，这种方法适用于平地，叫作平地起窑。人们一般选择地力不好的洼地来建房。

与农业生产相配套的手工业生产需求是古今不变的一个原因。近现代的扶风和周原的生产模式虽然以农业作为主要的生产方式，但是依然类似于西周时期，存在很多类型的手工业作坊。这种形式的生产类型也许同获取谷物口粮之外的资源有关，所以各种各样的手工业就是满足这种需求结构的一种资源组合形式。本文并不是想证明现在的手工艺和古代的同质性，而是想了解手工艺的生成模式的相似性。可以发现，近现代周原的手工业作坊所生产的产品都与农业生产资料相关。比如，糟坊，即酿酒作坊，均属季节性生产，每年 8 月至次年 4 月营业，基本上与农业收货的节气无缝衔接。传统以维持生计的农业可以概括成以囤积收获为目的的生产，酿酒业就是这种囤积资源的消费方式，一些作坊的出现同样是作为一种核心资源结构的配套设施而出现。如果囤积的粮食过多，那么就可以以这种酿酒的方式进行消费。与之相关的还有染坊、油坊（同样是季节性的）、醋坊。

（二）基层市场与聚落变迁

明清时期的周原和扶风的农村，其名称格局基本上和现代村落一致，村落之间的关系也仅仅是经济关系、婚姻关系，有相似的鬼神信仰。明清出现了以市场为基础的生活圈，称为乡脚。清代关中基层商品交易市场包括集镇和庙会村集，行以粮食交易为主。

庙会经济是连接村落的重要机制，也是基层市场的主要支柱。扶风明清时期的庙会和集市基本上保留了和现在一样的名称和结构。清朝顺治年间，每个镇几乎都有定期的集市，而这种情况又延续自明朝。清顺治县志在对比明朝时期的情况后，云：城中东街市今废、西街市、北街市今废。集市十天为一个周期，单日为期。除去城关镇外，总共七个集市，三个双日集，四个单日集。四个乡的双日市，崇正镇市、杏林镇市、绛帐镇市、伏波镇市"今废"。单日集有文书镇市、召宅镇市、天度镇市、茂陵镇市"今废"、召公镇市。[①] 明代的农业产品也存在交易的状况，关中县、镇周围有专门种植蔬菜的菜农，供应城镇市民。不过，大部分的蔬菜和水果都是自食。[②] 陕西庙会产生于唐代，长安慈恩寺、兴善寺等均举办过庙会。宋代以后，更加兴盛，遍及城乡。明清时期，庙会的发展达到高峰。陕西明清时期的集和会的最大区别是货物的多寡，而不是周期。会的频率和经济一般呈现正向关系。[③] 据宣统年间所做调查，全省各县较大

---

① 刘瀚芳：《扶风县志》，扶风档案馆藏，1661。

② 田培栋：《明代关中地区农业经济试探》，《首都师范大学学报（社会科学版）》1984年第2期。

③ 张萍：《明清陕西庙会市场研究》，《中国史研究》2004年第3期。

规模的庙会统计为 280 个（这一统计只是针对全省较知名的庙会而言，故比实际数字缩小许多），其中，陕北 36 个，陕南 58 个，关中 186 个。关中各地举办的重大庙会占全省庙会总数的三分之二。[①] 从这一数据也可看出三大区域庙会市场发展的不均衡性。经济的繁荣又促进了寺庙的产生，明代关中地区农业经济最繁荣的时期是嘉靖至万历年间，关中地区许多规模较大的寺、庙都是在这一时期建筑起来的。[②]

需求结构的多样化是促进基层市场壮大的重要因素。明清时代，关中水田种植蔬菜水果利益甚丰，朝邑县有一亩园，十亩田之民谚。三原县清浊二峪附近的十亩水田，相当于一百亩普通耕地的收益。[③] 清朝末年的《扶风县乡土志》记载："扶风虽秦蜀之冲，而非四达之要，故商务不集。唯本土牲畜，县人自相贸易。"扶风最常见的是牲畜的贸易，笔者认为应该是作为耕作的生产资料。而大烟是主要的外销的商品。本地生产的粟、麦、豌豆和蔬菜都是自给自足。但是，本地种植的大烟是最大宗的商务，常有北直（北直隶）的大商人来，以买庄收买，每年抽取金钱 2 万缗（穿铜钱的绳子）。旁边的县会利用这个机会销售自己的货物。[④]

伴随着这种频繁和开放的自由经济，很多农民甚至成了商人，发家致富。《岐山县志》记载了扶风一亦农亦商的人，岐山县润德里

---

① 邵力子、杨虎城：《续修陕西省通志稿一九八卷》，扶风档案馆藏书，1934 年。

② 田培栋：《明代关中地区农业经济试探》，《首都师范大学学报（社会科学版）》1984 年第 2 期。

③ 胡英泽：《清代关中土地问题初探》，《中国经济史研究》2014 年第 2 期。

④ 谭绍裘：《扶风县乡土志（全）》，成文出版社有限公司，1969。

人郭玭，幼贫，与兄玘力农服贾。而玭年甚幼，较玘更善理家赀。数十年积赀至二十万余。扶风县樊现力农致富，数年家有中人之产，后经商，积赀弥万。岐山县王自凝，废学习贾于父，夙经商之南山六家村。[①] 在欧洲也出现过类似的情况，10—14 世纪的欧洲，领地的农产品被出售，促进了贸易的形成。富人和领主也开始追求奢侈品和佳肴。他们的需求刺激开辟新的牧场，畜群增加。手工业者也变多了，手工艺者群体伴随农具大量使用而扩大。农业和饲养业变成盈利的经济活动。畜群属于城市屠宰店老板、批发商或领主。

集市在集体化时期一度中断，但可能因为传统习惯，没过多久就恢复了。1950 年 8 月，全县登记工商户，计有工业 280 户，从业 439 人，商业 478 户，从业 1248 人。1971 年 2 月 1 日起，县内各集镇原集日一律改为每逢三、六、九日为集。同年 11 月 15 日，又改星期日为集（亦称"社会主义大集"），持续近一年后，恢复原集日。

（三）宗教抑或民间信仰

仪式的研究与民间的宗教密不可分，象征体系所表征的信仰体系在仪式体系中变得可见，民间宗教包含三个体系：信仰体系、仪式体系和象征体系。信仰体系包括祖先、鬼神。仪式体系包括各种祭祀的仪式、成人礼。象征体系包括物的象征体系、文字的象征（对联、族谱、道符等）。所以，民间宗教体系常和世俗生活区分不开。对于中国的民间社会是否存在宗教，存在两种观点：一种认为，

---

① 胡升猷：《扶风县志》，扶风县档案馆藏，1884。

因为不具有经典和聚集的礼拜，因此不能和三大宗教和儒释道三家相提并论，学者多将它们归类为多神信仰、万物有灵论和迷信巫术。比如，泰勒的《原始文化》、弗雷泽的《金枝》都把中国的民间的信仰体系视为原始的文化。葛兰言在《上古中国的节日与诗歌》中认为，民间文化是生产习俗的表现，即使后来被士大夫系统化为完整的宗教象征体系，但是它们本身并不是正规的宗教形态。韦伯的《中国宗教》也认为中国本土的宗教有儒教和道教，民间只有不属于宗教范畴的巫术和习俗，是道教的延伸，自身不形成独立的宗教体系。

另外一些学者把中国民间的信仰行为看成宗教体系。该主张有两个来源，一个是汉学家格如特，一个是社会人类学中的功能主义。布朗的《宗教与社会》中认为，中国宗教的主要内涵是仪式，而不是信仰，因此不管是文明社会还是原始社会，仪式可以作为宗教体系加以研究。相关的研究还包括美国人类学者武雅士1974年主编的《中国社会的宗教和仪式》，[1] 其中包括弗里德曼的一篇文章《中国宗教的社会学研究》，认为民间信仰系统表面看似散漫的文化元素，其实其下存在一个宗教秩序。

按照人类学民间信仰的研究，象征系统是宗教意义系统中的表征部分，通过可见的物品和设施与不可见的信仰结构相关联。考古所发现的材料多是这种类型的关联物，与第二章笔者提到的关联物性质是一样的，除具有工具性的功能意义，表征物同时可能还具有

---

[1]　Arthur P. Wolf, *Religion and Ritual in Chinese Society* (Redwood City: Stanford University Press, 1974).

连接意义系统的功效。就本研究而言，宗教和意义属于同一范畴，如果表征系统表征的就是意义系统，那么就应该探索这种意义结构所映射的社会结构，所以意义系统、宗教系统、表征系统都是社会结构的一种映射，有什么样的社会系统就有什么意义结构，社会结构建立在协作需求导向下的资源结构。

据此，我们建立第二个工作假设：越具有民间宗教性质的场合和情景，越能观察到象征体系中事物的分类现象，比如生死仪式、祭祀仪式等任何可能与鬼神打交道的场景。在东亚社会，祖先和子孙通过两种方式关联起来，一个是祖先崇拜，一个是墓地风水。坟墓将祖先和子孙关联起来，对于存在祖先崇拜的人来说，祖先虽然死亡了，但是能影响子孙的福和祸，因此，墓葬的位置（墓葬风水）及内部安排都可能是这种观念的一种反映。

商朝的青铜器不仅有族徽，还有日名。自铭体铭文的完整格式是：族名＋做器者名＋受祭者名＋器名。印有铭文和被祭祀者的青铜器连同相关器物组合是连接信仰系统、仪式系统和象征系统的关联物，祭祀共同王室的同时还祭祀各自家族的祖先，青铜器的铸造也伴随着详细的仪式。如果按照学者对中国宗教的研究，假如古代的宗教更加重视仪式，则可能更加具有宗教的特征，假如仪式只是形式，则可能更加具有民间信仰的特征，更有随意性。这两种信仰的特征和形式可能都会在后代的村落信仰中找到相同的模式，我们希望这种信仰模式的同质性也流传于各个时代，并认为这是保持村落延续性的一个特征。

第四篇

早期共同体社会运行的机理

第九章

从资源稀缺到协作动机

　　本文借助最新的考古学研究，并结合文献资料，认为中国从商朝开始就存在地缘共同体性质的村落或聚落，到西周迎来了鼎盛的时期。这种地缘共同体性质的聚落在历朝历代都存在，在共同体发展历程中占有重要的位置。西周的文献大多论及宗法制，较少论及地缘共同体，所以笔者进一步讨论两种结社的性质。除了认识两种结社的性质之外，还探讨了何种原因形成了两种不同的共同体，以及这种机制。笔者发现，无论是散居还是聚居，抑或是血缘性聚居还是地缘性聚居，其核心都是为获取资源而进行的一种宏观选择。聚居实际上是以人与人之间的协作来获取稀缺性资源，在不同的历史自然条件下形成了血缘性和地缘性聚落等集体性的协作机制，但其功效是相同的。对于聚居的聚落而言，形成血缘和地缘组织的结社机制是获取资源两种的方式，这两种结社背后体现了资源利用方式和需求的不同。血缘组织是最原始和便利的资源利用形式，地缘和血缘的组织化形式虽在某些情况下有相似的资源利用效果，但血缘组织受内外几种因素的制约进而向地缘性社会组织转变。组织内部和组织之间都涉及资源种类之间的交换，资源的交换也是协作的重要主题之一，成本是影响聚落及聚落之间距离的关键因素，多因素导致了多种多样的聚落形态。此外，几类稀缺性资源之间是可以进行交换的，从西周开始，周王就一直用土地来换取周边国家的政治资源，以收获他们对周王的臣服。劳动力资源同样可以和土地资源进行交换，这在西周文献中的介绍也非常之多。除了这些必要的稀缺性资源以外，还存在很多突显自己地位的资源，资源种类的选择主要取决于主体的需求状态以及那时的技术环境。资源之间的交换也构成了笔者所谓的协作，这种协作往往发生在聚落之间，所以构成了聚落关系的主要内容。综上，协作不仅指人们为了生存应对资源稀缺而选择的一种集体性的应对方式，同时还是聚落或个人之间交换资源各取所需的一种方式，并构成聚落之间的关系。

一、宏观到微观的转变——需求结构

资源稀缺可以在宏观和微观层面对协作动机发生作用，但是，个体性的应对可能具有临时性和随意性，当众多个体性应对变成传统和习惯之后，便会出现一种集体性的应对方式，集体性的应对通常和制度有关。聚落形态，例如血缘性和地缘性聚居就是一种集体性应对资源稀缺的方式。战争也是一种应对资源稀缺的方式，有个体间的应对，也可以存在集体间的应对。虽然在表面看来，战争不是一种协作的形式，但集体内部的协作往往是发动战争的前提，因此，协作也是集体性应对资源稀缺的主要方式，战争是共同体为了弥补资源稀缺而进行聚落内部协作的一种结果。资源稀缺是宏观层面向微观层面推导的触发因素，具体的协作内容是微观层面的内容，协作的结果则是微观向宏观过渡的一种形式。

协作的本质是主体之间的资源交换，交换的具体内容多种多样，包括劳动力资源、政治资源、安全感或实物等，针对不同内容的协作可能产生不同的后果。这种差异性结果的产生可以分解成以下环节进行理解：首先，共同体缺失的资源导致了需求结构的不同，需求结构直接决定了协作动机的导向，进而创造出各种社会关系，从需求结构到社会关系的创造已经是共同体内部的微观层面发生的事情了。这种社会关系的创造受到组织化程度和权力的调适。从考古材料来看，古代的协作双方常常具有不对等的地位，地位由各自所占有资源的价值所决定，诸如此类便形成了内部的权力，形成了聚落内部微观行动者的行动差异，宏观的结果就是社会分级及社会分层。

我们继续回到共同体的结构，血缘性聚居和地缘性聚居是不同协作机制的结果，这种协作发生于人居关系系统中。互动和协作是统合人居关系系统各因素间发生机制的本质因素，人之所以聚，便在于靠自己的能力所不能实现目的，因此必须借助别人的力量。无论是地缘性关系，还是血缘性关系，都是人们赖以生存的社会关系，是随需求结构被人们创造出来的网络。在实际研究中会发现地缘性关系与血缘关系相互替代的现象（甚至形成假血缘关系），以实现血缘关系无法实现的协作功能。例如，斐济人把旁系纳入亲属制度，是家户生产模式缺乏契约关系的原始表现之一，是权力碎片化与生产分散后的权宜之计，以此遏制家户劳动力使用不足和土地的低度利用。虽然夏威夷的亲属制度使家户在形式上联系紧密，如空间分布及基于此的土地利用，但是家户生产的封闭和自给自足的倾向始终威胁着共同体，即使出现频繁的社交、互惠、扩大的亲属范围。亲属关系距离的首要前提是家户生产模式，家庭是其成员获取福利保障的最基本场所，衰减了亲属关系的团结和功能。[①]笔者认为，家庭之外的亲属关系之所以会衰减，是因为食物等的生存性资源获取难度并不高，因此，血缘性关系的可替代性更高，人们会因为其他目的与旁系缔结协作关系。

假如把协作单位视为一个共同体，那么，协作就会跨出单个聚落，形成一个区域的地缘性协作网络，在这个网络中资源进行着交换和配置，他们之间也会因资源稀缺度而形成不同的等级，进而产生差异化的行为。农业制度、习俗道德、意义结构和外部经济规则这几个可见因素是应对资源稀缺而协作的结果。这种涵盖多个聚落的地缘性协作方式是较常见的，从新石器时代一直延续到了今天，在近现代的中国，基层社会经历了不同的地缘性协作网络。近现代以后，扶风的协作常常以地缘为单位，整合单一要素进行联合。例如从民国开始的合作社运动，1935 年，全县设立互助合作社 62 个。1949 年 11 月 30 日，县首届农民代表会议召开，成立县农民协会。1951 年 11 月，农村开始建立和发展互助组，至 1955 年底，建立互助组 3881 个。1953 年 12 月 3 日，县第一个农业生产合作社第八区齐村乡孟家沟农业生产合作社成立。1955 年 12 月，全县基本实现初级农业合作化。1956 年 12 月，全县共建立农业生产合作社 568

[①] 马歇尔·萨林斯：《石器时代经济学》，张经纬译，生活·读书·新知三联书店，2009。

个，入社农户占总农户 94.3%，其中高级社 181 个，占总农户 58%。1958 年 9 月，全县农村成立 7 个人民公社，实现公社化，办起公共食堂 1000 余个。

二、稀缺资源与需求结构

上文论述了不同类型的协作是资源稀缺及其导致的需求结构的一种应对方式，所以本文在探讨资源的时候永远离不开协作这一条主线，协作与需求结构是一对相互相关的变量。那些因协作才能创造的资源是本文的主要关注对象。另外，那些起初由协作获取的资源也会因需求结构和协作渠道的破裂而选择战争的方式来获得，一旦用于交换稀缺资源的成本高于武力掠夺，那么，共同体很有可能瓦解，战争便极有可能发生。资源的稀缺程度具有相对性，因为主体的需求结构与资源的稀缺度密切相关，资源作为客观条件影响了需求结构，如果短时间聚集了大量同质性需求指向，资源就会变得更加稀缺。资源稀缺度与协作的动机呈正相关的关系，资源稀缺的类型通过需求结构来影响实际的协作目的。

分析资源的稀缺可以从资源稀缺度和资源稀缺类型两方面进行，资源稀缺度还与主体获取它的成本有关，这个成本主要受到技术环境的制约，此时的技术作为触发资源稀缺的条件性因素而存在。获取同一种资源的成本和所采取的技术直接相关，技术的本质也是一种资源整合的方式，资源整合的能力越高，其获取资源的成本越低。资源稀缺的类型与需求结构密切相关。

（一）一定技术条件下的劳动力需求

在一个共同体内部，与其他家庭无外乎会发生经济的、社会的、情感的几种关系，每一种关系的本质都是协作。协作可能意味着分工、交换，因为凭借一家一户的能力无法完成的任务，大家可以一起来解决，比如修建房屋的人工、防御工事的人工、公共土地的轮流耕作、祭祀仪式的轮流负责，等等。协作的动机究竟是理性牟利的还是道义性的，决定了共同体的性质及其结构走向。能够应对生存挑战的劳动力数量需求是一类重要的资源稀缺类型。无论是血缘性的聚落还是地缘性的聚落，劳动力都是其生存维系最重要的因素，劳动力在古代是获取其他资源的基础。在人居系统中，要素的存在以及要素之间的机制很多都与一定技术条件下劳动力的数量质量有关。

劳动力作为一种稀缺性的资源，主要存在两个衡量因素，一个是数量，一个是质量。这两个因素分别又与所从事的产业环境有关。原始农业的生产都需要特定数量的劳动力，而质量并不是主要考虑的因素。但是，对于一些具有技术含量的生产来说，不仅需要数量还要保证一定的质量，比如青铜器制造的行当，周人将大量的殷遗民迁移到这里，以满足这种技术条件下的劳动力需求。不言而喻，技术环境通过影响特定的产业的生产效率来控制劳动力的数量和质量，放眼于笔者所关注的历史时期，则意味着，技术环境作为一种预先的背景变量，同一个朝代在不同历史时期由于聚落主体需求偏好的变化而产生对不同产业需求量的变化，这种变化又进一步促成了劳动力的需求结构。在一个静止的时点来看，技术确实是作为一种预先存在的背景变量，但是，如果将时间段稍微放长，那么技术可能就是需求结构变迁的一种触发条件因素。

（二）土地资源需求结构的稳定性

西周中后期之后，以贵族为核心的共同体经济越来越繁盛，大量的土地被用来豢养奴仆、家臣和部队，商业、手工业以及相关生产都占据了大量土地。到了西周晚期时，周原的土地已经呈现饱和状态，无法再进行扩展。在这样的背景下，共同体土地需求被膨胀了。

青铜器的铭文记载了西周中晚期贵族之间进行土地兼并的事件，其中的铭文明确记载了每家每户的四至以及各自的产权，反映出聚落之间的密度非常大，几乎是相连的。这从某种程度上说明，在人口居住较为稠密的地区，西周时期的土地是一种相当珍贵的资源，所以，贵族之间利用玉器、劳动力等稀缺资源来交换更多和更优质的土地。

土地作为一种稀缺性的资源，当特定技术环境下只能产出特定数量的粮食，并只能居住特定数量人群的时候，就能换取更多的稀缺性资源。交换的过程难免会出现争端。西周时期的周原董家遗址发现了一座窖藏，出土铜器 37 件，包括裘卫器等，铭文中有大量与土地和诉讼有关的记载。当协作的各种方式不能满足主体之间的资源交换时，笔者发现，西周时期还有一种处理协作失败的协调机制——诉讼。在西周的金文之中，常常出现某某以某某告于某某一类的表达，比如，卫以邦君厉告于井伯和《曶鼎》的以匡季告东宫，

《鬲从鼎》的局从以饮卫牧告于王。西周厉王鬲攸比鼎铭文记载了官员之间土地相争并通过周王进行审理的故事。争斗的主体是鬲比和卫牧，前者是诸侯，后者是设置在攸地的地方官。鬲比把攸卫牧上告到王那里，说：你夺取了我的田地，你不答应归还我。王下令调查此事，史南把王的命令交付给虢旅。虢旅进行了调查，发现情况属实。周王于是让攸卫牧发誓说：胆敢不全部交鬲比的祖先射分到的田邑，就处我以死刑。攸卫牧于是发了誓。鬲比因此作了伟大的先祖丁公、伟大的父亲惠公的尊鼎，鬲攸比的子子孙孙万年永远珍用此鼎。[1] 以此类推，本文发现大部分的诉讼纠纷都针对土地，说明土地是农户和大部分人求得生存的稀缺性资源，所以在日常生活中占有重要地位。这一类的材料还是比较多的。笔者在当地搜集的扶风社会史的材料，也有诉讼的相关记载。当协作的方式都不能继续使用的时候，就只能用战争和武力来解决。这种情况不仅发生在西周时期，还发生在近现代。看来，协作和战争来换取稀缺性资源的方式在古今都是通用的。周王为了自保不断缩小自己的领地，划分给贵族，贵族之间也渐渐打破规则进行土地交易，所以有研究者认为，当再没有土地进行分配的时候，西周也就灭亡了。[2] 这种稀缺资源换取政治稳定的办法是历朝历代广泛使用的一种方法。

在这种资源稀缺度的威胁下，还会产生所有权相关的需求结构。从考古材料中可以发现将拥有使用权的土地变换为拥有所有权的土地。无论是西周的金文，还是魏晋的买地券，都记录了这种土地私

---

① 王晶：《鬲攸比鼎铭文集释及西周时期土地侵占案件审理程序初探》，《农业考古》2013年第1期。

② 李峰：《西周的灭亡》，上海古籍出版社，2007。

有的现象。汉代及后世买地券及契约的发现说明，自汉代以来，私有观念在社会生活中具有重要地位，在法律中也具有合法性。契约的内容相当完备，一般包括买方、卖方、位置与四至、地价等。三国、两晋、南北朝时期的契约多刻在地券和碑石上。魏晋南北朝时期，在均田法还有一定作用的时期，很多有财有势之人利用各种途径及方法取得了大量农地，然后把这些大块农地圈起来，或是树立明显的界标，挂上牌子，定名为某某庄或某某园，有的冠以本人之姓或整个姓名，有的则采用一个特定的庄名。有些庄园维持的时间较长，有些庄园后来便被分割转卖，自行消失，有的则逐渐演变成村镇的名称，如张家庄、李家庄。隋唐开始，演变为纸简的地契。从唐代开始，就存在土地的买卖、赠予，所以，土地私有制的产权是存在的，其中包括自由使用权（出佃或自营）、自由买卖及遗赠之权。私人之间的土地买卖和转让所有权及其所立的各种形式的文书反映了市场主体明晰的产权意识，同时，政府行为确立了这种行为的合法性，如各种官方提供的各种产权证明文件，这包括文牒制、鱼鳞册在内的土地登记制度，实际上就是土地的确权。在土地私有化后的买卖变得合法化、透明化的时候，又出现了土地的抵押和典卖两种形式。

权力也参与到调适的过程中，权力始终影响着这种资源的分配。土地作为一种农民和贵族等各阶层都可使用的资源，而且必须使用的资源，土地大多数情况无法脱离国家权力的制约。土地常常与国家的政策有关，其所有权和使用权以及土地面积的分配比例，与国家的政策有关系。所以，纠纷与人居关系系统中的技术环境、国家和社会的环境相关，在劳动力的因果框架中，又多了一个国家的视角或者作为一种称为权力的机制。土地的纠纷来源于对稀缺性资源的争夺，在和平时期，越是稀缺的资源，越容易出现明晰产权的趋势。从文献中发现，在汉代、唐代，越是稳定的时期，产权的划分以及产权的争夺越是明显。在一定农业技术条件下，生产半径是有限的，人口的自然增殖迫使村落扩大分化，因此，土地的需求会更加强烈。

（三）资源稀缺度的调适

政治资源，换句话说，也是特殊身份所带来的符号资源。王室所珍惜的物品种类及组合极有可能被视为政治资源，比如，周王外出狩猎，一次捕获三四百头猎物，分享的猎物也是主要来源之一，其他财富的标志包括土地、礼器、贝、人口、食物（包括肉类和农产品）等。[1] 看似普通的物品，在达到一定数量之后，被贵族视为身份的象征，这些物品的数量及组合极有可能被视为稀缺性的资源。金文记载邦君司马等三有司分辖军事、人口和土田之事宜，[2] 可以说明王掌握着人、财、物这几种稀缺资源。

那些看似一般的资源会因主体的需求而具有稀缺性，转化的机制包含两块内容，首先是一种象征机制，其次是财富总量机制。

象征机制指将特定物品和某些特殊地位和稀缺资源相联系，变成特殊地位的一种关联物，经常使用之后被固定化为一种特殊的符

---

① 张光直：《论"中国文明的起源"》，《文物》2004 年第 1 期。

② 王震中：《伊藤道治的金文和西周史研究》，《中国史研究动态》1997 年第 3 期。

号标志物，比如玉器材质相关的礼器和鱼形器等。这一类资源多种多样，因时因地而不同。对于女性来说，也许那些装饰品就是某种稀缺性资源。虽然贵族的陶器的花纹图案并不是难事，但是相对于参照群体，如果将精力耗费在这上面也许不值得。所以某些小装饰也可以凸显地位。这些资源对于特定群体来说，就是稀缺性资源。在西周晚期时，村落的最远交流半径达西域中亚。[①]这些交流的物品是一些头饰，对于贵族来说头饰可能并不新奇，但是来自西亚的肯定是显示地位的标志。

第二种是一种数量化的机制，在这种机制之下，特定数量的物品和普通资源物品也可以作为地位和身份的象征。在分析考古和文献材料的时候，应该特别注意这一背景。当人口和土地大规模开始聚集的时候，可能意味着形成了强有力的权力中心，占据权力核心的集体将积累一定量的资源作为一种稀缺性的资源。可以看出，资源的权力亲和性是如此之高，只要拥有权力，就可以将一定数量的一般资源转化为特殊化的稀缺资源。当然，在现代社会中也存在商人阶层囤积大量一般性资源作为财富的象征，但这种资源所形成的整体本来就是具有交易性质或政治性质的物品，可能与因协作而要获取的资源是不同质的。如果回到之前探讨的资源前提，本文所关注的资源与协作是互为相关的变量，两者甚至互为前提，只有协作，才能获取资源，资源的存在也导致了协作。

总体来说，这是一种影响一般稀缺性资源的背景，所以本文主要关心这种彰显地位的过程中，那些将一般资源作为符号象征物或

---

① 尹盛平：《西周蚌雕人头像种族探索》，《文物》1986 年第 1 期。

积累大量财富的行为，有可能会导致协作行为，协作的过程可能又会创造一些特殊的稀缺性资源。

（四）工艺技术缔造高端需求倾向

纵观历史，尤其从龙山时代开始，一些特殊的工艺手段和技术都是一种极其稀缺的技术资源。龙山时期的蛋壳黑陶以及北方遗址中常常出土的玉琮、玉钺和玉璧，以及商周时期精美的青铜器等器物，都具有地位象征的功能。这种物品的创造具有复杂的工艺流程，需要耗费大量的人力协作。从西周的周原来看，那些制作骨器的工艺不仅需要有完整的作坊，而且有完整的师徒传承机制。所以，工艺品的创造不仅需要各个流水线之间的协作，也涉及流水线内部的协作。

其次，这种工艺技术代表了王室的地位，也代表了一种拥有政治资源的合法性。其他贵族和外族也会企图利用这种稀缺的工艺技术来突显自己的地位，但是，这种技术的获取也是一种协作的方式，比如，用其他稀缺性资源来进行交换。先周时期的周人通过臣服于商人来换取这种稀缺的工艺技术，但当周人的武力强大到一定程度，武力掠夺的成本便会低于用稀缺性资源进行交换的成本，此时，战争便会一触即发。所以工艺技术确实是一种稀缺性资源，这种资源可以通过流水线、国家之间的交换等协作方式来实现，同其他稀缺资源一样，一旦通过战争掠夺的成本低于协作的成本，那么就有可能用战争来替代原来的协作模式。

最后，与其他的稀缺性资源相比，工艺技术有自己的特殊性，是一种需要分工或流水线生产的协作方式，因此，常发生于分工程度相对较高的社会背景中，对协作的要求也相对较高，尤其是协作的精度和可控性。血缘群体之间的分工也可以实现工艺技术的流程匹配，但是，地缘性的专业群体则更能提供竞争力的生产劳动力。另外，传统社会的工艺则涉及传承的问题，手艺的传承可能会跨越血缘群体的边界，在师徒之间传递。

三、需求结构与协作行为

本节的目的在于，进一步细化协作这个概念，在微观层面探讨共同体的行为。虽然知道了资源稀缺的类型就知道了需求结构，进而可以推断协作的目的类型，协作目的与资源稀缺的类型确实是互为因果的，可以说稀缺便意味着协作，协作便意味着稀缺。然而，在具体的历史情境中，协作又不仅仅是一个概念，而是一个行为。协作的目的可以是抽象的，但是协作的行为却是针对具体需求结构的互动行为，需求结构的种类的多种多样，可能会超出先前讨论的资源稀缺的类型，比如针对食物需求的协作，等等。协作的过程本身，或者说获取资源的过程本身，又会受到人居关系中要素的影响，尤其是社区内的规范和社区外的制度因素，因为需求结构受到共同体内部的观念、权力、外部制度因素的影响。虽然人居关系系统是建立在协作基础之上的结构，但是一旦这个结构得以形成，便会反过来制约协作的目的及行为。

（一）共享行为受到组织化程度的影响

作为一种应对某种稀缺性资源的生存策略，新进化论学者斯图尔德（Julian H. Steward）发表的《文化变迁论》意味着文化生态学的诞生。文化生态学部分回应了结构主义僵化模式所不能解释的社会变迁和个体差异，揭示了多样的适应过程。[1] 其核心概念生产策略可以作为理解其核心的钥匙，认为应该研究文化中那些与自然界关系最直接的文化内核——生存和生产策略（笔者认为可以作为技术环境的讨论范畴），这种生存策略的发展反过来促进了其他文化部分和社会组织，凸显了这种环境和文化的互动作用。观察那些利用环境的技术和行为，以及这些行为对文化的影响。自斯图尔特之后到 20 世纪 70 年代，已经出版了很多相关的概括性综合论著，也有人将这种相关研究称为生态人类学。[2] 后来，拉帕波特（Roy A. Rappaport）对斯图尔特文化核心概念进行了完善。他认为，原来的观念仅仅停留在技术层面，而未涉及仪式和意识形态与环境的相互作用，也未包括其他人群或其他生物。

因此，拉帕波特将新几内亚的仪式纳入研究范围，通过调查发现，原来杀猪宴是一种使社会正常运转的重要仪式，是当地战争与休战交替循环的转折点。由于猪量过剩，马林人发明了一套复杂的仪式循环，在每次战争过后屠宰过剩猪群，祭祀祖先的同时，将大部分猪肉分发给曾经助战的临近地域群。这种仪式是应对环境因素

---

[1] 斯图尔德：《文化生态学的概念和方法》，王庆仁译，《世界民族》1983 年第 6 期。

[2] R. McC. 内亭：《文化生态学与生态人类学》，张雪慧译，《世界民族》1985 年第 3 期。

的可行性对策，在调节族群与群体、群体与环境之间的关系扮演着重要角色。战争也起着类似的作用，例如调节土地和人口比例的重要作用。在拉帕波特看来，马林人的活动区域就是领地，其边界是与生态系统进行能量交换而来，因此，部落是由共享某些特殊手段并借此与其共存的生物共同体中其他有生命及无生命组件保持一套共享营养关系的、聚集在一起的生物体所组成的一个单元。[①]

　　按照生态人类学的观点，生产策略、仪式形态甚至生活习惯都是人们在应对特定自然条件下形成的一种能量或资源交换的结果。那些与周围族群进行交换的行为也包括其中，例如他所讲的杀猪仪式，维持了生态的平衡，也拉近了族群关系。不过，生态人类学的观点可能并没有重点关注社会组织、技术环境和制度环境对协作性行为的影响。虽然协作的核心是为了获取生存的资源，但这不仅仅包括自然资源还包括政治资源、社会资源，等等。因此，具有社会性质的资源一定会受到社会因素的影响。这是本文的重点，也是本文的创新之处。

　　就举共享食物的例子而言，共享食物的行为表面上是为了应对食物资源的稀缺，实际上，共享的范围和方式又与社会组织的结构密切相关。因为食物的共享可能伴随着礼仪的发生，饮用的方式可能便是社会地位和社会群体彰显边界的时机。除了受到社会组织结构的限制，更会受到社区内部规范习俗和道德的制约。面对长久以来分享稀缺性食物的事件，社会一定会衍生出相关的制度规范和道

---

① 罗伊·拉帕波特：《献给祖先的猪：新几内亚人生态中的仪式》，赵玉燕译，商务印书馆，2016，第 2—9 页。

德演说。当这些规则面对没有考量过的自然灾害和社会风险时，会出现一定程度的不适应，进而重新调试这种制度和规范的体系。举例而言，明清的周原经常出现饥荒，在原来的情况下，血缘群体内部必然能够承担一定的风险损失；但是，面对全体都无法承担的风险之时，就必须提供其他的解决办法。根据县志的记载，光绪三十年（1904）的那场大灾难是由政府出面，以镇为单位的公共组织弥补了灾害带来的损失。光绪三十年，知县刘复按亩派捐归复四个镇的粮仓，除县城的粮仓由官府负责新陈更换，其他三镇由绅耆负责，官只督查不问。①镇属于地缘性的行政组织，是超越血缘村落协作网络之外的制度设施。在面对血缘组织无法依靠自身协作而解决资源稀缺的情况下，依靠行政力量强制性地将没有协作历史的主体进行匹配。这样的匹配机制在历史中经常发生，并不是明清首创。所以说，协作的背后不仅体现了社区内部的规则机制，同时，在特定时点也反映了外部制度对具体行为的影响和干涉。

本文的关注点在于，每一种具体的协作类型都是面对特定资源的一种获取方式。总体上来说，无论是血缘性的聚居，还是地缘性的聚居，都是因资源而进行协作的结果。在这一基础上形成了人居关系系统。这个复杂的系统不仅包括社区内部的资源分配机制，同时还包括社区外部的制度规范。所以，在探讨协作类型的同时，也会一直重点关注人居关系系统和协作之间的互动机制。

---

① 谭绍裘：《扶风县乡土志（全）》，成文出版社有限公司，1969。

（二）协作的种类

在一般情况下，结合小农的偏好，安全、土地和基础设施常常是稀缺资源，因此，协作性的目的和意图也会倾向于这些方面，但对于贵族来说，所稀缺的是满足消费的劳动力以及士兵。虽然两者的需求点不同，但是从历史中看，两者之间的协作基本上贯穿了历史的主线，这两个主体之间的协作也构成了人居系统的基础。这种类型的协作具有自己的特点，不同于其他类型的协作方式，协作的对象是异质性的资源。异质性资源的协作类似于先周和商的协作以及周人和殷遗民的协作，两者通过付出自己的稀缺性资源来换取对方的自己的所没有的稀缺性资源。所以这种针对异质性资源的协作更具有联系不同群体的功能和作用，是一种类型不同的协作方式。商和西周时期地缘性聚落的形成可能与这种异质性的资源有关，包含两个层面的内容，首先是异质性群体之间的协作，其次是针对异质性资源进行的协作。异质性群体一般是指，非血缘群体之间，即跨越了血缘群体与异质性群体协作的问题，或者是阶层之间的协作。异质性群体之间的协作可能会导致群体之间的聚居，这是一个非常重要的研究议题，所以在协作的研究中关注主体的归属和性质也是非常重要的因素。异质性群体之间的协作可能在某种情况下需要居住距离的接近。第二个内容是针对异质性资源的协作，一般情况下，异质性群体与异质性资源是相匹配而出现的，传统社会的血缘共同体很难创造异质性的资源。因此，当社会分化到一定程度之后，每一个职位所匹配的人群将血缘共同体的原有结构打破。流程之间的结合与匹配带来了异质性群体之间的协作分工，这种形式的协作可能针对的是同质性的资源。在存在异质性群体分工的背景下，针对异质性资源的协作则需要更大范围内的社会分工。本文可以将这种协作结构用图表来表示，如表 9-1。同质性群体针对同质性资源的协作，比如同村人一起修路。同质性群体针对异质性资源的协作，比如河北地区的搭套行为，没工具的人家用劳动力去交换生产工具的暂时使用权。异质性群体针对同质性资源，比如周原先周时期几个不同族属的聚落协作抵御外敌的入侵，异质性群体针对异质性资源，比如裘卫和矩伯以物易物。

表9-1　群体性质与资源性质的分类

类别	同质性群体	异质性群体
同质性资源	血缘型聚落	血缘或地缘型聚落（偏重血缘）
异质性资源	血缘型聚落	血缘或地缘型聚落（偏重地缘）

群体同质性和资源异质性呈反比例关系，协作目标越是具有多重面向，他们越有可能是同质性的群体。分化程度越高的社会，协作目标的社会面向会更加单一和专业化，协作的资源类型越有可能是异质性资源。因为这种异质性群体的针对异质性资源的协作更具有不可替代的位置，每一个位置和角色都不能生产更多的资源类型，所以只能通过协作的方式来获取所需。这类似于涂尔干所描述的有机团结和机械团结的关系。有机团结是同质性群体为主体的层面，早期的话，会针对同质性的资源，并与群体之外的其他群体进行异质性资源的交换和协作。这个过程伴随一个群体分化的过程，早期的群体分化程度特别低，向内整合了各种获取资源的途径和资源。所以传统的协作一般都是同质性群体针对同质性资源进行协作，如

果群体之间发生互动关系便会产生异质性群体针对异质性资源的协作，当社会复杂到一定程度的时候，同质性群体的资源类型开始单一化并向外剥离，所以会出现同质性群体针对异质资源的协作，但社会进一步复杂化，变成个体化社会的时候就完全变成在异质性个体针对异质性资源的协作。

举例而言，同质性群体获取异质性资源的古代案例，以及异质性群体获取异质性资源的现代案例，从西周和东周的一些文献中可以发现农业制度的一些安排，其中一种就是农民不仅要耕作自己的农田（私田），还要单独或相互协作一起耕作贵族或周王的田（公田）。周王有时会亲自视察公田，给耕作的农夫提供饭食，同时，还有负责监工的田畯。表面上看，农民为贵族提供劳动力，实际上，贵族一定会为农民的生存提供一定的安全保障。对于这类人的身份，有学者称其为庶人。[1] 如果将农业视为一类活动，相关的从业者在西周时期可能有多种称谓，[2] 但是笔者目前还不太清楚之间的具体差异，然而对于考古学和历史学，有将这一部分人划分为一个阶级的尝试，有一种主张认为，井田制瓦解后，劳役地租变成独立的自耕农，每户耕作大概 4.75 英亩的土地。《左传》襄公九年云："其庶人力于农穑。"[3] 所以，一旦出现异质性群体和异质性资源，意味着社会分工形成了特定的阶级人群，社会也在更大范围内形成了新的阶层结构。异质性的群体常常存在，但是异质性的资源则属于更高层次的范畴，他们去追求这种异质性的资源便意味着，在更大社会背景中，阶层

---

① 谢维扬：《周代家庭形态》，中国社会科学出版社，1990。

② 朱凤瀚：《商周家族形态研究（增订本）》，天津古籍出版社，2004。

③ 阮元：《十三经注疏附校勘记》，中华书局，1980，第 1942 页。

之间发生了协作或战争关系。异质性的群体分处在异质性的资源位置，并各取所需，这颇具现代意义上的社会分工意涵。

（三）交换

广义上讲，交换实际上是一种各取所需的方式。交换的发生一般都涉及异质性资源或者异质性群体，所以常常是沟通不同群体的一种形式，具有较高的自由度。狭义的交换形式是以物为对象的交换形式，具有及时性。广义的交换则包括其他资源，而且互换双方的行为也不一定同时发生。考察交换这种协作形式的目的和意义在于，交换的资源一定也是稀缺性的资源，但这种资源具有外溢性质，是属于超脱原有生产体系的一种额外获得，和那些直接在生产协作中所交换的资源具有本质上的不同。虽然交换物品本身可能是一种劳动和生产的结果，但是这种成果的生成并没有借助与其他人的协作，而是为了获得其他的人的协作成果，其本质是异质性的资源，一般不涉及同质性的资源。其次，交换的行为本身就是一种社会互动行为，并且与人居关系系统相关，交换的种类及范围受到人居关系系统社区内制度环境和社区外制度环境的制约，交换的行为本身也对人居关系系统潜在地产生影响。

因为交换的种类及范围受到人居关系系统制度的制约，所以在不同历史时期的背景下，交换的表现形式会非常不同，因为交换的对象都是异质性的资源，所以更容易受到社会分化的影响，社会分工越细，就会产生更多的异质性资源，便会产生更多的交换行为。西周晚期之后，血缘群体之间的意义约束力越来越低，社会分化日趋多元化，不仅礼器可以用来交换，贵族之间的关系也演变成经济关系。卫盉鼎反映出贵族之间交换所有物时用朋贝作为衡量价值的标准。在社会分化的更高阶段，便会出现持续性交换异质性资源的需求，所以会产生衡量异质性资源的物品，比如货币，在西周时期已经产生了货币。货币的出现正好说明了参与交换的异质性群体的增加，因为货币是一种连接异质性资源交换的桥梁。这也从侧面反映出在西周时期出现了明显的社会分化，掌握多重资源的同质性群体开始将资源外溢，变成掌握单一资源的群体。群体之间的异质性提高，各自负责自己的分工领域。

四、协作半径与迁移成本

笔者论述的核心是协作，具体指针对某一种稀缺资源进行的互动行为，协作主体各自付出相应的成本来获得这一稀缺性资源。该物品具有稀缺性因而具有协作的潜质，当然也可以选择使用暴力的方式来进行掠夺。就何种资源进行协作的主要动因来自需求结构，成本是影响选择集的重要原因，就是一种约束条件，也是影响共同体组织化程度应对资源稀缺的重要因素。约束条件种类多样，包括行政成本、财政成本等。所以，这是一种目标选择的机制，在不同的约束条件下，选择不同的行为方式。特定的成本可能对应特定的行为，选择一种行为的成本增加时，便有可能促进行动者放弃这种高成本的行为，进而转投其他行为。在现实的研究中，对这一现象的描述比较多，比如曹正汉在讨论中央集权抑或是地方分权行政行为的时候提出了风险论，认为社会风险的增加会促进政府的分权性行为，代理风险增加时便会促进中央集权的出现，通过职位晋升和资源等级来保证人事控制层级体系可以维持官僚系统的稳定，但难以应付来自民众的威胁（社会危险）。如果没有这种垂直的人事管理体制，中央政府只能依靠军事威胁和资源分配。[1]

　　纵观已有研究，虽然地理学的诸分支学科关注自然、社会等多重原因，[2] 但聚落区位的研究却关注了在特定自然社会条件下，经济因素及成本对聚落区位的影响。在德国，19 世纪出现了一个不同于进化论的重要学派，如最早关注人文和地理问题的德国地理学和民族学家拉策尔，以其 1882 年发表的《人类地理学》为代表。首先研究了人口在地面的分布情况，然后探索聚落分布形成的原因，目的为搞清楚自然对个人及整个国民体质和精神的影响。他主张地理学方法，假定各个民族起源于一个相同的地点，进而探索扩散分布的方式和线路，而民族迁徙的过程中形成的布局及聚落形态受到地理环境的决定性影响，相隔较远的民族集团呈现相同的特征正是由于这个原因。因此，也有人批评其为环境决定论。这不得不说其受到进化论和斯特拉斯堡人类学家格尔兰德的传播论思想的影响。[3] 自然因素固然是影响聚落区位的重要因素，但是随着技术环境的发展，自然对聚落区位的影响会越来越少。另外，聚落一旦形成便会产生自己核心的资源结构，这种结构生成人居系统，对聚落的扩张模式

---

① 曹正汉：《市场环境中的公社制度：某村庄个案及其包含的理论问题》，《社会学研究》2002 年第 5 期。

② 鲁鹏：《史前地理研究综述》，《地理科学进展》2013 年第 8 期。

③ 石川荣吉等：《民族地理学的学派及学说》，尹绍亭摘译，《世界民族》1986 年第 5 期。

和区位产生进一步的影响。传播论固然有一定的道理，在考古中也经常用不同区域器物的相似性来解释文化的来源，但是，这种解释并不能替代文化起源的思考。更重要的是引入的器物和技术在本文化中的地位及等级，很可能这种引入的器物仅仅具有一种价值偏好伪装的性质。

在德国，还有一些研究者将经济等影响土地利用行为的因素纳入聚落区位的研究。杜能（Johan H. von Thunnen）在其 1821 年出版的《孤立国同农业和经济之关系》[1]一书中提出了分布的同心圆理论。在杜能的模型和例子中，住宅附近的牧场和田地的利用程度是由距离决定的，土地经常需要劳力因此布局不会太远，土地很肥沃却处在聚落边缘，则也不如周围相对贫瘠的土地开垦的好。阿尔弗雷德·韦伯（Alfred Weber）也尝试将行为纳入地理学的研究。[2] 在给定技术条件下，成本确实是影响最大协作范围的重要因素，但是经济协作半径不仅仅由距离而决定，而是由资源结构所决定。从事农业生产的资源结构需要确保土地的半径以及相对位置，那些从事手工业的聚落的资源结构，其布局就会受到流水线的限制。

1933 年德国人克里斯塔勒（Walter Christaller）的中心地理论进一步发展了这一思想，[3] 他曾经跟随阿尔弗雷德·韦伯学习经济学，所以也受到了工业区位理论的影响。就聚落布局来看，在人口、地形、交通和资源均质化的假设前提下，聚落之间呈网络形式分布在

---

① 杜能：《孤立国同农业和国民经济的关系》，吴衡康译，商务印书馆，1986。

② 覃志豪：《现代人文地理学新趋势之一——行为地理学的兴起》，《经济地理》1983 年第 3 期。

③ 克里斯塔勒：《德国南部中心地原理》，常正文、王兴中译，商务印书馆，1998。

六边形的节点上，这也是具有经济地理意义的纵向结构。中心聚落向周围的聚落提供商品和服务，是地区的人口、经济中心，因此，聚落之间由各种活动串联在一起，形成一个整体。相比于阿尔弗雷德·韦伯和杜能的区位论，他将非生产性的服务视为商品，加入聚落的联系之中。这三者都假设给定人力投入最大化土地利用价值基础上，视距离为重要的成本因素而影响其他因素。相比于阿尔弗雷德·韦伯和杜能的区位论，他将非生产性的服务视为商品，加入聚落的联系之中。他们所探讨的问题都涉及工业社区的资源结构问题，根据他们的研究，在给定技术环境下，资源结构在六边形的节点上最有利于资源的匹配。

中心地理论由厄尔曼（Edward L. Ullman）于 1941 年引入美国社会学界。[1]施坚雅用这一方法研究了中国基层的市场和社会结构，[2]认为以市场为核心的资源结构受制于交易范围的极大影响，尤其是乡镇在资源中的优势位置，左右了其政治地位和社会地位。他主要探讨了聚落之间的关系，及聚落自身如何应对，但如何组合自身的资源结构并没有被深入探讨。这一理论还影响了美国的聚落考古学，20 世纪 60—70 年代，美国早期的聚落考古学研究大多是根据十分宏大的等级层次来看待聚落布局，该布局由许多大型的政治宗教中心、次级中心、三级中心、散布的居住区组成。这受到了中心地理论的

---

① Edward Ullman, "A Theory of Location for Cities," *American Journal of Sociology* 46, no.6(2010):853-864.

② 施坚雅：《中国农村的市场和社会结构》，史建云、徐秀丽译，中国社会科学出版社，1998。

影响，将聚落的布局作为这种分布形式的一种表征。[①]这种聚落分布的理论主要考虑的是经济和成本的因素，为我们考察古代聚落资源性关系网络提供了一种视角。但这种经济的联系之外，可能还有社会的联系。弗里德曼发现，中国东南的一个继嗣群体涵盖多个临近的聚落，一个聚落可能包含一个大的宗族及从事特殊经济角色的外来人。[②]

考古学的研究将聚落的区位视为以政治和宗教为核心的资源结构，聚落围绕着政治中心和资源中心进行分配。这种观点与本文类似，但是，笔者认为，资源结构是一个宏观结构，如何影响聚落形态和聚落区位，还需要一系列细化的制度，主要指资源分配的结构才能对行为发生具体的影响。

---

① 戈登·R. 威利等：《玛雅低地的聚落形态》，陈洪波译，《南方文物》2007 年第 3 期。

② 弗里德曼：《中国东南的宗族组织》，刘晓春译，上海人民出版社，2000。

第十章
————

共同体行为与聚落形态的生成

一、核心资源支配下的共同体结构生成

上文已经论述了协作的本质就是资源交换，资源的交换是创造社会关系的核心动力机制。对于一个群体或者聚落来说，内部会存在一个约束资源交换的规则，这个规则就是人地关系系统中的内部制度部分。这个制度的形成产生于内部，但也受到外部制度的影响。就周原来看，先周时期的内部资源分配制度可能更倾向于内部自然产生，更具有自然协作的性质，但是，进入到西周时期，这里变成国家的政治和经济中心，因此影响资源分配结构的内部制度更带有外部性的强制色彩。这种制度是产生西周几百年间地缘性聚居形态的直接原因。纵观历史上的不同个案，资源分配的结构以及制度是影响聚落物理形态和社会形态的最直接的因素。

具体而言，内部制度就是资源组合分配的策略和结构。资源指

的是与聚落延续最直接的生存相关的那些策略。不同时期的策略是不同的。比如说对于农业聚落来说，农产品的稳定供给和积累是维持生计的核心因素，与这一核心因素相关的资源（需求结构）也具有重要的意义，所以，资源组合分配的策略也会涉及这些方面。首先，农产品的稳定供给需要稳定的土地供给，即一年之中保证庄稼地不受外力的影响，同时，这一年的栽培和培育还要考虑是否能给下一年的收成提供足够的地力。与第一种资源相关的，就是农产品的生产需要固定于一个地点的土地（土地地点的稳定性），并且本能地希望这一地点持续下去，因为地力的维持和培育需要很长的周期，随便更换土地功亏一篑。到此为止，举了一个以农业为主聚落的需求结构，就笔者的田野点而言，西周时期出现了以手工业为主的聚落，这种聚落的需求结构和内部制度与先周时期确实不同。

在以上类似的多种不同的需求结构下，会形成特定的内部制度以保证以上资源的合理供给以及合理分配。假设一个聚落存在那样的需求结构，那么，就会产生能够保证农产品和土地资源稳定性的制度安排和策略。这种策略可能是产生地缘或血缘等聚落形态的直接因素。为了进一步认识这种现象，从一个反例入手可能会帮助认识这其中的规则。陕北或山西北部地区存在很多散居的农户人家，这些人家占着不同的山头，利用围山的梯田来收获粮食作物。这是一种完全不同于平原地区精耕细作的生计模式。陕北或山西北部地区的农业生产是一种靠天吃饭的粗放型农业，不计较单位面积的产量，仅仅通过扩大耕地面积来提高生产总量。放弃地力培育而仅仅通过面积来谋求产量，无疑是一种事倍功半的行为。笔者猜测，这种低效能的生产模式可能面临着一种低比例的粮食税费征收，不同于平原地区很重的赋税负担，虽然农民享受了国家供给的公共资源，但是这背后带来的是以更加精耕细作的方式提高单位面积产量，以提供足够的税赋征收比例，而自己留下尽量多的财富用于资源的交换。由此可见，生活于平原富庶地区的农民和聚落，不可能随意更换或扩大土地面积，在赋税的压力下，地力在第二年的不确定性直接导致了其不可能随意分配更多的土地。在这一背景下，会产生保证土地产品以及地力持续再生产的内部制度，比如血缘组织内部产生的各种持续性的互动、公产公田的出现、缓慢地重新分配土地的制度，所列举的这些制度设置都是为了保证提供所需的社会性的支持，但是，这些制度也会产生额外的社会性的后果，持续性的互动、公产公田等制度设置，都需要人们之间持续性的互动，在古代没有现代通信设施的背景下，这必然会导致人们之间的聚居形态。

德芒戎在论及欧洲农业聚居时提出了农业制度的想法，认为土地的共同所有以及三年的定期更换导致了聚居的形态。这样一种分配的方式类似于我们上面所论述的情况，即为了保证地力而进行的安排。当时欧洲的大麦和小麦种植是比较消耗地力的，为了保证第二年以后土地还能提供足够的生产力，必须要选择一块固定的农田撂荒用于放牧一年，这种资源分配的结构带来土地位置的变更，牲畜必须按照统一的要求放牧于固定的地点，所以这种分配的模式客观上要求农产品和牲畜提供者居住在同一个地方。虽然欧洲的这种聚居者可能并不具有血缘结构，但这种资源分配的制度却保证了他们能够按照血缘关系一样提供协作和让渡部分私利的可能。在这个案例中，德芒戎所提及的欧洲农场的社会组织结构是地缘式的，虽然没有形成血缘的熟识关系网络，但是存在强有力的资源分配结构，这个结构替代了原有血缘结构所提供的互助网络。所以，资源分配的策略和结构是最主要的处理聚落内部关系的机制，即使存在血缘性的关系网络，也同样需要这种资源分配的网络结构，其核心便是让渡自己的便利以实现更大范围内长时间的协作。这种资源分配结构或内部制度的存在保证了聚落能够在很长的时段内就保证地力而开展生活。

周原西周时期的聚落大多是地缘性聚落，这种社会组织结构具有不同于血缘组织的内部制度，即可能存在一种明确规定行为及其义务的规范，这种规范的存在能够满足血缘关系缺失下所带来的协作不足。在某种程度下，这种地缘性的社会关系能够进一步的提升协作的效率和广度，因为存在了一个更加明确的内部制度。那么，一个自然的问题便是，既然血缘性聚落是自然出现的聚居形式，伴随之的是血缘关系提供的互助网络，那么，地缘性聚落出现的前提和条件是什么？既然存在简洁的方法，为什么还会设计这样一种相对复杂的技术来确保协作？一个可能的解释便是，地缘性聚落的形成并非自然力，而来源于外在的结构性压力。就周原西周时期的聚落而言，地缘性聚落的形成的原因是王朝的强制力，周人灭商之后，将大量的手工艺人和贵族迁居到周原，他们本身的族裔被打破，因此商人之间的关系都是地缘性的，在这一非自然力的影响下出现了地缘性社会组织的原型。周王朝作为聚落外部强制力，又为聚落设置了资源分配的策略和结构，即内部制度。这种制度的形式表现为周人全天候得跟随殷人学习复杂的手工业制造技术，并设置邦墓地，将生前居住于一个区域的人埋葬在一起。这种制度的结果也导致了周人和殷遗民之间的杂居。考古对邑以及墓葬的发掘也证明了这一点的真实性。

这种强制力在西周以后的各个时代都存在，因此可能是以后各代出现地缘性聚落的主要原因。例如，西晋时期《徙戎论》所描述的情况，将边疆的少数族裔迁移到汉人的核心区关中地区，不仅可以同化管理他们，还能够让其更快享受到技术变迁的红利。这种政策的出现意味着产生了聚落外部的强制力，参照周原地缘性聚落的形成，可能会导致地缘性聚落的发生。另外一个需要讨论和注意的问题是，既然存在外在的强制力，为什么不能将异族按照原有的建制全部搬迁过来？原因可能有两个：一个是整体搬迁的难度太大，加上路途遥远，路上死伤的人数占了大多数；第二个原因可能是为了管理方便，零散搬迁更容易打破原有的组织结构，方便汉人在新地区的管理，在这一目的下，强制性地建立一种资源分配的结构可能对王朝会更加有利。这种地缘性的聚落在几个特定的区域和时期比较容易出现，比如边疆地区或者在王朝建立之初。敦煌发现的敦煌文书中记载了自然村落中多个姓氏的事实，一些汉简和汉代石经的出现也证明了西汉和东汉时期湖北山区的多姓氏村落。这些区域的共同点在于，都位于王朝的边缘地区。西周时期的周原虽然是西周时期的核心地带，但是因处在王朝变更的时期，新的王朝需要移动原有王朝中心的人力资源来填充自己资源的空虚。其他朝代也有类似的情况，比如，明清建立之初，采取了大量移民实边的政策，移入的地区有甘肃和陕西的边疆，还包括现在的河北地区，这些地区的一个共同点就是存在很多地缘性的聚落。

目前为止，本文总结出了一个形成地缘性聚落的外在强制力。那么，是否存在其他的结构性压力呢？笔者认为，除了王朝的强制力，可能还存在其他的结构性压力，比如战争和灾荒所导致的生存危机，零散家庭的出逃与其他零散家庭共同组建地缘性的聚落，但是这种结构性的压力并不是地缘性聚落形成的主要原因。在笔者调研的周原村落中，大多是血缘性的单姓村落，但是个别村落中存在几个外姓的人家。笔者对这些人家进行了口述史的调查，然后确定这些异姓的人家都是灾荒时期逃难而来，个别村落的异姓人家甚至发展到 5 户左右的规模。虽然是异姓，但是其居住和丧葬的地点已经和本村的同姓人家没有任何的区别。另外，笔者对单姓的自然村落的起源进行了研究。口述史学和其他的传世文献资料证明，明清时期的灾荒和战争所导致的人口迁移是形成这些村落的主要原因，当一两户人家迁移到新的地点之后，由于人口的自然生殖而慢慢产生血缘性的聚落。这种血缘性聚落形成的原因在周原是具有普遍性的，笔者所调查范围内的 50 个村落中，大部分都属于这种情况。目前来看，周原附近并没有地缘性的聚落，这种聚落在关中地区并不常见，可能意味着关中在明清时期主要经历的是自然性的人口迁移和移民，并没有经历类似河北地区的大规模的、国家性的人口迁移行为。

二、组织化应对与聚居类型

血缘属性是人类社会组织先天的一种的联结形式，家庭以及跨越家庭之间的血缘关系是人们获取资源最直接和便利的渠道。尤其对于以农耕作为主要生计方式的民族来说，农时对农业的生产具有极其严格的约束性，农业的生产还需要复杂的资源提供系统，包括稳定的政治环境和充足的劳动力提供等因素，这往往超出了单个家庭所能承受的资源负担力量，所以血缘关系在同一个地点的积累是应对资源不足最高效的方式。这又引出了一个问题：既然农业社会的血缘群体是资源稀缺的本能性应对，同时又存在以家庭或个体为单位的资源协作，那么协作主体的性质以及形成的动力就应该是一个非常值得讨论的问题。

以小麦生产为核心的需求结构，必须要应对初耕、中耕等多个复杂的农业生产环节，每一个环节都涉及劳动力、农业生产资料（主要是农具和牲畜）之间的共享和协作，家庭作为最核心、最基础的血缘结构主要承担了这一方面的职能，家庭之间的协作是应对单一家庭资源不足的一种方式。因此，家庭之间可以利用血缘关系来结合成一个共享资源的网络，这种结合的结果便是血缘性的聚落。另外常见的是以纯资源交换的形式来维系这种共享资源的网络，并缔造类似血缘组织的社会信仰结构，以维持这种结社的稳定性。本文的个案周原，在先周时期和西周时期分别出现这两种不同的协作关系网络。对于血缘性的协作以及聚居是一种相对容易理解的常识，而地缘性的结社和形成的聚居结构是一种更为容易判断行为的人类结果。因此，如果要想解释血缘性聚居的原因，首先应该解释地缘性聚居聚落形成的原因，进而对比两种聚居形式背后相同的原因和机制。

协作是获取资源的一种应对方式，血缘和地缘是两种不同的协作关系网络结构，这种结构一旦产生便会生成一套人居关系的系统，这个系统包括多种多样的聚落形态、意义结构和外部社会关系，人

居关系系统反过来又会影响协作行为本身。其中，聚落形态是人居
关系系统的外显部分，协作作为一种基础性的动因，与人居关系系
统发生互动后进而对聚落形态产生影响。无论是血缘性的聚居，还
是地缘性的聚居，抑或是社区内的各种习俗和规则，都是因协作而
形成。协作是聚居生活的根本原因，但是聚落的形态又受到人居关
系系统的制约和影响。所以，本节虽然将聚居的各种类型视为协作
的结果，但是聚居的类型一定受到人居关系内各个要素的影响，尤
其是社区内部的制度和外部制度的影响。农业制度就是一种社区内
部的制度系统。

（一）农业生产关系与聚居类型

1. 农业制度

农业制度是社区内部协调农业生产的一种规则和社会关系体系，
包括协作的时间安排、农具及土地等生产资料的分配和安排问题。
农业制度是与生产联系最为密切的一种制度，它从生产活动的侧面
来影响人们的聚居生活方式和状态。农业生产是聚落生活的一部分，
所以生产相关的活动也一定会对人们的生活发生作用和影响。例如，
欧洲的敞田制度就导致了人们不得不聚在一起生活，因为农事的活
动只能在一定半径范围内协调执行。欧洲土地公共共有的敞田制下，
人们打开各自圈围的留岔地供给牲畜使用以及三年轮作制产生了聚
居的动力，更加中观的机制则是敞田制要求在每一年小麦收割后和
三年换耕的时候进行集体的协作，以实现集体利益的最大化，而日耳

曼肉麦结合的饮食习惯促成了这一制度的形成。[①] 在肉麦结合饮食需求支配下的农牧结合敞田制下，如果住宅分散的话就不利于土地安排和牲畜的管理，会受到其他人的排斥。

可以进一步分析这个过程，这种农业制度的核心实际上代表一种将土地资源临时划分出属于不同家户的使用权，当一年年末和三年年末的时候，集体要统一安排零散土地的使用，这意味着资源的高度集中以及资源分配方式的频率非常高，这种资源分配的方式使得人们不得不居住在资源中心附近随时随地接受调派和命令。在初始状态下，各家各户占有自己的土地、牧场和工具，然而一旦资源的调配方式变为集体同时需要这种轮流耕作来应对牲畜的压力，就不得不将土地和住宅摆放在一起，否则也就失去了土地集体所有的优势，留茬的土地规模成片能够提高放牧的效率。说到底，这种特有的农业制度代表了资源高度集中和临时性的重新分配，围绕资源生存的人们就不得不紧紧围绕于其周围，以资源为中心或以资源为中介开展持续性协作。既然同质性的群体因追求同质性的资源而聚居在一起，那么一定会存在分配和约束这种资源的制度。农业制度就是约束调配农业资源的机制。任何性质的群体在协作过程中都需要调配资源的规则，如果没有明确的规则便会出现各种各样的混乱，异质性的群体在进行资源交换中也一定会存在规则，比如莫斯在讲礼物交换的时候中提及了这种作为义务的非及时的总体性的社会交换原则。

人居关系系统本来就包括这种类似农业制度的社区制度，其内容包含协调人们各个生活面向的规则，协调婚姻过程中资源的流动

---

① 向荣：《敞田制与英国的传统农业》，《中国社会科学》2014 年第 1 期。

则会产生婚姻制度，协调房支之间关系会产生宗族等级规则，社区内部的制度便是因资源而协作的一种总体表现。

2. 生产资料

生产资料是农业从业者最重要的资源之一，生产资料包括利用和维持土地产出的各种工具和劳动力，工具体现了技术进展的程度，技术的高低直接决定了生产资料的效率和普及程度，当生产资料不足时就只能通过协作的方式来共享生产资料以实现具有时效性的农业生产过程。

在协作的背景下，生产资料的共享是最能影响聚落形态的因素，而且是一种直接因素，因为能够满足协作关系的距离决定了居住的位置，距离和技术有很大的关系，当距离短又没有地貌的极大限制时，人们可能倾向于聚居的状态。

近现代的很多农村内部以及农村之间、异质性群体之间和同质性群体内部都会出现就生产资料而发生的协作现象。当没有生产资料的畜力，生产资料不足的家庭就采取搭套的形式，各家拥有的农具也要借助分享而实现，以应付时效性非常强的农业活动。华北农村的搭套现象促使了家户之间的合作和大家庭的产生。搭套是工具和人力的对等交换。如果养 1 头驴需要 15 亩的地来提供饲料，但每户大多只有 15 亩，没到农忙时必须两家协作，出两头牲畜平行犁地，同时需要额外 6—7 人协助犁地及其后的播种、下粪、回填、夯实。由于华北干燥，挖开的沟渠需要及时回填，否则，干燥的土壤不利于作物的生长。秦汉时期推崇大家庭的策略，也从侧面说明了人力对于农耕的重要性，当家庭内部缺乏人力之时，最便捷的办法便是寻求邻人的帮助。[①]

生产资料同其他资源一样，因其集中程度和分配方式而影响聚落的形态，生产资料如果集中于一个大户人家，每年周期性的农时一定会限制居住的地点，那些居住在资源中心附近的人才能享用到相应的资源。生产资料和土地一样，受到生产资料制度的调配，这些制度规定了生产资料的集中程度和分配的频率，并直接影响房子的分布位置和范围。

（二）安全性资源与经济资源的反向关系

经济上的服从与贡赋是中央与地方的重要关系之一，那些控制越是强有力的地区，中央所获取的资源量可能更大。例如，殖民地属于此种不对等关系的极端形式。古代的王朝以分封的形式给予地方诸侯财政、人事自主权，以快速获得某地的稳定。这实际上是以经济资源的少量获取来保证稳定政治环境的权宜之计，任何强大的王朝都不允许出现这种国中之国。周人建国之初便实行了这种制度。

东周的文献对西周的分封进行过解释，分封的性质完全不同于殖民性质的经济开发，而是以保护周王为目的的武力协作关系。《左传》中对这些目的多有记载，认为封国的目的就在于通过血缘之间的联系来藩屏周王，是一种政治和军事的考虑。周人原是小国，关中地区的土地资源能够满足其人群生活所需的所有资源，向外的扩

---

① 张思：《近代中国农村的村民结合与村落共同体：旧华北农村农耕结合形式研究》，载复旦大学历史学系编《近代中国的乡村社会》，上海古籍出版社，2005。

张肯定是超出其控制能力之外的。除了王畿地区，周王可以直接管理诸侯国的土地，其他地区都应该由贵族自己来管理。

西周之初分封的鲁国和齐国等国起初受到宗法制的强力约束，形成了一种严格意义上的中央与地方的关系，甚至作为西周的行政区而存在，这类似于燕、晋遏制边缘戎狄异族的目的，是一种军事屏障的性质。卫国在殷商旧地以控制殷人的旧部。王畿内部为官的贵族常常受封于王畿之外的边陲之地，例如，散氏被分封于宝鸡以北，其目的可能在于抵御北方的戎狄。

笔者认为，西周时期所珍视的政治资源不仅仅是开疆拓土，因其周边生活了众多居无定所的游牧民族，农耕民族的粮食、人口和牲畜都是游牧民族掠夺的对象，游牧必定带来物质生活的简单和贫乏，定居代表了物质资源的世代积累。所以，周初所要面对的最大障碍不仅仅是进一步巩固领土的安全，而在于保证边疆的安全，防止游牧民族的掠夺和突然侵入。在周王身边服务的贵族，受到一定的重视之后可能都会被分配于某一区域成为诸侯王，这些受封的地点可能大部分都位于边疆地区，可能很多区域都没有固定的农业聚落，虽然有广阔的开采空间，但是却会面临着极其不稳定的政治和外在环境。

三、技术条件与需求结构

上一小节提及了资源集中程度与分配频率所导致的聚居形态，聚居与否还受到一个中介变量的影响，那就是协作半径。协作半径是特定技术环境下所表现的一种所能享用共享资源的距离。这种协作半径极大地受到技术环境的影响，技术越先进，协作的半径越大。当技术发展到能够打破资源集中及分配的频率的时候，聚居就不是一种必须选项，而更多地受到人居关系系统的制约，甚至是传统的生活习惯。

（一）特定技术环境下协作的半径

在那些以资源而聚居的村落中，其分布的范围和规模都受到资源可及性的影响，资源的可及性受到技术和制度的双重制约，或者说，特定的技术环境匹配特定的制度环境。即使从技术理性上来说能够容纳特定的人口数量，制度也不允许出现这样的规模发生。自然村落仿佛存在一种持续的分的倾向，而非血缘性聚居的城市却可以持续扩大。这种现象遍布世界各地，那些亚马逊的农业部落，即使存在 2000 人的供养极限，但当发展到 500 人时便会分裂为不同的村庄，原因在于自然形成的派系斗争和极弱的政治控制（酋长的权力）。这种分的趋势以及存在的聚落大小的最大值，实际上就是特定技术环境下协作所能发生的最大空间。

通过测算技术确实可以确定资源协作的大概范围。聚落地理学的研究者们曾用耕作半径的概念作过详细讨论，指出当村落经济圈向外拓展达到在当时技术水平下的耕作半径时，便会"迫使村落人口增长放缓并向外建立新的定居点"。[①] 考古学用资源域来表述相同

---

① 张小林：《乡村空间系统及其演变研究——以苏南为例》，博士学位论文，南京大学地理与海洋学院，1997。

的观点，都假设距离导致边际收益降低，因此可计算出开发利用资源的半径范围。比如，有人计算出山东龙山中晚期西金城资源域范围为 4000 米。① 具体的计算方式多样，比如应用于多个同时期相邻聚落的泰森多边形的方法，划定各个聚落的理论控制范围，即聚落中心连线中点的垂直线作为理论边界的方法，得出豫西北龙山中晚期至少有三个政治实体的结论。②

这种耕作半径现象的出现，实际上是生产要素组合与规模问题，经济学对此已经有很深入和详细的研究。实际上，聚落地理学和考古学在聚落区位的理性解释上共享着相同的假设，即在一定技术条件下（其假设存在生产要素的最优组合），扩大规模都要投入更多的土地、资本、劳动力，这几个生产要素是生产的成本，所以规模和收益之间存在均衡点，超过均衡点后，劳动生产率和资本生产率显著降低，最后导致利润率降低。

恰亚诺夫研究了俄国的农业人力资本投资和土地耕作面积之间的均衡关系：实行长期休耕制的为 1500—2000 俄亩，实行三圃制并施加肥料的约 400 俄亩，而实行轮作制的约为 150 俄亩。超出劳动力开发程度（劳动强度）的生产资料的过度占有或超出技术上最优组合水平的土地过度占有，都是农场经营的额外负担。从这一点不难推论出，农场的规模和农场全部要素的构成也简单地由家庭规模决定。③

除了恰亚诺夫提到的人力资本（包括人的数量的投入）和土地

---

① 林沄:《新果集：庆祝林沄先生七十华诞论文集》，科学出版社，2009。

② 王青:《豫西北地区龙山文化聚落的控制网络与模式》，《考古》2011 年第 1 期。

③ 恰亚诺夫:《农民经济组织》，萧正洪译，中央编译出版社，1996。

面积之间的均衡关系，我们还从《农民的终结》一书中发现，[①]资本（主要是劳动工具）和土地面积之间存在联系，主要表现是牲畜和土地的关系。欧洲农耕和畜牧业相结合，但是，牧场奇缺，村社法令及公共使用耕地的组织法又限制在农耕地的放牧。牲畜数量、产量的不稳定影响肥料的产出，使人们只能种植黑麦等生命力顽强的植物，但其产量却低。所以，我国有些地区选择力量小但食物消耗低的驴来拉犁。即使耕地面积扩大了，没有足够的牛和驴，也会阻碍大规模的收获。

那么，是否存在一种与技术环境最为匹配的社区制度环境？生产涉及多种类型的生产要素，包括土地、劳动力和资本等几种类型，这几种类型的生产要素都受到社区内的制度即人居关系系统的影响。所以，技术和规模实现的均衡不一定与制度所能容纳的人口规模相吻合相匹配。

（二）由技术条件形塑的需求结构和聚落布局

技术和技术环境作为资源集中和分配模式的一种背景，同时影响了各种生产资料的使用方式。每一种生产资料作为一种资源，其开发的程度以及可及性与技术的环境有很大的关系。技术是影响资源以及聚居的先导因素，而技术以及应用环境又具有一定的社区属性，是一种社会性的技术和一种被应用了的技术。虽然协作是人居关系系统的基石，但是在对资源的集中程度和分配的影响方面，两

---

① 孟德拉斯，《农民的终结》，李培林译，中国社会科学出版社，1991。

者的作用几乎是一样的，即都充当了背景性的前置变量。技术环境
主要通过影响资源的可利用程度来对资源的集中和分配施加影响。
下文将通过西周及以后的历史材料来说明人居关系系统对协作需求
下的资源分配模式产生影响的过程。

1. 技术环境作为聚落形态的前置条件

西周时期，周原的各类遗址都体现出整体规划的痕迹，这种规
划很有可能是为了配合修建基础设施，尤其是引水渠和公共大路。
云塘村村民挖墓时，发现了西周时期的淤土区域，总面积约 33270.9
平方米，东西最长处 243.3 米，南北最宽处 187.4 米，淤土最深处达
14 米。考古人员也在附近找到了人工渠。村民取土发现渠口距离地
表 1.3 米，宽 3—20 米，自深 1.7 米。经过考古人员钻探和考古试掘，
发现这条渠一直延伸到许家村，长 1738.6 米，推断是一个纵横平铺
于周原的引水网络的一部分。云塘村还发现过西周的水井。

这一种技术的变革极大影响了聚落的布局，先周时期的聚落都
沿着河流分布，这种聚落布局的趋势一直沿河而下进行传播，而且
在整个先周关中地区都适用。进入到汉代以后，水井得到应用，但
是自然形成的聚落很难创造提供水量的水井，所以汉代以后聚落的
分布模式和西周时期有很大的相似性。不同点在于，西周时期的周
原不仅具有自然协作可图的土地资源和水源，同时是西周的政治中
心和宗教中心，这两种资源的存在使得聚落的规模和密度大大增加，
这两种资源也通过行政的权力修建了引水入原的水利设施。因此，
西周时期的聚落形态发生规模极大的变化，从原来沿河分布的形态
扩展到平均分布于以西的平原地区，而且聚落的密度和规模都变得

非常大。

这种聚落形态的出现，首先要有完善的技术环境作为指导。西周之前的周人并没有修建大型水利设施的技术和经验，征服商人后也获取了殷墟修建水利设施的技术。成熟的技术为聚落的变迁提供了初始条件。其次，技术的使用必须伴随社会性的认可与应用，新技术的使用都要创造成熟的社会条件。周原在西周时期就是权力中心、政治中心，灭商之后也有继续成为资源中心的需要，这种需求配套了应用水利技术的社会条件和政策。周人将大量的殷遗民迁居周原之后，不仅获取了技术，也保证了技术应用的劳动力条件和人力资本条件。

在如上技术环境的推进下，周原的聚落形态发生了巨大的变化，主要体现在位置和密度方面，从河流边缘开始向东部的平原地区扩展，而且聚落的密度较之前代大大提升。先周的聚落之间平均相距1000 米左右，而西周时期的聚落之间的距离可能都在 500 米以内。在这些聚落的内部和聚落的之间分布着规划好的道路，上面布满了车辙的印子，说明聚落之间的联系是非常紧密的。

2. 技术环境影响了周原几百年的发展格局

上文介绍了西周时期水利技术与周原整体布局之间的关系，尤其是技术应用之后，曾经先周聚居区以东的大片平原地区得到开垦和居住，与之呈现相反趋势的是遗址以西的大部分区域，岐阳沟、王家沟和刘家沟自西向东均匀地排列在周原平坦的黄土塬上，但是聚落群的分布非常不均匀，王家沟和岐阳沟之间的大部分区域（罗家、京当以西）鲜见商周遗址。其东部的地区，自西周中期始，东部的聚落逐渐密集甚至相互叠压打破。

西周早期的周原居住了大量的王公贵族和他们的附属手工业者，在这片土地上密密麻麻分布着铜器、骨器和玉器作坊。这些手工业作坊需要大量稳定的水源，那时的技术只能利用自然地势来饮水。如果在岐阳沟和王家沟的大片良田上布局聚落，那么西北高、东南低的地势必须将位于低处的王家沟的水抽上来，这种技术在西周是没有的。所以周原只能在王家沟这个水源的东南方向选址。从上面介绍的考古材料来看，周人确实利用地势将王家沟的水源引入东边的这一块台地。

这种有意向东的发展不仅存在自然因素的限制，技术条件同样是影响聚落扩展和布局的重要因素，甚至是唯一因素。那时的技术条件只能运用地势将西北边地势高的河流引入地势低的东南地区，王家沟和岐阳沟之间的空地居于高位，所以水利设施不能通达，尽管土地平整肥沃，也难以为大规模的聚落群提供生存环境。

3. 技术环境与共同体运作机制的生成

当技术环境为资源的集中和分配创造稳定的条件后，便会在这种资源形态上生成特定的社会组织形态和社会制度，进而维持新一轮的稳定的人居关系系统。资源的类型及分配首先会影响聚落中的组织形态，在外在权力和政治的作用下，共同产生周原地缘性的社会组织形态。以农为主的共同体，其所需要的资源对象具有较强的同质性，假如这些资源的组合形式不同，便会形成差异性非常大的农业制度、聚落形态和社会规范。这些资源大致分为几个部分，劳动力、生产资料、土地以及保证这三者的社会环境和自然环境。需求是首先影响这些资源进行组合的因素，比如各资源之间的配比、时间分配比例，等等。配比的不同会产生不同的生产制度、聚落形态和社会性质。

先周时期周人同西周时期周人的需求结构是不同的。先周时期的周人没有彰显政治独特性的需求结构，只有扩大自身国力的需求，所以资源的组合与配比都围绕如何提高粮食和人口的生产率为目的。西周时期的周人发生了很大的变化，生存不是最主要的问题，而获取独一无二的政治地位和政治合法性并维持自己的政权则是手中最重要的工作。所以，进入西周时期，周人会尽力模仿和创新原来商人的统治技术，也会匹配更多的资源来为这种资源的核心服务。

周原西周时期经历了一次行政性的移民事件，属于异质性群体之间的协作，是不同于先周时期的一种行政性移民。先周时期，古公亶父以自愿性的原则携带了其他的一些族群。从考古资料来看，先周时期，刘家文化、郑家坡文化都入住了周原，并以整建制的血缘群体的形式形成一个个聚落，与周人的聚落一同分布在周原的河流两侧，不过西周时期的人口迁移不同于这种自然状态的人口迁移。周人出于获取技术的目的，以异质性群体协作的形式将殷遗民迁移到现在的周原，主要包括王室贵族和手工业者两类人群，与自然性的人口迁移不同，是以获取技术资源为目的的强制性行为。在这种强制性的人口迁移的背景下，周人为了获取青铜器、骨器、玉器和石器的先进制造工艺，将一大批"高精尖"的商人迁移于此。西周早期偏晚时，在周原主体遗址的东部边缘出现了专业化的手工业作坊，分别制作铜器和石器，且一直持续到西周晚期。西周早期和中晚期时，强家村发掘的聚落在布局上有着一定的功能区划分，北部为建筑中心区，南部为手工业作坊和大型建筑相间分布的区域。^①从目前的考古和历史材料来看，这种实现资源需求的布局是通过权力在社区层面的全面控制而实现的，周王借助里人和邑人对里的事物进行全方位的管理和控制，可以任意调配里中的资源和人力。这在周原青铜器的铭文中也有所体现。进入西周时期，周人虽然继承了先周时期较高的劳动生产率和生产能力，就目前而知，西周时期并没有在农业技术的工具上取得翻天覆地的突破。周人要想获取更多的粮食，就只能在更多的土地上进行农业生产。西周主要通过分封制度来实现这种需求。所以，在给定技术条件下，西周行分封之后，周王只能通过加强自己的控制力量，从各地的诸侯国那里获得稳定的粮食收益，而诸侯王则具体承担了生产粮食的职能。这样的活动依然离不开协作。除了生存资源，西周的周人重视政治资源的程度远超于其他的资源，这种资源的获取也是通过协作完成的。笔者大致介绍了这种协作形成地缘性聚落的过程以及相应的人居关系系统。第一种社会机制涉及协作。西周农业生产的全过程离不了协作，而且每一个过程都涉及家长、王公贵族参加的协作仪式，所以，这种协作化农业生产的社会结构无形中上升到意义层面，社会上层集体参加的仪式能够促进意义在不同聚落间的扩展。在《诗经·周颂·载芟》中，记载了从除草开荒、翻地、播种、锄草到丰收与庆丰收之祭。

第二种社会机制表现为周商混合的管理制度，大批的殷遗民官员居住于周原，在周王室内部任职，甚至高位之官。周人借助商人的官员，以少数人控制大量殷遗民。

---

① 马赛：《聚落与社会——商周时期周原遗址的考古学研究》。

4. 需求结构与聚落选址

饮食习惯和食物结构是协作的原始需求之一，协作所针对的目的是资源，资源的调配模式与人居关系系统中的制度因素共同起作用，进一步影响聚落的形态。笔者对周原王家沟到岐阳沟之间的大片空地产生的原因非常不解，假如农业和手工业生产都将平整肥沃的土地作为稀缺性资源的话，那么这里应该存在很多的商周聚落才对，但是结果恰恰相反。前文笔者分析了这个现象，并将其解释为没有可用的技术环境作为先导变量，即远离水源不适于聚落选址。这个分析套路的主体是聚落的选址所需的技术条件，以及新建聚落所需要的资源结构。实际上这个区域是聚落布局的附属功能区，这意味着导出协作目的的需求结构具有更初始和基础的作用。

西边留出的空地给我们留下了无限的遐想空间，实际是聚落区的牧场和猎场。因为周原出土最多的遗物恐怕就是动物的骨骼了，遗址中也出土了很多食用的动物骨骼。那里的稀树草原最适合放牧了。这种情形一直持续到了明清时期，关中地区也存在很多牧场。据载，康熙以后，"东抵户、杜，西尽扶、眉，凡八十余里，计地一千七百余顷，悉为旗营牧地，但当时分疆立界，多听旗人自估，初无定数"。① 假如西周时期的周原所从事的手工业生产需要大量的牲畜供给，那么，这一块空地便有可能作为牧场而使用，需求结构直接决定资源的匹配结构。需求结构的概念被提出，有其深刻的社会和历史意涵，在历史的进程中犹如技术结构一样，充当着先导变量的作用。

---

① 胡蛟龄:《兴平县志》，扶风县档案馆藏书，1736。

需求结构，尤其是食物结构，对耕地结构以及聚落分布的影响在西欧更加明显。日耳曼人入侵欧洲之后，留下了肉奶结合的饮食习惯，他们的畜牧文化和罗马人代表的农耕文化相结合。所以，欧洲的农民不仅要种地，还要饲养牲畜。在这种需求结构的导向下，产生了敞田制，其中不少地区的敞田延续到18、19世纪。敞田制可以类比于包产到户，在耕作的时候，分散的条田被围起来，属于个人，用于农耕。在中世纪，条田是一架犁一天所能耕作的地，一般为一英亩；但当休耕的时候，则必须去掉围栏，让大家共同放牧。这种方式显然比之前的内外田制更适合农牧混合的经济，外田处于农业耕作内田的外围，用于放牧，因此畜牧和农耕是分离的，而且牲畜的粪便不能及时回到田地。学者们从不同的角度入手来解释这种制度的原因，有人认为，敞田制是原始农村公社土地所有制的历史遗存。[①] 还有人认为来自日耳曼和基督教的原始平等传统。[②] 经济学家认为，每个农民拥有几块分散的条田，能够缓解地力不均的问题，因此是理性的，不是低效率的。[③]

四、从宏观和微观触发共同体变迁的技术

技术，在两个层面上与资源结构和共同体发生关系。首先，技

[①]　马克垚：《西欧封建城市初论》，《历史研究》1985年第1期。

[②]　赵文洪：《公地制度中的平等精神》，《史学集刊》2010年第4期。

[③]　Donald Nansen Mccloskey, "English Open Fields as Behavior Towards Risk," *Research in Economic History*, (1976):124-170.

术作为协作的前置变量而出现，为资源的配置、聚落形态提供一种背景性的触发因素。第二，技术存在一个应用的过程，即只有在被共同体和社会接受的前提下才能对聚落及其社会组织发挥作用（变成人工器物）。在这个过程中，每一种技术环境和制度环境作为条件与土地的不同组合都会产生不同的土地利用行为，产生不同的聚居方式。资源的核心结构及衍生的制度是影响这些组合变化最重要的因素。

技术环境有时会作为外在的制度性环境而出现，因此与资源结构直接相关的共同体的环境和制度环境因这种特性区分开来。农村土地利用形态是人物关系的集中表达，正如表征制度要素的人工器物一样，是社会空间与实体空间的结合。这种技术条件和人为环境的差异性互动，产生了流动耕作、定期重分配的阶段、农业集体内部固定占有阶段（三年轮作制）、专门化农业阶段等以不同资源结构为基础的聚落形态。

能否进一步挖掘新自然资源或新劳动要素，可能与其是否能在原体系的基础上带来红利有关，其中，市场和社会组织是影响红利获得的比较重要的因素。比如，法国朗格多克地区所面对的两种新的技术，一个是玉米种植。玉米耕作技术是一种加强食物系统的技术，从 17 世纪和 18 世纪开始，用了两个世纪的时间，小麦和休闲田的两年休耕制才被小麦和玉米轮作制所取代。虽然对原有的耕作和畜牧系统来说，玉米是两者的补充，它的秸秆、叶和穗为牲畜提供了丰富的饲料，并可以与小麦配合种植，小麦收获和玉米播种之间只休闲半年时间。表面上看似便捷的农业技术却用了 200 年的时间才被接受，是因为受到原有畜牧系统的限制。新技术取消了土地休闲，同时也就破坏了公共牧场。例如，在实行三年休耕轮作制的地方，公共牧场每年把三分之一的耕地向整个共同体的畜群开放。如果剥夺了这种权利，很多经营者会不知道怎样饲养他们的牧畜。农民最初难以接受小麦，可能还因为牛不吃它的麦秸。与之相反的是，塞尔大力推崇的桑树起初的成功却带来后来的失败。大概在同一时期，塞尔大力将桑树种植引入朗格多克地区。但是桑树并不仅仅补充了畜牧系统，可以种在田边，不占土地，丝蚕的养殖使农闲季节的劳动得到利用，还促进了投入市场后的收益。经济市场的崩溃和东方廉价丝绸的进入，迫使养桑的农民转行耕作一种能补充食物系统甚至具有更广经济前景的作物——葡萄。城市市场因铁路而大大扩展。农民渐渐地将多种食物耕作转变为单一的葡萄种植，食物耕作系统转变为一种商业性生产。从结果来看，地中海西南部的朗格多克融入了现代经济体系，变成了著名的法国葡萄酒产区，波尔多就位于此。而法国南部的阿坤延地区依然以务农和从事粮食生产为主，土地所有者和佃农都陷入相对贫困，人口也变得不足，产生了一种阻碍革新的精神疲倦。[1]以引入新品种为代表的耕作技术的变革表面上看是一系列偶然因素，但偶然因素对原有耕作系统的替代的过程，实际上就是技术被原有系统接受的过程。

在中世纪，领主对小共同体直接接受新技术有重要的作用。领袖人物的引导有利于克服这种墨守成规的群体压力。查理曼大帝能够运用自己的行政资源来推广6月耕作法，迫使领主及其保留地上服徭役的人按此新做法。一旦这种因素消失，技术将很难进入农业

---

[1]　怀特：《文化科学》，曹锦清等译，浙江人民出版社，1988。

社区，所以即使 18 世纪封建关系松弛，小型自主经营渐渐普及，农业依然没有进一步的发展。被引入进共同经验可能需要连续数年的有利证据，然后才会被农民接受。所以强制性的权力在某种程度上能够快速推进技术的引用和应用。社区外部系统带来的技术固然具有合法性，一旦应用便意味着后期一定要按照相同技术标准进行维护和配套。周原的建筑如果要选用中原的特色也面临这方面的抉择。形制的变异是考古学判断族属的重要标尺，但是笔者怀疑形制的变化未必代表着族属的变化。形制是因时因地而变的，变化的目的可能在于功能，也许并不是族属。

第十一章

协作结构与意义结构

上文论述了协作的目的在于获得稀缺性资源，资源的类型实际上就是协作的目的类型，技术环境作为初始变量影响了资源可利用的方式。资源的集中程度以及分配方式是形成聚落形态的主因，围绕资源的结构会形成聚落内部的制度系统，例如农业制度。这些因素中除了协作和资源，其他都属于人居关系系统，所以协作是人居关系系统形成的基础。意义和社会结构也是人居关系系统重要的组成部分，以协作为基础，依然会生成特定的意义结构。

笔者对意义结构的基本假定为，意义结构是社会结构制度化的一种表达，意义系统的分类就是社会组织结构的分类。而社会结构的形成离不开协作行为，所以意义结构也会和协作系统的分类结构存在映射关系。该节先介绍社会结构的生成过程，然后再论述这种社会结构和意义结构的关系。

一、信仰协作获得共同体身份

　　日常的协作和资源交换行为是可以上升到意义和信仰层面的，比如贵族婚姻娶妻媵嫁之制，并将此事昭告祖先。[①]

　　无论是商人还是周人，两个族群确实有着自己不同的生活方式和习俗信仰，他们各自生活在不同的地域，只是进入西周之后才出现生活在一起的情况。从宗教信仰的协作方面来看，两者有着非常悠久的历史。

　　共同体内部的协作主要针对同质性的资源，异质性资源一旦产生，便意味着交换和分工的出现，交往协作的层面也会趋向于复杂化和多样化。在需求结构的导向下，固定的协作模式以及形成的社会关系便会形成资源的分配结构，分配结构的运行又会进一步提出和形塑新的协作行为，同质化群体针对同质性资源的协作导致组织化应对方式，这一类协作行为是生成聚落形态、制度结构、意义系统的核心因素。本研究所关注的社会结构和意义结构不仅包括共同体内部的制度规范，还关注族群之间的制度规范。早期共同体之间的协作方式较为单一，跨聚落的社会结构约束力比较低，比如以物易物、婚姻交换、临时性的地域军事组织，等等协作方式即使约束力很低，也需要较长时间的互动才能形成。强制力较强的社会结构主要包括宗教认同和国家行政力量覆盖。现实生活中，各个部落组团利用各种方式进行交换，这种交换本质上是为了换取各自所需的稀缺性资源，一旦生成一种社会结构，便会在这种结构之上反映出

---

① 曹玮：《散伯车父器与西周婚姻制度》，《文物》2000 年第 3 期。

意义和信仰的结构。

　　这种现象明确的表现在周人和商人的卜辞之中。当双方位置和资源结构不同时，企图协作获得的资源也不同，进而形成不同的社会结构。在先周时期，周人力量弱小，是一个以农业为主的族群，掌握的青铜器制造等手工业技术非常少，军事实力也比较弱，通过与周围的其他族群联合来创造相对稳定的政治环境。对于先周的周人来说，尽量不触犯商人并通过臣服来获取稀缺的稳定资源，然而双方是不同的族群，文化系统和祖先崇拜都不同，所以社会结构层面的联合在信仰层面更加可见。进入到西周时期，商人不再是统治者，周人获取自己在政治上的生存资源更为重要。对周人来说，获取绝对统治地位的合法性是最为重要的稀缺性资源。在各自的需求结构下，两者便会出现协作。

　　在西周建立之前，周人也效仿商人，通过卜辞来实现与祖先鬼神的沟通。凤雏出土的周人甲骨竟然认商王为王，岐山凤雏西周宫殿遗址 H11 之 1、82、84、112 四版卜辞的王是商王，是周人向商王求佑的卜辞，是帝辛时代周人所做。[①]总的来说，周原甲骨记载了祭祀帝乙成汤的事情，并求佑于殷先帝太甲。这种现象可以描述为，异族信仰世界里存在他族的神，他族的神高于本族的神。这种现象暗示一种社会结构，将各族的神联系起来是否意味着一种协作的现象。那么，何种资源的缺乏产生了这种信仰层面的联合？几个可能的结果是，战争资源、食物资源、土地资源的稀缺导致了现实层面

---

① 杨莉：《凤雏 H11 之 1、82、34、112 四版卜辞通释与周原卜辞的族属问题》，《古代文明：辑刊》2006 年第 00 期。

的合作，进而获取相关的资源。周原的甲骨中可以看到商王的名字，这是否说明中央和地方存在一种信仰共同体的特征。这种行为反映了周人期待的同质性群体就同质性资源的协作，弱小的周人希望商周两个族群在某种程度上具有共同体的性质，此时的周人可能是臣服于商朝的。但实际上，周人与商人并不是同质性群体。周原甲骨H31：2记载了武王灭商之后，被纣王囚禁的国师箕子投降于武王。估计这种投降背后的共识都是政治的交换：周王能得到大量旧部所携带的稀缺资源，投降之人也许能谋个一官半职并有自己的封国。可能对于旧部来说，所获得资源是更大的。召公和周公旦（均为文王之子）因协助武王克商有功，都获取了自己的封地。

企图通过信仰协作而获得同质性群体成员身份的案例不断重演，但殷遗民被迁徙到周原后，殷遗民又重蹈了周人弱小时的行为。1976年，周原庄白村出土了殷遗民历代史官微氏家族的青铜器窖藏，以史墙盘为例，其主要内容为祭祀歌颂自己的先祖，但是铭文的第一部分却是以歌颂历代周王为开始，追述了文、武、成、康、昭、穆六位的颂辞。铭文中还记载了周武王（已经迁都）命令周公将土地分封于微氏家族。这表明，殷遗民希望通过信仰的协作来获取共同体身份。

二、协作导向下的社会结构与意义结构

为了进一步落实文本的研究初衷，即突破人物二分的研究局限，透过器物的来观察古人的协作结构以及意义结构，下面选取一个例

子来说明器物中所体现的协作关系，以及这种现实的联合作用于社
会规范和社会结构的过程。

　　商周时期的卜辞和青铜礼器是具有沟通人神效果的神圣器物。
青铜礼器的铭文记载了土地、奴隶、玉器、车马和兵器这类具有生
死两届通用的象征性事物，还存在日常生活中经常出现的事物，衣
服（丝绸、绢织物）就是仪式场景中常见的赏赐物，这些物品在铭
文中的定位为子子孙孙永宝用。周原凤雏的宫殿和齐家的墓葬中也
出土了很多玉蚕。蚕丝作为日常生活品在青铜礼器上的出现，可能
超出了日常使用意义的范畴。如果该假设成立，那么，可以推论金
文赏赐物的分类来源于日常生活，并暗示了社会的某种结构。进一
步发掘金文和卜辞，可以发现丝和桑是经常共同出现的两类事物。
关于丝相关的字，在卜辞中有蚕、桑、丝、帛。卜辞中也有查看桑
事的占卜，一次甚至要经过 9 次占卜。《夏小正》中有关于三月修整
桑树，妇女开始养蚕的记录。《诗经》中多部诗篇有桑、蚕、丝的描
述。《豳风·七月》描述了一位妇女在各个月份进行丝绸生产的各个
环节，从采桑、养蚕到纺织和缝衣染色的全过程，制作衣服的对象
是公子。[1]《诗经·豳风·鸱鸮》中提到了收集桑土，说明豳地多桑。[2]
《诗经·豳风·东山》记载了周公东征回途见桑野。诗经中也有关中
地区多桑的描述，[3]《诗经·小雅·南山有台》记载南山中有桑。[4]《诗

---

① 　阮元：《十三经注疏附校勘记》，中华书局，1980，第 388 页。
② 　同上，第 394 页。
③ 　同上，第 395 页。
④ 　同上，第 419 页。

经·小雅·小弁》记载院子中种植桑梓。①《诗经·小雅·白华》《诗经·大雅·桑柔》中也有记载。②贺家 M107 中出土的丝绸经过科学检验后被验证为人工培育的产品，说明桑树有一些是野生的，有一些是家中栽培的，不排除桑树和农作物在田地交叉生长的可能，它们和五谷共同满足了生存所需的两项基本条件（吃穿）。所以，可以得知，现实生活中的栽培模式的二分，可能是金文所代表的信仰世界二分的根源。

玉器被广泛应用于祭祀活动，《诗经·大雅·江汉》中说将璧、圭赐给大臣，③金文中也有赏赐璋、珚的案例。在凤雏的基址中出土了精美的玉器，有玉削、玉管、玉珠、玉佩、玉鸟，可能与宫殿中的器物有关，即体现为信仰结构中的表征系统。云塘制骨作坊中出土了很多玉贝、玉刀、玉笄。贺家村墓葬中出土了不少玉鱼（可穿孔）。周原墓葬还有一个典型特点为幎目缀玉，即将雕琢精美的小块玉器盖于死者面部的布上。例如，齐家村十九号墓出土了由 17 件穿孔玉器组成的幎目缀玉，有雌雄鸟、鱼两种动物形象。用玉器制作的动物应该不同于其他动物类型。建筑基质中出土的玉器不能肯定其功能都是与信仰结构有关，但是墓葬中出土的玉器很大程度上与信仰结构有关，尤其是死者所代表的死后的意义世界，无论这个世界是代表鬼还是代表神。墓葬中经常出土玉鱼和玉鸟，这两种器物的象征意义在于沟通不同的世界，鱼是水中的动物与陆地上的生物相对应，鸟是天空中的事物，也与陆地上的人相对应。这反映了周

---

① 阮元：《十三经注疏附校勘记》，中华书局，1980，第 452 页。

② 同上，第 418 页。

③ 同上，第 573 页。

人心中以我为中心的观念，自己去不了的地方都视为另外一个世界。所以仪式中的器物，按照人类学的研究常识，这种具有关联性的器物在仪式场景中被激活，仪式借助这种器物也得到神圣性的表述。

进入到近现代的社会，血缘群体常常拥有公共设施，例如中国东南宗族村落的公田，并且形成了公田上分房协作的制度。可以说，这种协作制度是一种社会的结构，这种结构具有分工的特点。这种社会结构也反映在信仰仪式中，对于中国东南的宗族村落来说，其形成不仅需要合作制度的建立，同时也需要集体情感的创造（立庙树碑和祖先神灵崇拜）。分房之间的合作制度不仅负责公田的轮作，同时还轮换主持聚落的祭祀仪式。[①] 日本社会史学者对明清地域社会进行了大量的研究，县周围分布着许多村落，平均两三个自然村共享一个土地庙，这也是图的单位，秋收后的庙会以图为单位安排土地庙演戏活动，鱼鳞图册就是以图为单位制作的，所以图基本上都有明确的境界，其辖土是明确的，[②] 他将以土地庙为中心的地缘社会集团称为社。社稷坛的设置标志地缘共同体——自发形成的集落（自然村）的整合，堡—村体系在行政上整合这个集落。[③] 日本社会史学者称这一类组织为地域共同体。

①　王铭铭：《社区的历程》，天津人民出版社，1997。

②　宾岛敦俊，《明清江南农村社会与民间信仰》，朱海滨译，厦门大学出版社，2008。

③　常建华：《日本八十年以来的明清地域社会研究述评》，《中国社会经济史研究》1998年第2期。

第十二章

环境与变迁

一、结构性压力与变迁

（一）自然灾害与协作

自然灾害，尤其是自然环境的特异性变化，对聚落形态有极其重要的影响，影响的机制通过获取核心资源的成本来实现，为降低成本因素，核心资源的结构以及实现方式就得进行一些调整。

西周时期同样会遇到很多自然灾害，比如在《诗经》中也提到很多祈福消灭蝗虫的事情。对于周原来说，水患可能主要为旱而不是涝。如果没有水利设施，可能逢旱必灾。西周时期，周原经历了一次气候变化过程，目前周原北干渠以南的聚落就可能产生于那一时期，温度的变化使得原上聚落的农业产量受到大幅影响。为保证周原核心区的生产，只能在更适宜的地点选择聚落。汉代以后出现的淤灌技术抵消了部分自然灾害的影响，使得聚落能够在南边的地方安营扎寨。明清时期出现了多次饥荒，根据县志的记载，这几次大的饥荒是自然村落人口彻底消亡的直接影响因素。自然因素对农业和聚落的影响一直延续到近现代。到了明清时期，自然灾害更加频发，河流泛滥、气候变化和蝗灾等是造成生活压力的主要因素。笔者找到一些农民自发协作抵御灾害缴纳税收的记录。从明代开始，水土流失日益加剧了渭河河道的平面摆动与洛河下游的涨溢，提高了水患发生的可能，这种情况到清代时更是愈演愈烈。

据嘉庆《咸宁县志》卷十《地理志》记载，在嘉庆以前，咸宁县和高陵县一直以清河为界。另据光绪《高陵县续志》卷一《地理志》记载，乾嘉以前，渭河率皆南徙，不崩北岸。但自乾嘉以后，渭河日益北徙，沿岸四庐坍陷不少，武功县境内，渭河也是自嘉庆以后兼并清水而益北徙，没田计 80 余顷，立节、郑村、渭源三堡受害最剧。高陵县遂在渭河以南也有了田地。咸丰、同治数十年间，北岸田入河者无虑数十百亩。直至光绪初年，渭河犹向北漱荡不已。在兴平县境内，康熙三十五年（1696）以后，渭河历年北侵，共陷腴田数百顷。至清末民初，渭河向北的平面摆动加剧，沿渭村落四庐"岁没泽国者，惨不忍闻"。[①]

周原附近的村落明清时期可能没有集中修建的水利设施，进入民国之后，周原南部很远的地区才有水利设施，较为落后的基础设施加剧了灾害的后果。1935 年 9 月 1 日，动工修建渭惠渠，渠经扶风县至武功金铁寨，全长 50 千米。1937 年 11 月，渭惠渠二期工程

---

① 参见白翰章纂，丁锡奎修：《陕西省靖边县志稿（清）》，成文出版社有限公司，1970。

竣工，灌溉眉、扶（上宋、绛帐、揉谷）等 5 县农田 50 万亩。

（二）战争与权力

先周时期，周人一直面临着战争的威胁。殷墟卜辞记载，商王曾经多次命令犬侯率领军队攻打周人。周原凤雏出土的卜辞中出现很多方国的名字，这些方国大多与周人发生过冲突。此外，H11：186 记载了去汾水的事件，也是周初的军事行动。这些征伐为周灭商奠定一定物质基础。周原出土的青铜器记载了一些战事，其中包括与周围异族的冲突。礼村出土的小盂鼎记载了周康王时期两次征伐鬼方的情况，俘虏 1.3 万人以上，战车 100 辆，马 140 匹等，还在周代的宗庙之中举行庆祝仪式。康家出土的䚅觥盖铭记载了周昭王南征之事。

商末周初至战国典籍均有戎、狄之名出现，但不同时段，戎、狄所指对象并不相同。商代甲骨卜辞中出现的戎狄不是族类之称。到西周时期，"戎"转变为与周敌对之少数族群的泛称。1975 年庄白出土的簋中记载了周穆王时期一位将军征伐戎人之战，唐兰先生认为战争发生的地点在华县一带。在这一战中，周人战胜了戎人，并缴获了许多战利品，包括俘虏、兵器，等等，杀敌 100 人，还救出了 141 名周人。从方位来看，华县位于关中平原的西南部，可能与春秋之后形成的戎的方位不同。春秋时期，只有被周人命名为某戎的族群才是戎，而这些戎构成周人视野中的戎族团。战国时代，戎成为对西北方少数民族的泛称。狄作为少数民族族名出现于春秋时期。狄最初是一个特定族群的自称，随着狄族群的扩大，狄这个名称的使用范围也在扩大，加入狄族团的族群可被称作狄，和狄文化相似的其他北方族群也可称狄。到春秋时期，由狄族群发展而来的狄族团灭亡后，狄更可泛指北方的少数族群。

西周中晚期，气候由大暖期的温暖湿润转变为干旱和寒冷的气候，这对处于西周西北少数族群的生存产生极大威胁。猃狁、犬戎的南下东迁就是为寻找新的生存环境而进行的迁徙，因而与西周王朝发生战争。气候并不是少数族群与中原发生战争的必然条件，春秋时期气候转暖，狄却与诸国发生更激烈的冲突，说明这种条件下的战争并非掠夺性质而属诸国纷争。[①]水沟遗址的地理位置非常特殊，从地形图上可以清晰地看出，它正位于北部山区通向关中平原的通道口处，水沟周城很大部分也是依地形所建的城墙，这一方面可以省工省力，另一方面可能也与建城时候的匆忙与仓促有关。因此，我们认为水沟可能是一处军事意味十分浓厚的城址，很可能担负着抵御北部敌人的作用。[②]

战争是一种重新调整资源结构的重要手段，但是战争也可能使原有的资源结构体系彻底瓦解，每一次重大的事件都要结合特定历史时期主体的资源结构才能确定因果关系。战争对聚落影响非常之大，要么灭绝了，要么顽强地生存下来了。周原以南的马家村因有城堡而得以保存，现在的居住结构都受到堡寨时期的影响。明清时期的战乱对周原及扶风的聚落影响更为巨大，明代扶风城外有四堡，养马 110 匹。后，知县李芝馨改马厩于公署两旁。明代，周本为邑

---

① 辛迪：《两周戎狄考》，博士学位论文，北京大学历史系，2006。

② 马赛：《聚落与社会——商周时期周原遗址的考古学研究》。

令，修建炮楼和城池。[①]

国家行政性力量是历代地缘性聚落形成的直接因素，而触发这种国家行为的因素主要来自政治稳定性的考量，那些危及政治稳定性的事件都有可能引发国家性的人口迁移。西周周原地缘社会的形成也是基于这种原因，齐村出土的魏晋时期少数民族将领的印章也证明了这一事实。自秦汉以来，西北戎狄等少数民族便开始移居关中三辅和内地。西晋时期江统的《徙戎论》发表于西晋晚期。西晋是北方地区唐朝之前最后一个统一的汉人政权，该文主要梳理了历代异族内迁的事实及危害，并提出外迁的建议。从该文可以发现，历代内迁的异族都与关中有关。陇西地区的汉人、鲜卑人、氐人、羌人都被组织起来了，迁到关中，给他们当地的政治和军属首领的位置，其中就包括苻坚和姚苌。苻坚部里有很多的氐人，姚苌部里有很多的羌人，经常发生很多的冲突，各自忠诚于其政治集团。

（三）神圣关联物的消失

周原青铜器窖藏的原因很值得研究，很多窖藏体积小，器物摆放杂乱，器物也不成组合规律，与已经出土的祭祀窖藏性质不同，从功能上看不一定是祭祀性质。另外一个有趣的现象是，除76庄白窖藏出有玉器外，窖藏一般不出陶器、兵器、工具、车马器、玉器等，都为容器和乐器。

笔者认为，分析这一问题不能脱离那时的社会背景，窖藏、祭

---

① 刘瀚芳：《扶风县志》，扶风档案馆藏，1661。

品、随葬品和族徽的考察都应该放到那个社会整体的维度进行思考，这一切可能本质上是社会行为和安排的一种表征。更不能简单地用现在的观点来猜测一种行为出现的条件，我们的理性和他们的理性确实是不同的。这种将青铜器作为祭品埋藏在地下的行为本来就很吊诡，因为地作为坤，是阴性和雌性的象征，与青铜器原来的祭祀对象——天是相反的。昭王时期的中方鼎铭文后甚至加有易卦。所以这种埋藏于地下的行为本身就使得神圣器物脱离了神坛，外加大多窖藏并未重复启用，这可能暗示了社会体制的根本性变革，那就是西周的灭亡以及带来的礼崩乐坏。

二、制度性压力

（一）基于土地的管理系统

根据西周的文献，周王会把自己的土地分给贵族和功臣，但是这些土地并不是连在一起的，所以土地常常分割在不同的地方。这种形式在后代也存在，一直延续到现在。土地是承担西周一切生产性资源的核心，实际上，土地代表了一种合法性的生存空间。西周时期的土地分配权完全属于周王，所以土地是最重要的资源分配系统。这种方式基本延续至后代的大部分朝代。

明清时期的村落和土地基本和现代的格局相似，村与村之间的空地也不多了，发生战乱时，只能通过减免税收而不能通过重新分配土地来缓解压力。此外，与土地相比，税收对王朝来说具有更大的吸引力。明清政局和版图基本稳定，土地已无进一步获取的空间，所以税收对于政府来说有更高的稀缺性。这种现象在西周时期同样出现了，周王掌握着土地的分配权力，当手中没有更多的土地可供分配的时候，权力的维持便遇到瓶颈，因缺乏征收税收的武力和制度保证，使得权力被架空。

查阅当地明清的文献，关于税地的记载是最多的，也是最为明确的，正是因为有着明确的制度体系，才能保证这种基于税收的资源结构得以维持。扶风明弘治十五年（1502 年）起科官民田地 5117 顷 25.29 亩，夏地 3112 顷 19.71 亩，秋地 2005 顷 5.58 亩。每亩夏税征麦 5 升，秋粮征米 1 斗，共粮 37 195 石 1 斗 7 升 7 合 9 勺，夏税折银 11 233.858 两，秋粮折银 16 931.95 两，共折银 28 165.88 两。嘉靖年间（1521—1566），知县王世康均平地粮，无论"平川并山坡河滩"及"桃川南山田地"一体折算，共 7439 顷 3.558 86 亩，每亩科粮 5 升，共征粮 37195 石 1 斗 7 升 7 合 9 勺，每石征银 1.269 347 两，共额征银 47 213.593 474 673 两。顺治七年（1650），一起连原额除荒地之外实征收银 25 078.962 31 两。

（二）国家对基层社会的助与侵

国家的权力，尤其是武力所包围的权力，看似对基层社区有着无限大的支配力，但渗入的强度和方式完全取决于国家当时的资源结构的性质，尤其是受到结构性压力时稀缺性资源的种类。明代时期，灾荒时，地主散粮赈灾可以受到皇帝的嘉奖，甚至免除徭役。到万历时，各县出粮进行赈济的人还是不少，如岐山县大饥"李存，邑廪生，善事嫡母，万历间岁饥，遵母命出粟千石，活者甚众"。

万历年间（1581 年），在张居正的促动下，开始实行一条鞭法，税收需银。明代陕西八府，五府设在边关，有过重的军粮和差役。商品经济不发达，一条鞭法税收需银，百姓缺银，粮食大量上市时，粮价大跌，农民要出几倍的粮食才能充输银额。17 世纪初的"小冰期"导致个别河流湖泊出现前所未有的冰害，农作物的生长周期也变短了。在这种情况下，平时可以接受的温度变化却可能变成压倒骆驼的最后一根稻草。李自成为首的农民起义也是出现于这个时候。顾炎武说："自户以西至于岐下，则岁甚登谷甚多，而民且相率卖其妻子。至征粮之日，则村民毕出谓之人市。问其长吏则曰一县之鬻于军营，而请印者岁近千人，其逃亡妓自尽者，又不知凡几也。何以故则有谷而无银也。所获非所输也所求非所出也。"[1]

清朝至民国时期，政府的利益和决策可能直接影响了基层的耕作品种。1917 年，陕西督军陈树藩开放烟禁，暗示扶风、岐山、武功等数 10 县广种鸦片，烟农每亩纳洋 9 元。1928—1930 年大旱灾后，关中农民基于各种原因，选择了罂粟作为其种植作物，致使在 14 世纪 90 年代初期关中地区的鸦片种植达到顶峰。此后，中央政府开始有效地介入地方经济生活。一方面政府推行严厉的禁烟措施，民国二十八年（1939），扶风县政府设禁烟科，登记烟民 2695 人。考虑到烟农的生计，政府又大力推广优质棉花的种植，使关中地区在短期内成为全国的重要棉区，棉花也成为关中农村最重要的农作物。

扶风的农村还经常受到军阀的骚扰，当民不聊生之时，就会集

---

[1] 顾炎武著，刘九洲注译，黄俊郎校阅：《新译顾亭林文集》，三民书局，2000。

体反抗。通过以下列举的材料，我们发现天灾的发生不仅会导致农业的崩溃，还会使得国家、军队、士绅对农民的手段更加严厉。民国四年（1915）秋，牛瘟病流行3个月之久，死亡牛90％以上。1918年，陵湾村赵孟熊、魏天绪组织贫民百余人掀起反饥饿斗争。民国十二年（1923），国民军第二集团军第十三路营长陈发荣（绰号陈疯子）驻县。百般滋扰，田赋预征至民国二十年（1931），烟税及其他征借名目繁多，并大修公馆，人民叫苦不迭。民国二十一年（1932），降黑霜杀秋苗，民陷绝境，扶风县农民600—700人抵制乱征田赋，扛农具至县衙"缴农"。秋，霍乱（俗称虎列拉或虎疫）流行，人死甚多，杏林、新店、绛帐、城关集市停顿约3月之久。①民国二十六年（1937）旱灾以来，农民死亡逃亡众多，导致连年欠收。②

---

① 田惟均重修、白岫云等编次：《重修扶风县志民国24年》，成文出版社，1976。
② 谭绍裘：《扶风县乡土志（全）》，成文出版社有限公司，1969。

第十三章

早期共同体的遗产

一、延续

（一）长时段的聚落地点

本文以商周时期为主，简要回顾了周原的历史，由于资料的限制，小区域的研究只能集中于先周至西周的周原。也就是这仅占中华文明史五分之一历程的早期中国，它利用这世界上从未中断的谱系传递着自己的信息。笔者起初计划从物质文化的角度找到古代和现代相似的东西，但最后发现这几乎是不可能的。除了房子的布局模式，人衣食住行的配套设施都随着时代而渐变。如果说保存下来的，就是居住的地点，更多的是那些人们察觉不到的东西，即那些维持生存的模式。

结合考古材料、历史资料及社会史史料，笔者发现了这个现象。

中华人民共和国成立后响应国家号召，宝鸡进行了三次全国文物普查，基本摸清了本文田野点各个村落地下的遗址状况。利用这些材料，笔者对田野点周围的 50 个村落进行了访谈，其目的在于印证地下遗址的年代，但令人出乎意料的是，虽然很多村落的地下埋藏了各个朝代的遗址，但是人们的历史记忆却大多只能追溯到明清的时期。笔者起初认为这种历史较短的记忆可能是自然的状况，假设没有族谱，人们口耳相传的历史应该不会太长，先前的故事应该都是一些传说，关于古代村落的起源传说并不是很丰富。其实笔者背后甚至还是坚信，村落地下各个朝代延续的聚落可能意味着地上人群的纵向延续。

（二）自然条件—技术环境的限制

自然条件是持续影响周原及其南部聚落的主要因素，一些因素从新石器时代开始一直影响后代的聚落。这些自然条件实际上就是技术所能利用的自然资源，比如水资源就持续对聚落地点的稳定性发挥着至关重要的影响。每个社会都存在利用特定自然环境和资源的技术，这些技术的存在直接影响资源利用的范围、深度和种类。笔者认为，在人居关系系统中，技术环境对聚落选址、规模是最直接的影响因素，无论哪个朝代的聚落，只要遇到选址和扩大的问题，都不可回避这样的问题。从先周（商）开始，周原的聚落是血缘性的聚落，这些血缘性聚落之间共同形成了广义的地缘性聚落群。进入到西周之后发生了变化，出现了严格的地缘共同体，地缘性的聚落和血缘性的聚落并存构成了西周时期周原的地缘聚落社会网络的结构。地缘性的聚落是西周时期聚落社会的重要组成，实际上是指在技术环境作为前置变量的同时，地缘性聚落的形成伴随的是生产方式的变化，并引起了人居关系系统整体性的变化。

先周和西周时期的村落之间的关系非常类似于现在，血缘性聚落之间相互临近分布，他们之间进行资源的交换，并形成互利共赢的关系。在西周之后的历史上确实出现了很多地缘性质的聚落，这些聚落可能由于某些特殊的原因在历史上出现，也有可能由于某些特殊的原因在历史中消失。宝鸡其他几个县确实存在地缘性的聚落，尤其是宝鸡县附近的河南村，民国时期爆发的灾荒导致大量的河南流民乘坐火车来到宝鸡，然后定居于此，现在还保留了河南的语言及一些风俗习惯。

（三）人居关系系统的结构

笔者认为，村落存在于人居关系系统中，这个系统中不仅包含聚落形态，同时包含制度、意义和外在的制度环境，笔者将这样一个系统称为人居关系系统。这个系统在先周之后的历朝历代中都存在，系统中的要素发生复杂的互动效果共同对人居关系的形态产生作用，在这个系统中，被社区所接受并安排一套制度保障的技术是前置条件，笔者将这一套系统称为技术环境系统。这一套环境和技术与聚落选址、变形、扩大、迁移和消失相关。

针对这些问题，本书突显两个概念，一个是技术环境，另一个是资源配置结构，结构性因素（国家性的人口迁移、战争和自然灾害）是外部性因素。资源配置结构是影响聚落社会组织形态的主要因素，该结构因协作目的而生成，协作是维系地缘和血缘共同体最基础的力量，在此之上形成聚落的社会规则，并共享意义进而形成村落精神。

先周时期的周原聚落以农业生产方式为主，最稀缺的资源便是稳定耕作的环境及充足的劳动力，聚落形态和其他制度设施都围绕这个核心组合，血缘组织能够提供高效的协作化的农业劳动力，周原多族群的联合共同体能一起抵御北方和西北方游牧散居族群的侵扰。这种协作还会体现在信仰结构的层面，即"西伯"对"商王"的祭祀，体现为臣服关系，虽然周人已经消灭了此地的商朝边塞聚落。这些因素都可以概括为人居关系系统，可见资源的结构是形成人居关系的基础，都为获取稳定的农业生产系统而服务。

西周时期，周原的生产方式以手工业为主，技术环境作为先导变量提供了大型完善的水利设施网，使得聚落向更广阔的平原地区密集发展。手工业生产涉及多个工序的协作，生产量又非常大，为了获取这种极其稀缺的工艺，周人将商朝的工匠迁居周原，并派出周人学徒与工匠朝夕相处，共同居住埋葬，形成了严格意义上的地缘共同体——里。可见，在这种密集型资源结构的影响下，形成了周原地缘性的社会结构，同时，周原西边和东边的区域分别被规划为畜牧区和农业区，形成了一个功能完整的聚落群，在聚落形态之上产生了聚落内部和外部的两种制度规范，以保证资源的良性运行。聚落内部受周王分封，匹配了供给社会功能和生产功能的各种资源，聚落同时受到周王直接的管理，以便随时在聚落之间调配原材料和人员保证生产。

另外需要提及的是技术环境作为先导变量与人居系统的关系问

题，在特定技术条件下，虽然自然条件无法利用，但是积累的时间长了，自然环境也便慢慢得到了改善，所以扶风县农业聚落地点的稳定性极强。周原位于扶风所处塬地最高的地方，从周原往南海拔逐渐降低，这种地势一直延伸到渭河零海拔的地区，法门镇处于零海拔和最高海拔点的中点。根据笔者的观察，从周原往南，黑垆土的厚度逐渐变薄，周原范围内最厚处能达1米多深，普遍的深度都在70厘米左右，法门镇的附近村落黑垆土的厚度一般在20厘米左右，与村民的访问也确证了这一点。所以，周原应该是扶风地区土地最肥沃的地区，足够厚的肥沃土层足够长时间的耕作，后代人也愿意选择定居于这里。靠南的村落普遍起源较晚，大多发源于汉代，外加肥田技术的发展，使得人们可以在更大范围内选择定居的地点。

无论聚落是血缘性的共同体，还是地缘性的共同体，其本质都是追逐资源而被迫进行协作的结果。所追求资源的结构是影响聚落形态以及社会性质的关键性因素，并生成人居关系系统，对这种资源分配的模式提供各种保证。

二、变迁

（一）村落的居住者

在田野调查之前，笔者认为周原及其附近村落的人群可能由古代（西周）延续至今，为了验证自己的观点，笔者收集了所能收集到的族谱和地方文献，这些纸版的文献最早可以追溯到明朝时期，大多是关于田野点周围农村的。笔者发现，族谱记载的起源和口述史基本一样，明清时期确实经历过人口的断裂，很多现在村落的人都是从邻近的和隔壁的县镇迁移而来。结合明清的各版本县志的地图，笔者发现很多人口的迁入地在迁入之前实际上存在由姓氏命名的自然村落，很有可能也是单姓村落，当明清时期迁入新的居住者之后，这里的村落也会依照新的居住者的姓氏进行命名。

以上是明清时期发生的情况，这种情况在魏晋南北朝和唐朝时期也发生着，人群在不同朝代之间甚至朝代内部都经历着断裂。在周原以南的齐家村曾经发掘出土了魏晋时期的军官印章，他们作为外来的异族居住在这里，明显和口述史所记录自己是姜子牙的后裔相矛盾。可见在各个朝代之间，人口的族属是一直发生变动的。

（二）物质文化

本文所借助的考古学是一门研究器物变化的学科，考古学对陶器形制的变化极其敏感，十年、几十年的时间都能区分出差异。陶器形制的变化可能与其本身的材质有很大的关系，泥土烧结而成的陶器具有很好的硬度，同时也能保证在一定温度下不发生破裂，但是这种优良的性质带来的却是其坚硬程度的低下，所以在使用和迁移过程中极其容易损坏，同时陶器在制作过程中的形塑是一个非常随意的过程，这个过程能够允许非常大的发挥空间，所以陶器的器型在时代间的变化是非常大的。遗址和墓葬中出土数量最多的器物可能就是陶器了，陶器形制和花纹的变化成本较低，所以每一次微小的人口迁移就会造成制作形制的变化，除了那些皇家所御用的陶器，正常的生活器皿的形制会随着少量手工艺人的变化消失而变化。

除了陶器之外，考古学中所发现的其他材质的物品也比较多，尤其是青铜器，这种材质的器物质地坚硬，做工精美，是一种传世的佳品。青铜器等其他材质的器物对时代的变化虽然比较慢，但是也经历着花纹等细微之处的时代特征。

除了器物之外，考古学还会发现古代人类行为相关的遗迹，比如居住房址、宫殿、庙宇和墓葬，这些类型的遗迹几乎是考古所能发现的古代先民生活的全部。从周原以及周围村落各个时代的考古学材料来看，这些遗址在时代之间的变化特征还是非常明显的，尤其是墓葬和房屋的物理结构以及硬件特征，比如随葬的器物以及二层台等。有些学者认为周原现代的墓葬和古代的墓葬具有很多相似性，其主要的依据是《周礼》当中所记载的丧葬礼仪，虽然文献中记载的程序有很多的相似性，但是考古中的细节确实出现了很多变化。

根据考古材料，笔者从中得出的结论便是，人们所使用的器物、工具和技术从未停止变化，而且所使用的器物以非常快的速度进行变化几乎是一个铁定的规律，除了器物之外的遗址也会在时代之间进行变化，如果发现古代和现代出现相似的地方，那么很有可能就是出现了一种历史的巧合。

第十四章

社会治理的传统基础

一、社会治理的谜题

确实，周原小小 30 平方千米的土地一直被不同族群所占据，修建、破坏再修建的历史一直循环往复到今天。在这种常识之下，蕴含了村落发展的一些关键性问题。在对历朝历代的村落进行梳理之后，可以发现，现代所遇到的村落问题在古代的时候也同样出现过，在现代的管理者和学者看来非常难以解决的问题，实际上在古代就曾经出现过，比如流动人口问题、城中村问题、城市化的问题，等等。不同于人类学通过研究异文化来反观自己的社会，找出那些习以为常逻辑背后的共同点，本书的研究是反观文明社会自身的历史，然后在这个历史过程中去发现那些问题的根源。因此，很多看似无法解决的问题，也许放到古代社会，曾经拥有的智慧也够解决相关的问题。无论是依靠血缘组织，还是依靠地缘组织，能够维持资源结构获取的结构才是好结构。

　　周原从西周一直走到今天，以保证农业生产资源为核心的策略在市场化和城镇化的背景下遇到了很多挑战。外表看似宗族式的血缘共同体，但并没有拥有田产和统一祭拜的祖先，保证农业生产的制度安排被慢慢地消解了，本文举两个例子说明这种变化，2002年北大师生在周原Q村进行考古发掘，由于要经常来往于周原博物馆，Q村通向大路的土路在雨天的时候给考古队员带来了极大的不便，耗时耗力。其他村之间都通了水泥路，唯独Q村村民不愿意出钱修路，这个问题已经持续5年了，一直没有解决。学生和老师自发捐钱买了一车石子，决定铺路，但石子和人力都不够。村中的族长见状深受感动，遂动用自己的年龄和声望的权威发动村民捐款修路，村民们一呼百应，都愿意给这个姓齐的家族争光，石子很快买来了，路也修好了。后来，村民为了感谢北大师生，将这条路命名为"北大路"。在这件事情中，我们可以感受到道义小农和村落精神的存在。第二个例子发生在离Q村东南不远的L村，2003年，北大师生意图在L村西北晒谷场发掘西周遗址，村民因此提了一个条件，那就是必须让他们自己安排本村人去工地干活挣钱。考古队用谁都一样，于是答应了。没想到，考古工作进行了两个星期便开展不下去了，村中有两位意见领袖各自安排信任的人去工地，没有得到邀请的人不能去工地干活，那些不请自来的人即使干了，也拿不到钱。因此两拨人之间发生了激烈的争执，最后上升为武斗事件。镇里和派出所来人才把事情平息了，安排上工的事情也由庄白村村委会的干部来执行，此后再没有发生过冲突。L村和Q村的结构一样，都是单姓村，号称有一个祖宗，但在这件事的过程中却反映出理性小农和无村落精神的特征。

如果用共同体的视角来审视，笔者认为周原的单姓血缘村落是一种四不像的共同体，村落在发展中是无助的。Q村并没有与外界资源成功对接，反而自己出钱出力才把人家不用管的事情办好，但就是在这貌似与村子毫无关系的公路上收获了村落家族的认同感和存在感，出了不愿出的钱，人反而很高兴。究其根源，还是村落用血缘共同体的力量解决了地缘共同体（行政村或县镇）应该承担的职能。看到这件事是应该高兴，还是应该悲哀呢？L村却与此相反，村民挣外面人的钱，反而内部闹不和，最后还是动用了外部的资源和力量解决了自己内部的事情。我们是应该为你拿钱而高兴，还是为外人解决自己事情而悲哀呢？真的是让人哭笑不得。这种类似的事情在周原比比皆是，血缘共同体和地缘共同体的边界一直不清晰，或者说就没有边界，因为两种共同体各自所能利用的规则都失灵了。对Q村来说，外界的地缘组织的职能没有发挥到位，没有给村民解决困难，这明显与其原来的定位不符。对L村来说，血缘共同体内部的规则丧失了，本来应该在内部就能解决的冲突却要动用外部力量来解决。无助是一语双关的意思，在这两个案例中就是指既用不上别人的帮助，自己也解决不好自己的事情，让别人来管不该管的事情。

结合中国村落发展的历史本文研究发现，只要不遭受大的军事动荡和大规模的迁徙，村落人群史可以延续400—500年的历史。就Q村和L村而言，口述史记载来源于清朝，笔者在田野调查的时候也在两个村的村边涝池垃圾堆里发现了清朝的门墩和纪念碑，所纪念之人也和村子同姓，再早一点的文字材料没有找到，只采集到的更加久远的陶片。所以不出意外的话，笔者推断，这样的村落还会至少存在 100 年的时间。如果不加入外力影响，村子主要的变化就是年轻人口的外流。对于老人来说，在村中唯一的收入就是种地，关于农业生产的大量研究已经证明了在一定技术条件下农民工作时间，会达到一个均衡值。这个值可能就是一亩地产 800 斤小麦。所以老年人还会继续维持原样。对于青年一代来说，从小就要在村外上小学，在县城上初中和高中，然后可能去省城上大学，毕业后一般不会选择回家务农。在一个靠货币衡量价值的环境，根本没必要选择回去种地，费力而不讨好。最后的结果就是越来越多的年轻人都住在外地，住在城市里，老人身体不好的时候接到身边养老。年轻人不回来，老人再一走，村中的人会越来越少。等到孙子辈的时候，爷爷奶奶都不在了，孩子的爸爸给孩子回忆童年的时光时，一定会想起那个没有父母、没有自己、没有孩子的空房子，那个父母曾经度过一生的地方，渐渐地，乡村变成了自己的乡愁，等他自己做了爷爷，去世以后，村里的这个房子就彻底没了，记忆也就没了。

农二代留在城里之后，有可能相关的户籍也会转到城里，等农一代去世后，耕地被其他村民平分，留下的只有那座老房子。时间长了，这样的房子也就多了，村里的地也就多了。这个时候，就可以考虑农业集约化的道路，将分散的、大块无人耕作的土地集中起来，再在集中的土地上搞合作经营，结合周原大遗址规划，走类似韩国的后农业化的道路。以小农为主的生产方式一旦消失，村落也就历史性地终结了。

二、反思与回顾

由于本书的研究对象具有自己的特殊性，不同于以往的社会学研究，其传统上通过问卷和话语对人类行为进行研究，但是本文的研究利用一些物质痕迹来直接观察人类的行为以及社会的结构，这些痕迹在历史当中主要由考古学发掘的材料所构成。社会学和考古学的研究方法毕竟不同，如何重新整合资料为我所用是笔者一直思考并试图解决的问题。在使用材料的过程当中，笔者发现，考古学的主流研究集中于特定发掘地点出土器物的研究，尤其关注特定发掘地点陶器器类性质和纹饰的演变研究，对所研究的陶器形制的演变进行概括，并总结出该田野地点的规律。在此基础之上，结合史料将器物主人与历史文献中的主体进行对应，确定其在历史中的轨迹，当没有历史文献时，就需要对比周围或较远地区的，用具有类似器物演变规律的地点来确定其族属及起源问题，通过建立的器物的演变规律对标人群族属的变迁，即出现早的地点可能是出现晚的地点起源地。传播意味着单一起源，所以起源性的研究是此类研究的主体。但是，每一个聚落内部的结构和文化特征并没有得到进一步的发掘。为了利用考古学的器物资料，同时避免传播论的研究讨论，笔者企图建构一个器物与人的系统框架，通过这样一个结构来探讨器物的同质性以及背后的人群社会组织结构。

本书选取陕西省宝鸡市扶风县周原遗址群及周边的区域作为研究和调查的地点。周原聚落群密集分布在30平方千米的区域内，它们有着距今4000多年的考古学文化沉积。以周原考古材料为基础并结合史料，我们发现在先周时期，周人从部落发展成部落联盟，逐步聚集形成推翻殷商王朝的实力。在这一时期，周人及联合的土著和异族以聚族而居和聚族而葬的方式安排生活，在严格的血缘共同体的基础上与异族异姓组建了婚姻和军事的联盟，在周原这个大的范围内形成了一个松散的地缘性共同体。西周早期至中期，周人灭商成立周朝国家，周人并没有将前朝的奴隶主都打为奴隶，而是以族为单位把大批的匠人和贵族迁居周原，并与其共同居住、共同生产。尚武的周人借助殷遗民的技术，把周原建设成了专业分工明确的都市国家。在这样的背景下，以血缘共同体为基础的社会组织结构发生了重大的变化，殷遗民和周人打破了聚族而居和聚族而葬的方式，转而以核心家庭为单位混居混葬。至此，周原从血缘共同体的社会转变为地缘共同体的社会。西周晚期，随着西周的灭亡，周原遗址失去了往日的荣华，大量青铜器被草草窖藏。经过短暂的荒芜，这块土地很快有了新的居住者，现代村落叠压的是历朝历代的文化地层。本文通过周原及以南村落的考古及社会史史料分析发现，村落地点的人群史始终是不连续的，这意味着频繁的人口迁移，历史上的多姓村也比比皆是。

这些现象都说明，地缘性聚落在历史中频繁出现，而这种情形早已成熟在早期中国的共同体之中，西周社会总体上实施宗法制，那么，地缘性共同体的触发机制是什么？传统上认为中国是一个家庭伦理本位的社会，家族、宗族是维系血缘群体的重要规范，那么，维系地缘群体的规则是什么呢？为什么从商始的多个王朝都存在地缘共同体，这种触发机制是否具有历史通用性？村落的哪些物质条件，或者说聚落所必须的物质条件是什么，才使得两种共同体能够持续居住？这几个大的问题，并结合考古材料和史料的分析，引出了本书所依据的两条主要的理论线路：一是解决能不能认识的问题，即社会研究的物与社会范式；二是解决怎么认识的问题，即社会学的共同体研究。

第一个大问题集中于人与物关系的探讨，并在方法论层面放入人与物或物与社会的脉络，对协作以及资源结构在意义层面的映射进行了探讨。人物关系不仅表现为人对土地的利用形式，还是一个复杂的系统。技术环境是影响人物关系的前置因素，但影响的根源还是资源结构及其生成的制度结构。技术环境概念类似于生态人类学生存策略的概念，但不同点也是很明显的，生存策略从聚落为同自然和其他聚落达成能量交换平衡的角度出发来解释聚落的集体行为和仪式，而技术环境概念指技术配套制度后的一系列政策安排，优点在于能够将社区内部的规范与社区外部的制度相结合，能够进一步深化对人与土地、人与建筑等多种形态的认识。

第二个大问题集中探讨共同体的变迁性质。共同体的变迁是一个宏观现象，因为无论是借助文字资料还是考古资料，我们所能观测且能推断出的群体变迁，已经是众多微小变化的结果了，所以，要对其研究就必须建立一个能够细化的在微观行为层面研究的理论模型，宏观层面的现象往往需要透过一些微观和中观机制才能解释清楚。在梳理已有的共同体研究之后，我们发现共同体协作动机是学界判断共同体属性的基本标准，据此，从宏观到微观，和微观两个维度论述了共同体变迁的基本框架。首先将协作动机作为主要的研究对象，探讨影响协作动机的宏观结构。由于动机属于微观层面的变量，因此，我们必须探讨能够左右协作动机进而将影响渗入微观层面的宏观因素。其次是降维分析，也即微观层面的研究，以协作动机为起点，研究动机到行为结果的一系列机制。在以上的第一个维度，笔者探讨了共同体协作动机的触发因素和调适因素、协作行为的条件。具体而言，受到某种程度的技术的制约是产生协作行为的条件，集体性的农业制度就是一种协作行为，在一定技术条件下人们必须通过集体的利用方式来保证农牧业的生产效率。能够参与社会再生产的资源的稀缺是触发因素，例如在给定技术条件下的土地资源的稀缺、安全资源的稀缺、人力资源的稀缺、技术资源的稀缺、水源资源的稀缺等，这些资源的利用能够保护、强化、扩大社会机能，而不仅为人口再生产的口粮，资源稀缺是出现协作动机的触发因素。受到技术的限制，人口与资源出现一个阈值。不同的技术条件阈值不同，技术越高，一定资源能够容纳的人口数量越多，技术越低就相反，超过阈值，就会出现分化协作动机的情况。触发因素受到软性因素和硬性因素的调适，前者如集体情感、文化因素，后者大多带有强制性，如战争、法律和权力。

在第二个微观维度，探讨了影响人们协作的触发因素，以及协作的行为后果。具体而言，缺失的参与社会再生产的资源种类决定了需求结构的不同，需求结构直接影响人们的协作动机，在特定的动机之下，人们会破坏或生成新的社会关系。人们虽然可以因为需求结构或其他动机创造出特定的社会关系结构，并产生出不同的协作行为的结果，但是已有的社会组织化的方式和程度是在微观层面调节行为结果的重要因素，是能够利用的重要资源。组织化应对中也包含技术因素，技术的形式和程度决定了以什么程度的组织来实现需求结构，技术的水平通过成本机制来决定组织化程度的阈值。我们认为，在给定社会组织化程度的前提下，或者说在一种稳定的共同体结构中，权力关系，尤其是所有权的高低，是调节行为的重要因素。是否拥有所有权会影响协作动机的类型。综上，通过考古材料，本书建立了所谓的共同体变迁的船型模型，揭示了早期共同体的变迁机制。